BIBLIOTHÈQUE PORTUGAISE
Dirigée par Pierre Léglise-Costa

LES TRANSPARENTS

ONDJAKI

LES TRANSPARENTS

Traduit du portugais (Angola)
par Danielle Schramm

Éditions Métailié
20, rue des Grands Augustins, 75006 Paris
www.editions-metailie.com
2015

Titre original : *Os transparentes*

ISBN : 979-10-226-0166-5
ISSN : 0757-9276

pour renata

et
pour michel l.

le temps de se souvenir est mort
je pleure le lendemain
les choses que je devrais pleurer aujourd'hui

[extrait du billet froissé d'Odonato]

– dis-moi quelle est la couleur de ce feu…

l'Aveugle parlait la tête tournée vers la main du garçon qui le soutenait en le tenant par le bras, tous les deux, effrayés, tentaient d'échapper aux énormes langues de feu qui montaient du sol vers le ciel de Luanda

– si je pouvais expliquer la couleur du feu, l'ancien, je serais un poète de ceux qui parlent en poèmes

la voix hypnotisée, le MarchandDeCoquillages accompagnait l'évolution de l'incendie et guidait l'Aveugle à travers des passages à peu près sûrs où l'eau, jaillissant des canalisations défoncées, faisait un couloir pour ceux qui s'aventuraient dans cette jungle de flammes fouettées par le vent

– je te le demande, regarde, toi qui vois, moi je sens sur ma peau, mais je voudrais aussi imaginer la couleur de ce feu

l'Aveugle paraissait implorer de sa voix plus habituée à donner des ordres qu'à distribuer des mots doux, le MarchandDeCoquillages se dit que c'était manquer de respect que de ne pas répondre à une question aussi concrète qui sollicitait d'une voix aimable une simple information chromatique,

quoique difficile et même impossible

le garçon chercha au fond de lui quelques larmes tièdes qui le ramèneraient à son enfance car c'était là, dans ce royaume dépourvu de pensées, que pouvait naître, vive et fidèle à ce qu'elle voyait, une réponse fleurie

– ne me laisse pas mourir sans que je sache la couleur de cette lumière brûlante

les flammes rugissaient et même quelqu'un privé de vue comme lui pouvait éprouver une sensation jaune évocatrice de souvenirs, poisson grillé accompagné de haricots à l'huile de palme, chaleur brûlante de plage à midi, ou souvenir du jour où l'acide de la batterie lui avait volé la joie de voir le monde

– l'ancien, j'attends une voix d'enfant pour vous donner une réponse

vue de près ou de loin, la nuit était une tresse noire et monacale, la peau d'un animal nocturne laissant goutter la boue de son corps, il y avait des étoiles brillant timidement dans le ciel, il y avait la torpeur de l'air marin et les coquillages sur le sable qui se fendaient sous la chaleur excessive, il y avait la crémation involontaire des corps et la ville, somnambule, pleurait dans l'indifférence de la lune

l'Aveugle retroussa ses lèvres dans un sourire tremblant et triste

– ne tarde pas, petit, nos vies sont presque grillées

les nuages lointains, le soleil absent, les mères appelaient leurs enfants à grands cris et les enfants aveugles ne voyaient pas la lumière éphémère de cette ville qui transpirait sous son manteau incandescent, se préparant à la tombée d'une nuit profonde et noire – comme seul le feu peut en générer

les langues et les flammes de cet enfer tendu dans une marche viscérale d'animal forcé, trapu et résolu, fuyant le chasseur dans la volonté implacable d'aller plus loin, de brûler plus, de souffler sur la fournaise, puis, épuisé, chercher à dévorer des corps ayant perdu leur rythme humain, harmonie respirée, mains caressant des cheveux et des crânes joyeux dans une ville où, pendant des siècles, l'amour avait découvert, entre brumes de brutalité

çà et là, un cœur à habiter

– l'ancien, quelle était déjà la question ?

la ville ensanglantée, depuis ses racines jusqu'au sommet de ses immeubles, s'inclinait, forcée, vers la mort, et les flèches annonciatrices de son agonie n'étaient pas de simples flèches mais des dards enflammés que son corps hurlant accueillait comme un destin pressenti

et le vieux répéta de sa voix désespérée

– dis-moi seulement la couleur de ce feu…

Odonato écouta la voix du feu

il le vit grandir dans les arbres et dans les maisons, il se rappela ses jeux d'enfant, le feu suivait les jolis tracés de la poudre volée dans l'épicerie de son beau-père, de fins dessins labyrinthiques, sur le sol, l'allumette mettant le feu au jeu dangereux jusqu'au jour où, par curiosité et détermination, il voulut voir ce que cela ferait d'allumer un petit filet de poudre dans la paume de sa main gauche. sans hésiter il mit le feu sur sa peau et la douleur – c'était la cicatrice qu'il caressait aujourd'hui tandis qu'un incendie bien plus grand consumait la ville dans une gigantesque danse de jaunes qui se propageait dans le ciel

le feu rugissait

Odonato n'avait plus assez de forces pour dessiner sur ses lèvres la moindre expression d'effarement ou même un simple sourire, la chaleur atteignait son âme, ses yeux brûlaient à l'intérieur

pleurer finalement n'avait rien à voir avec les larmes, c'était plutôt la métamorphose de mouvements intérieurs, l'âme avait des murs – textures poreuses que la voix ou le souvenir pouvaient altérer

– Xilisbaba… – il regarda ses mains mais ne les vit pas. – où es-tu, mon amour ?

au premier étage de l'immeuble, Xilisbaba s'était trempée dans l'eau afin de se protéger du feu, elle respirait avec difficulté et toussait doucement comme si elle ne voulait pas faire de bruit

elle serrait dans sa main un bout de ficelle comme celle que son mari portait nouée à sa cheville gauche, la transpiration et l'agitation de Xilisbaba avait défait la corde en petits lambeaux mouillés qui finiraient par tomber à ses pieds, les autres la suivaient guidés par les bruits et la vision ondulante de sa chevelure

on entendait des cris venant de dehors

les mains des femmes s'attiraient, gestes délicats, presque secrets, comme pour partager les inquiétudes plutôt que la chaleur

MariaComForça (MarieLaForte) sentit qu'elle devait invoquer d'autres forces pour apaiser les pleurs de son amie

les larmes coulaient sur le visage de Xilisbaba en rigoles régulières, MariaComForça chercha à voir son visage, elle devina ses traits – des escarpements de sel –, elle devina la tristesse que laissait deviner son expression, elle lui prit le poignet mais la pulsation du cœur de Xilisbaba, qui pensait à son mari tout seul sur le toit de l'immeuble, n'était qu'un silencieux murmure de veines

– Maria… je veux voir mon mari une dernière fois… pour lui dire ces choses qu'on tait sa vie entière

la main de MariaComForça exerça une pression de réconfort et Xilisbaba se laissa glisser appuyant contre le mur ses vêtements, ses chaussures, ses cheveux et son âme

– calme-toi, mon amie, le feu c'est comme le vent, il crie beaucoup mais sa voix est toute petite.

l'Immeuble avait sept étages et respirait comme un être vivant

il fallait connaître ses secrets, les particularités utiles ou désagréables de ses courants d'air, le fonctionnement de ses vieilles canalisations, les marches d'escaliers et les portes qui ne donnaient sur rien. de nombreux malfaiteurs avaient expérimenté dans leur chair les effets de ce maudit labyrinthe avec ses passages secrets qui avaient leur propre autonomie, et tous ses habitants avaient à cœur de respecter chaque recoin, chaque mur et chaque dessous d'escalier

au premier étage, les canalisations défoncées et une obscurité terrible décourageaient les distraits et les intrus l'eau coulait en abondance, incessante, et servait à beaucoup de choses, l'eau était utilisée par tout l'immeuble, on la vendait dans des bidons, on lavait son linge et les voitures

GrandMèreKunjikise faisait partie des quelques personnes qui traversaient l'étendue d'eau sans se mouiller les pieds et sans jamais avoir même failli glisser

– *c'est un fleuve* – disait-elle, toujours en umbundu – *il ne manque que les poissons et les crocodiles*

la vieille femme était arrivée à Luanda quelques jours après la mort de la vraie mère de Xilisbaba et, ne supportant plus la faim, avait fait irruption en pleine cérémonie funèbre, confessant en larmes l'urgence de ses besoins, elle s'excusa de son attitude et, affirmant l'usage définitif d'un umbundu pur et dur, elle regarda Xilisbaba au fond des yeux et dit

– *je peux prier pour la mort de celui qui est mort. ma voix arrive jusqu'à l'au-delà...*

Xilisbaba, qui savait lire la vie de son côté le plus réel, accueillit la vieille femme avec un verre de vin rouge, lui céda sa place, demanda que l'on apportât une assiette du meilleur *calulú do comba** et prit soin que l'on ne lui servît pas de *funji de mistura* parce que la dame était comme elle, il lui fallait de la semoule de maïs pour supporter les folies et les rythmes de Luanda

– *ta mère est en train de rire* – dit la vieille femme

– ma mère maintenant c'est toi – répondit Xilisbaba

au cours des funérailles, et après les dettes contractées afin d'offrir aux visiteurs les boissons et les victuailles qu'imposaient les hauts mérites de la défunte, Odonato se mit à maigrir au-delà des limites normales de la pénurie

Xilisbaba remarqua que son mari devenait de plus en plus silencieux, il parlait à ses enfants, conversait de choses banales avec les voisins, cherchait du travail et réparait les

---

* Les mots en italique sont de l'umbundu ou du kimbundu, deux des principaux dialectes parlés en Angola. On trouvera un glossaire en fin d'ouvrage. (*Toutes les notes sont de la traductrice.*)

piles de la radio qui ne marchaient pas malgré les expositions au soleil

mais tous ses gestes, marcher le matin, se gratter la tête en lisant le journal qu'il avait trouvé dans la rue, s'habiller ou s'étirer, tous ses gestes ne produisaient plus le moindre bruit

la femme comprit que, d'une certaine manière, des deux, c'était son mari qui était véritablement en deuil,

on se rendait bien compte dans son regard qu'il était loin, Xilisbaba le revoyait encore jeune et rêveur, audacieux de la bouche et des mains, du temps où il la surprenait au premier étage inondé, elle montant l'escalier en portant les fruits, et lui écrasant les fruits sur son corps à elle qui s'amusait de cette délicieuse surprise de fin d'après-midi

Odonato bougeait à peine les doigts, les doigts de sa main droite caressaient l'anneau de sa main gauche, Xilisbaba remarqua qu'Odonato enlevait l'anneau de son doigt et le glissait dans sa poche, le diamètre de son annulaire ne retenait plus l'anneau matrimonial

elle soupira profondément

des molécules d'oxygène inondèrent son cœur, puis ses veines et sa tête, des énergies renouvelées voyagèrent jusqu'aux extrémités de son corps mais le phénomène s'était déjà évaporé

l'occulte est comme un poème – il arrive à n'importe quel moment.

ses pieds étaient habitués à parcourir de nombreux kilomètres par jour, c'étaient des pieds de vieux au bout d'un corps de jeune

le MarchandDeCoquillages aimait marcher sur le sable de la PraiaDaIlha, la plage de l'île, et sur le sol scintillant de ses cauchemars nocturnes, il avait une maison dans la province voisine du Bengo mais il était très vite tombé amoureux de Luanda, à cause de sa mer salée

il appelait la mer la "mer salée"

et il la contemplait chaque jour avec la même passion, comme si seulement la veille il l'avait connue de la peau et de la langue

il plongeait lentement – comme s'il caressait une femme –, goûtait le sel et revivait l'étonnement de toujours, il restait sous l'eau le temps que ses poumons le permettent et que son regard le supporte, il connaissait les rochers et les barques, les pêcheurs et les marchandes de poissons, il portait incrustée dans la paume des mains l'odeur chaude du poisson séché qu'il aidait à ranger dans les cageots, et surtout il connaissait les coquillages

les coquillages

il avait grandi dans le Bengo, de fleuve en fleuve, de *cacusso* en *cacusso*, mais un jour il avait rencontré la mer salée avec ses barques, ses bâtons à *ximbicar** et les coquillages

– l'ancien, fais-moi un bâton pour *ximbicar*

– pour quoi faire ? tu n'as pas de barque et tu ne pars pas en mer

– mais je veux un bâton pour *ximbicar* dans la terre : je vais *ximbicar* la vie !

sur la PraiaDaIlha il était tenu pour un garçon sérieux et honnête

il aidait à transporter le poisson, toujours avec un sourire sympathique et innocemment séduisant, il vendait et faisait des commissions, il envoyait du sel et de l'argent à sa famille du Bengo

les pieds du MarchandDeCoquillages, tout au long des années, s'étaient endurcis tel le fond extérieur des barques de Ilha, les morceaux de verre et les clous ne lui causaient qu'un léger chatouillement, mais malgré tout il portait les sandales en cuir offertes par son cousin

un collier de perles en verroterie autour du cou

son sac de coquillages sur le dos, les yeux plissés pour ne pas laisser entrevoir ses secrets

* Long bâton à planter dans le sable pour faire avancer une barque.

il avait entendu parler de MariaComForça, qui se consacrait à de multiples activités financières, et il s'était dit qu'elle s'intéresserait peut-être à ses coquillages

il en avait de toutes les couleurs, de toutes les formes, pour une utilisation pratique ou juste pour les admirer, dans des formats et des prix si variés qu'il était impossible de croiser ce garçon sans céder à la tentation de vouloir posséder un de ses coquillages pour un usage immédiat ou futur : il s'adressait aux femmes avec lenteur pour laisser l'espace à l'imagination ou aux besoins de chacune, aux policiers en faction dans la rue il offrait des coquillages à accrocher dans les cheveux pour qu'ils en fassent cadeau à leurs maîtresses, aux hommes il faisait des suggestions concrètes pour une utilisation au bureau ou dans leurs voitures, aux femmes d'ambassadeurs il présentait les coquillages comme des objets exotiques que personne ne pensait plus à offrir à Noël, aux fabricants de lampes il parlait des avantages que présentaient les énormes coquillages creux et de l'effet de la lumière à travers ce matériau marin, aux curés il expliquait la différence que cela ferait sur les autels, aux vieilles il les recommandait comme souvenirs, aux jeunes comme parures originales, aux enfants comme jouets à rendre jaloux les autres enfants, aux bonnes sœurs il vendait des coquillages qu'il avait assemblés en forme de crucifix, aux propriétaires de restaurants il les proposait comme coupelles à apéritifs ou cendriers, aux couturières il faisait remarquer le potentiel créatif du matériau et de ses cliquetis, aux coiffeuses il faisait constater que les verroteries étaient passées de mode et, auprès des bandits, le MarchandDeCoquillages s'excusait rapidement du fait de ne transporter qu'un sac rempli de choses qui ne servaient à rien

c'est à un feu rouge que le MarchandDeCoquillages rencontra l'Aveugle pour la première fois, il fit glisser son sac de son dos sur le sol et le bruit des coquillages s'entrechoquant plut à l'Aveugle

– tu entends ça ?

– pas vraiment
– mais est-ce que tu entends vraiment bien ?
– j'entends juste normalement. vous parlez du bruit du sac ? ce sont des coquillages
– je sais bien que ce sont des coquillages. je suis aveugle mais je connais le bruit des choses. ce n'est pas ça...
– alors c'est quoi ?
– c'est que je peux entendre le bruit du sel dans les coquillages
le MarchandDeCoquillages ne sut que dire, l'Aveugle ne dit rien
le signal passa au vert mais aucun des deux ne bougea.

Xilisbaba sortit du *candongueiro* avec ses paniers remplis de légumes accompagnée de sa fille Amarelinha, les lèvres du MarchandDeCoquillages se firent sérieuses, il ne comprenait pas le regard d'Amarelinha qui transpirait en transportant d'autres sacs
– c'était quoi alors ? demanda l'Aveugle
– je ne sais pas – le MarchandDeCoquillages hissa le sac sur son épaule
le bruit des coquillages, ou du sel, attira l'attention d'Amarelinha
elle passa tout près d'eux, mais seul l'Aveugle sut percevoir tous les parfums que dégageait ce corps : mangue mûre, larmes nocturnes, thé noir et thé de racines de papayer mâle, argent sale, omo pour la lessive, vieux sisal, journal, poussières de moquette, poisson grillé
mère et fille marchaient rapidement en direction de l'immeuble, elles y pénétrèrent en contournant les flaques d'eau qui s'étalaient à côté de la cage vide de l'ascenseur, Amarelinha releva un peu sa robe et suivit sa mère qui connaissait l'escalier mieux qu'elle
au quatrième étage, déjà essoufflées, elles croisèrent leur voisin Edú
– ça va mieux, Edú ?

– mieux, pas vraiment, mais pas plus mal, on fait aller, dona Xilisbaba

– tant mieux

– je vous aiderais bien, mais je n'ai pas la force – et il écartait ses énormes mains dans un geste d'excuse

– ne vous en faites pas, il ne reste plus que deux étages

– les eaux sont tranquilles en bas ?

– oui, tout est normal

Edú vivait en permanence au quatrième étage, et le plus long trajet qu'il faisait était de l'intérieur de son appartement jusqu'au palier pour fumer ou pour respirer l'air pollué de Luanda, il marchait avec difficulté et avait déjà reçu la visite de spécialistes internationaux extrêmement intéressés par son cas

il avait une hernie gigantesque près de son testicule gauche, quelque chose que les gens ici appelaient *mbumbi*, qui changeait de volume selon les variations climatiques mais obéissait également à des facteurs psychosomatiques, raison pour laquelle des chercheurs de toutes sortes étaient venu le voir, spécialistes en sciences exactes comme en sciences sociales en passant par la métaphysique, des rebouteux et même quelques curieux. d'après ce qui se disait, il avait refusé les invitations de médecins angolais, suédois ou cubains qui proposaient de l'opérer car aucun d'entre eux ne lui avait offert une somme suffisante pour compenser la peur que la seule idée de l'opération faisait naître en lui

– et puis, je m'y suis habitué : on est comme on est...

Amarelinha regardait le sol, en attendant que sa mère reprenne son souffle pour continuer leur montée

– votre fille est de plus en plus jolie – commenta Edú – un de ces jours elle va nous présenter un amoureux

Amarelinha, intimidée, sourit gentiment, elles grimpèrent le reste de l'escalier en silence

au cinquième étage vivait le CamaradeMuet, complaisant et silencieux, excellent cuisinier de grillades grâce à sa façon secrète de préparer le charbon, surtout dans les cas où il y avait peu de charbon de son appartement jaillissait la musique *muxima*, sentimentale, chantée par WaldemarBastos et Xilisbaba repensa à son mari

le CamaradeMuet était assis devant sa porte, il épluchait des pommes de terre et des oignons, deux sacs énormes, et Amarelinha s'étonna, une fois encore, de la patience que montrait cet homme dans l'exécution de sa tâche

tout le monde savait qu'en matière d'épluchage le CamaradeMuet était infatigable et perfectionniste

– bonjour – murmura-t-il

– bonjour – répondit Xilisbaba

les voisins recouraient régulièrement à son coutelas militaire parfaitement aiguisé, les marchandes ambulantes du rez-de-chaussée, qui vendaient des brochettes et des sandwichs au chorizo pour les gens pressés, faisaient également appel à ses services domestiques pour préparer les pommes de terre frites dans sa vieille huile

elles arrivèrent au sixième étage

Amarelinha lâcha ses sacs devant la porte et frappa deux coups, doucement

GrandMèreKunjikise vint ouvrir

un vieil arrosoir en zinc attendait Amarelinha dans le couloir et elle arrosa soigneusement la rangée de pots de fleurs. Amarelinha avait les mêmes gestes précieux et délicats que GrandMèreKunjikise, comme si elles avaient été du même sang, et ces mêmes mains, le soir, travaillaient les fils et les perles de verre et inventaient des colliers, des bagues et des bracelets pour des gamines qui s'inventaient des raisons de les acheter

– nous allons faire une bonne affaire, mon chou – lui disait MariaComForça, la locataire du deuxième étage – tu entres dans notre association avec tes mains habiles à l'ouvrage, et moi je m'occupe de la vente directe aux clients

sous le regard attentif de son mari, Xilisbaba rangeait les courses dans les placards de la cuisine, Odonato observait les gens, attentif aux gestes de leurs mains, il aimait voir GrandMèreKunjikise cuisiner calmement, il faisait semblant de lire le journal mais il admirait la rapidité et la précision des gestes de brodeuse de perles de sa fille, lui-même avait été bien habile avec le bois mais les occupations du temps où il était fonctionnaire public avaient fait disparaître une part de sa sensibilité

– donner des coups de tampon... c'est ça qui a tué la rondeur de mes gestes

Odonato observait les mains de sa femme et les aliments : tout avait été offert ou trouvé dans les restes d'un supermarché où travaillait quelque connaissance

– maintenant nous ne mangeons que ce dont les autres ne veulent plus – remarqua-t-il

– c'est un péché que de jeter de la nourriture encore bonne

– c'est un péché qu'il n'y ait pas à manger pour tous – conclut Odonato, sortant de la cuisine et se dirigeant vers la terrasse

il contemplait la ville, l'agitation désordonnée des voitures, les passants qui se hâtaient, les marchands, les motos chinoises, des 4 x 4, un facteur, la voiture à la sirène hurlante et un aveugle donnant la main à un jeune garçon qui portait un sac à dos

– tu as des soucis ? – Xilisbaba s'approcha

– Ciente n'a plus donné de nouvelles, personne ne sait où il est

CienteDoGrã, le fils aîné d'Odonato, avait passé son adolescence à errer de bar en bar, il avait été associé dans une discothèque réputée mais avait fini comme videur toujours en retard, puis devenu consommateur régulier d'héroïne il avait volé des seringues dans une pharmacie, et, adolescent attardé, il avait rejoint un groupe rastafari de Luanda et avait survécu grâce à la *diamba* et à des petits vols

inadapté par vocation, il se réveillait tôt afin d'avoir plus de temps pour ne rien faire et entretenait l'obsession de posséder un jour une jeep américaine GrandCherokee. ses amis l'avaient surnommé “Ciente du GrandCherokee” qui se transforma bientôt en CienteDoGrã (CienteDuGrand)

– on peut faire quelque chose ?

– attendre en espérant qu'il ne fasse pas d'autre bêtise

le Facteur transpirait et se servait d'un mouchoir trempé pour éponger sa sueur. quelques mois auparavant, il avait sollicité de son chef, un gros mulâtre de Benguela, une moto pour l'aider dans son dur labeur de distribution du courrier

– une moto ? ne me fais pas rire, estime-toi heureux si on te donne une trottinette. si tu ne veux plus de ce travail, il y en a plein qui le voudront. une moto... manquerait plus ça !

le Facteur se dit que par écrit il aurait peut-être plus de chance

il écrivit soixante-dix lettres à la main, sur un papier bleu de vingt-cinq lignes, toutes dûment timbrées, et il les distribua parmi la clientèle chic de Alvalade, Maianga et Makulusu, sans oublier des députés, des hommes d'affaires influents et le MinistreDesTransports lui-même

il y expliquait la relation des causes et des effets, le kilométrage que sa fonction impliquait, les discontinuités géographiques et, invoquant une convention internationale des facteurs, il demanda qu'on lui octroie, au moins, une bicyclette à dix-huit changements de vitesse avec entretien garanti par les services compétents mais

il n'obtint jamais de réponse

– ton boulot c'est de distribuer les lettres, ce n'est pas d'en écrire – ricana le chef

le Facteur décida de marquer une pause, il ouvrit son sac en cuir et choisit une lettre au hasard, l'ouvrit délicatement, s'assura qu'il lui restait un peu de la colle blanche de farine dont il se servait pour recoller les enveloppes des lettres qu'il lisait

il y avait une écriture belle mais incertaine et, dans les marges, des dessins d'oiseaux et de nuages, d'autres signes évoquaient des coordonnées géographiques pareilles à celles qu'il avait étudiées, du temps des portugais dans sa ville natale

– je vous prépare une brochette, camarade Facteur ? – demanda MariaComFrorça en faisant danser les braises

– préparez, mais faites-moi un *kilape*, je suis un peu faible en *kwanza* en ce moment

– d'accord pour le *kilape* mais il me faut une avance en argent – répondit-elle en riant

– vous êtes une maligne, vous ! c'est un *contrekilape*, alors. ça peut se faire, ça ?

– y a-t-il quelque chose ici à Luanda qu'on ne peut pas faire ?

le Facteur, affamé et mort de soif, ravala sa salive, MariaComForça eut pitié de lui, mais la pitié ne remplit pas les poches et la vie à Luanda était bien trop chère pour faire la charité

– et comme ça vous lisez les lettres des autres, camarade Facteur ?

– c'est juste une distraction pour se distraire. mais je suis comme les enfants : j'oublie tout tout de suite après

MariaComForça remua les braises avec ses doigts, souffla sur le charbon avec précision et, entre les rubans de fumée, regarda le Facteur

– comme j'aimerais encore savoir oublier...

le Facteur fit une grimace, il demanda un verre d'eau histoire de chasser un peu la chaleur qui l'accablait, relut des passages de la lettre et confirma que celle-ci avait été remise à la poste de la ville de Sumbe

– des bonnes nouvelles ?

– je ne sais pas quoi vous dire : qui habite ici au cinquième étage ?

– le CamaradeMuet

– vous pensez qu'il me donnera un petit pourboire si je monte ?

– ça je ne sais pas...

le Facteur s'arrêta au premier étage pour habituer ses yeux à l'obscurité

l'eau se déversait par des couloirs invisibles, trempait ses pieds dans ses sandales éculées d'abord il sentit un vertige, un vertige au contraire, ce n'était pas sa tête qui tournait, c'était ses pieds qui semblaient vouloir essayer de minuscules pas de danse

"c'est peut-être la faim", se dit-il

la faim qui fait vivre aux humains les sensations les plus bizarres et accomplir les actions les plus improbables, la faim qui invente des capacités motrices et des illusions psychologiques, la faim qui ouvre des chemins ou promeut des malheurs, mais non,

il comprit que cela venait de l'endroit, parce qu'il y régnait une odeur qui ne se laissait pas sentir et un vent qui ne voulait pas circuler, l'eau qui se devinait sans se laisser voir obéissait à un flux qui n'était pas naturel, peut-être une force circulaire

– ce qu'une personne peut s'imaginer au milieu de la journée... ou de la faim...

ses yeux s'habituèrent à l'obscurité et il lui sembla être isolé du monde extérieur

il écoutait les bruits de la rue comme à travers un filtre qui ne laisserait passer que l'essentiel de chaque conversation ou de chaque pensée

– d'ici à ce qu'on m'accuse d'être en train de fumer de la *diamba* pendant le travail

la lumière n'avait pas d'explications de couleur, elle inventait des tons de jaune sur le blanc sale des murs, elle se servait de l'eau pour recréer des nouveaux gris qui ne réussissaient pas à être sombres ; l'eau offrait aux yeux du Facteur de toutes petites gerbes bleues, rouges, des cascades concentrées

sa pensée se fit plus claire, la faim s'apaisa

– si c'est comme ça, il vaut mieux que je reste encore un peu ici

alors qu'il allait s'appuyer contre la porte de ce qui jadis avait été un ascenseur, il sentit qu'une chaleur intense naissait dans ses testicules, une sensation qu'il n'avait pas ressentie aussi nettement depuis longtemps, il regarda vers l'entrée, puis vers les escaliers, personne il passa légèrement la main sur son pantalon, son pénis était presque en éveil dans son caleçon usé, il ferma les yeux, absorba encore une fois cette absurde fraîcheur

ses testicules se réveillèrent

il se sentit embarrassé, il couvrit son bas-ventre et respira profondément ; des pensées humides envahirent son esprit, il transpirait à l'intérieur comme si une peur infantile lui parvenait, amusante ;

ce n'est qu'après qu'il reprit sa montée

s'étonnant du silence

il ne rencontra personne sur les paliers, et l'absence d'enfants l'étonna

il entendit, en arrivant au troisième étage, une voix qui chantait une mélodie simple, provenant certainement d'un antique tourne-disque de quarante-cinq tours

du jazz

il souleva son sac pesant, le changea d'épaule, ce qui le soulagea

l'endroit où le sac avait exercé sa pression laissa réapparaître les contours naturels de sa peau, il se frotta avec des mouvements circulaires de ses doigts joints, il aimait sentir que sa peau reprenait sa place, il caressa aussi son autre épaule, celle qui commençait à se déformer

la large bandoulière était faite d'un matériau qui imitait une corde robuste mais qui ne l'avait jamais meurtri durant toutes ces années, seules ses épaules connaissaient les secrets de la texture, sous forme d'une sorte de cicatrice provisoire qui disparaissait grâce à l'alternance des épaules et aux massages circulaires

– au moins une bicyclette, je ne parle même plus d'une mobylette

il s'approcha lentement, remettant droit le carton usé et poussiéreux qui l'identifiait comme travailleur du Service-NationalDesPostes, il reprit la lettre et, d'un coup d'œil sûr, vérifia qu'il l'avait bien refermée, feignit de relire l'adresse *cinquième étage, immeuble de la Maianga, au porteur. ps : immeuble avec un énorme trou au rez-de-chaussée. on ne peut pas se tromper*

le CamaradeMuet épluchait des pommes de terre sans sourire, il caressait de temps en temps ses grosses moustaches, ses savates posées à côté de lui, bien qu'il se déplaçât habituellement pieds nus, y compris en présence des voisins

le Facteur toussa

quelque part dans Luanda, loin de là, un crocodile siffla la même mélodie qui passait sur le tourne-disque, le Facteur regarda le CamaradeMuet avec le couteau aiguisé dans la main gauche, la pomme de terre laissant goutter une eau terreuse

– excusez-moi de ne pas me chausser – prononça au bout d'un moment le CamaradeMuet

– pas de problème, je ne suis qu'un simple Facteur, je viens apporter une lettre au cinquième étage

– ça doit être une erreur, personne ne m'a jamais écrit de lettre

– il n'y a pas d'erreur possible. vous voulez voir ?

– je vois très mal – le CamaradeMuet essuya son couteau sur sa jambe gauche

– ami, prenez cette lettre ! mon chef ne sera pas du tout content si je rapporte des lettres non distribuées

– c'est bon, laissez-la sur la table

– quelle table ?

– celle qui est à l'intérieur

le CamaradeMuet continuait à éplucher ses pommes de terre à un rythme féminin, son regard se perdait si loin que le Facteur n'eut plus le moindre doute sur le fait que l'homme assis là, le couteau à la main et une montagne de pommes de terre à éplucher, ne voyait pas très bien

et ne le voyait déjà plus

qu'il reste planté là, qu'il se mette à courir ou à crier, qu'il entre ou non dans sa maison

– avec votre permission – bredouilla le Facteur, en pénétrant dans l'appartement

la moitié du bruit venait de la musique, l'autre moitié, magiquement cadencée, était le craquement de la vieille aiguille du tourne-disque

le Facteur déposa son sac à l'entrée et s'approcha de la petite table

deux fils rouges traversaient la pièce comme un double étendoir à linge, permettant aux haut-parleurs de tenir sur les petites fenêtres qui donnaient sur le couloir

le son de la trompette lui massa l'épaule, siffla délicatement dans ses oreilles mouillées de sueur, l'invita à s'asseoir et à trouver le verre rempli d'eau, il regarda vers la porte, distingua les gestes résolus, entraînés et tranchants du CamaradeMuet, constata que son genou bougeait d'un côté et de l'autre à un rythme saccadé qui n'était pas celui de la musique

– je peux attaquer ce verre d'eau ?

le silence répondit que oui, le disque arriva à la fin de la face A, l'aiguille insistait, cherchant encore des notes de jazz

– mettez la face B, ce trompettiste n'est bon que sur les faces B – dit le CamaradeMuet

le Facteur but l'eau et en désira encore, mais resta sur son désir, sur les murs de la pièce d'étranges figures s'étalaient sur des photos et des posters écrits dans des lettres étrangères, quelques-uns étaient des photos de chanteurs, d'autres montraient les détails de mains sur des claviers de pianos, des saxophones et des gros micros, il reconnut l'un d'eux, sur le mur, un visage qu'il connaissait de quelque part, il s'approcha, essuya la sueur qui coulait de ses sourcils et lut le nom, c'était le même que celui du disque qui passait maintenant sur la face B,

il entendit des voix à l'extérieur, reposa le verre et rejoignit son sac plein de lettres, une vieille dame aux cheveux blancs était à côté du CamaradeMuet, ils parlaient

– *mercredi je vous apporterai la racine, aujourd'hui il n'y en avait pas. vous vous sentez mieux ?*

– si je me sens mieux ? je ne sais pas. je ne vais pas plus mal non plus, c'est ce qui me soutient. mais j'ai des douleurs partout dans le corps, dans les os de dedans…

la vieille femme prit congé d'un geste léger, monta les escaliers, le Facteur en profita et sortit de l'appartement

– j'ai pris un verre d'eau

– vous avez bien fait, pardonnez-moi de ne pas me lever, je me sens bien faible en ce moment

le CamaradeMuet repoussa le seau, prit un vieil éventail à barbecue, large et usé, il s'éventa trois fois, l'homme avait une sorte de pacte secret avec le *"catolotolo"*, un ensemble de fièvres et de malaises qui, sans traitement, peut accompagner le patient pendant des années, disparaissant puis revenant en ramenant à chaque fois les symptômes

– *catolotolo* têtu – sourit doucement le CamaradeMuet – que les médecins ont diagnostiqué il y a longtemps… c'est une *maka* chronique

le Facteur se gratta la tête en cherchant quelque chose à dire, rangea son sac, s'essuya les mains sur ses jambes de pantalon

– bon, eh bien si vous avez besoin de quoi que ce soit, faites-moi signe

– merci. le soda, ce sera pour la prochaine fois, je suis à cours de *cumbú*

– pas de problème, l'ancien – dit le Facteur en prenant congé

dans l'escalier, GrandMèreKunjikise regarda le Facteur dans les yeux, celui-ci détourna le regard

il se sentait bien, il n'avait pas grand-chose à cacher et n'avait jamais nourri de méfiance envers les vieilles personnes, surtout celles qui avaient des cheveux blancs

GrandMèreKunjikise sourit, émit un son presque inaudible et poursuivit sa montée vers le sixième étage

où elle retrouva Odonato qui regardait au loin,

GrandMèreKunjikise le vit de dos, dans le soleil dilué, et frémit comme elle n'avait pas frémi depuis longtemps, elle ferma les yeux, fit un effort, elle aurait voulu verser deux ou trois larmes pour éloigner cette vision

mais la vérité est limpide et connaît des sentiers secrets pour arriver à sa destination

– *Nato*... – prononça GrandMèreKunjikise, tout doucement

Odonato se retourna lentement sans laisser à la vieille femme le moindre espace pour l'ombre d'un doute

le soleil, divisé en portions d'intensité, chaud et perpendiculaire à cette heure-là, le soleil, ses rayons de lumière qui voyageaient depuis une distance et une immensité sidérales traversaient le corps de cet homme sans obéir aux limites logiques de son anatomie

il y avait la lumière qui le contournait et la lumière qui ne le contournait plus

– *Nato... ton corps...* – la vieille femme posa ses deux mains sur sa poitrine comme elle le faisait depuis son enfance quand elle voulait se calmer

de timides rayons de soleil, d'une extrême maigreur, lambeaux tristes de couleur jaune, traversaient Odonato dans les zones périphériques de son corps mince, le long de sa taille, de ses genoux, sur le dos de ses mains et ses épaules, la lumière allongée passait comme si son corps humain, réel et sanguin, était une sorte de tamis ambulant

– calmez-vous, mère – dit Odonato en s'approchant

– *ce n'est pas ça* – dit GrandMèreKunjikise –, *je pense à ta famille, aux tiens... ma pauvre fille !*

Odonato alla chercher un jus de maracuja que la vieille femme adorait

– il n'y a plus de sucre, mais buvez quand même

le bruit du cinquième étage arrivait jusqu'à eux, la vieille femme tapait la mesure avec son pied, souriant à Odonato tout en remettant en place le pagne qui lui couvrait les épaules et une partie du cou

les mains desséchées, la peau flasque, les gestes fermes

– vous avez remarqué, mère ?

GrandMèreKunjikise le regarda droit dans les yeux, ce qui était une façon de parler avec ceux qui ne comprenaient pas bien son umbundu, elle lui révéla beaucoup de choses, des choses sues et devinées depuis bien longtemps, mais seulement maintenant, à cet instant brûlant, enfin comprises

– *j'ai vu l'avenir* – murmura-t-elle.

le hurlement d'une sirène parvint jusqu'au sixième étage

dans la voiture, le Ministre ordonna au chauffeur de s'arrêter là, qu'il aille faire un tour, il lui téléphonerait quand il voudrait qu'il vienne le chercher

mais le Ministre ne voulait pas qu'on vienne le chercher

– tu es sûr que c'est cet immeuble ? – demanda-t-il avant de sortir

– c'est bien celui-là, camarade Ministre, vous ne voyez pas le trou ?

– si

– alors, c'est bien l'immeuble Maianga avec le trou au rez-de-chaussée, un trou qui est là depuis très longtemps, chef, je peux vous raconter l'histoire…

– pas maintenant – interrompit le Ministre, en sortant de la voiture

le GardeDuCorps s'apprêtait à le suivre mais le Ministre lui ordonna de retourner dans la voiture

– mais, chef…

– c'est un ordre, disparais de ma vue

sans un regard en arrière le GardeDuCorps s'empressa de rentrer dans la voiture. intriguées, les marchandes lorgnaient les vêtements du Ministre

le chauffeur débrancha la sirène, le trafic était impossible, les voitures se trouvaient presque à l'arrêt, le tour d'un pâté de maisons ou deux pouvait durer plus de quarante-cinq minutes. un agent de police reconnut, d'après son numéro d'immatriculation, qu'il s'agissait d'un véhicule du gouvernement et demanda d'un signe au chauffeur s'il voulait passer le chauffeur fit un signe négatif de la tête, l'agent parut confus

le Ministre arriva devant l'immeuble en essuyant la sueur de son front, remit le mouchoir jaune dans sa poche gauche, il pénétra dans l'obscurité du bâtiment, gravit les premières marches et écouta le bruit des eaux qui ruisselaient, il attendit que ses yeux fassent connaissance avec le noir et ses mains avec la fraîcheur

– vous êtes là ?

une espèce de silence répondit à la voix grave du Ministre, l'homme avança, imbibant ses chaussures

– et on dit que Jésus marchait sur les eaux, tu parles d'une connerie ! – grommela-t-il, irrité

en entendant des bruits dans l'escalier, il chercha à se cacher derrière une très haute colonne, un sifflement aigu précédait la personne qui descendait

sa propre respiration l'angoissait, il se rendait compte qu'il était caché et dans un lieu où il n'aurait pas dû se trouver. c'était un ministre vêtu d'un costume de prix, portant une fine cravate en soie et des chaussures achetées à Paris

il se résolut à agir, sortit de sa cachette, observa dans la pénombre grisâtre la silhouette qui s'approchait et décida de parler d'un ton autoritaire

– veuillez vous identifier immédiatement

il perçut que l'autre s'était arrêté et attendit

– je suis en train de sortir, je suis le Facteur sans bicyclette ni mobylette, rien que des lettres

– quelles lettres ? demanda le Ministre

– les lettres que j'ai écrites

– vous écrivez des lettres ou vous les distribuez ?

le Facteur descendit les marches restantes et s'approcha, il sentit l'odeur écœurante du parfum cher du Ministre, il devina ses vêtements, mais ne savait pas de qui il s'agissait

– veuillez bien excuser ma question, camarade, mais qui êtes-vous donc ?

– vous ne savez pas qui je suis ? – répondit le Ministre en se dirigeant vers la sortie

– eh bien non

– il vaut mieux pour vous ne pas le savoir

le Ministre retourna à la lumière du jour, trébucha dans sa hâte sur une casserole abandonnée que MariaComForça avait laissée dans cet espace qui n'était pas utilisé pour sortir de l'immeuble, les enfants qui jouaient sur le trottoir se moquèrent de lui, imitant sa façon de mettre de l'ordre dans ses vêtements et ses lunettes noires

le Ministre chercha des yeux sa voiture absente

le trafic était toujours intense et son téléphone portable était resté dans la voiture ministérielle, il sentit que la sueur recommençait à inonder son cou et ses aisselles

– vous voulez bien me prêter votre portable ? – demanda-t-il à MariaComForça

– bonjour, camarade

– oui, bonjour, bonjour, mais vous me le prêtez oui ou non ?

MariaComForça, d'un geste illuminé par son sourire, sortit son portable, lui-même trempé de sueur, de son soutien-gorge

le Ministre hésita, laissant la main de la dame suspendue en l'air, le Facteur apparut, les yeux fermés, comme pour s'habituer à l'intense clarté de la ville, le Ministre retira le mouchoir de sa poche, nettoya le portable et composa son numéro

– je commence à avoir une idée – dit, pensif, le Facteur

– un moment, chaque chose en son temps

la rangée des femmes assises cessa toute activité pour observer cet homme en costume-cravate tenir le portable de la marchande avec le mouchoir jaune

– mais votre téléphone a du crédit, madame ?

– vous m'avez demandé mon téléphone, vous voulez aussi du crédit ? je peux demander aux petits d'aller en acheter

– je sais – interrompit le Facteur – vous êtes un camarade Ministre !, je ne sais pas si vous avez déjà reçu ma lettre...

– mais quelle lettre ?

– celle où je parle de l'absence de moyens de transport dans les services centraux des Postes

– écoutez, mon garçon – le Ministre transpirait et montrait un air préoccupé – vous n'auriez pas un téléphone portable ?

– j'en ai un, mais c'est comme cette dame

– comment ça ?

– comme ça, sans crédit

– allez vous faire foutre !

les enfants se tenaient en rond autour du Facteur et du Ministre

– vous pouvez me rendre mon téléphone, camarade Ministre ? – dit MariaComForça d'une voix lente

– bien sûr, il ne sert à rien

– mais pour revenir à mon cas, monsieur le Ministre, pourriez-vous, s'il vous plaît, prendre ma demande de transport à deux roues en considération ?

– j'ai autre chose à faire, mon vieux, adressez-vous à vos supérieurs

– mais vous, monsieur, qui êtes un supérieur au Ministère donc un supérieur de mon chef, n'êtes-vous pas aussi mon supérieur ?

– avez-vous déjà vu en Angola un Facteur se déplacer en mobylette pendant son service ?

– il y a toujours une première fois, monsieur le Ministre, souvenez-vous de lire ma lettre, elle est écrite sur un papier à vingt-cinq lignes, avec un timbre sur l'enveloppe fermée à la colle blanche et une calligraphie à l'ancienne

le Ministre cherchait sa voiture des yeux, il transpirait beaucoup, le Facteur fouillait dans ses poches sûr d'y trouver une copie des lettres envoyées

– et vous, les enfants, vous n'avez pas vu une voiture bleue, du Ministère ? elle est peut-être garée tout près, vous ne voulez pas aller voir là après le coin de la rue ?

les enfants souriaient en échangeant des regards

– c'est que nous ne pouvons pas nous éloigner d'ici, camarade Ministre, nos mamans ne veulent pas

– et ces dames sont vos mamans ?

les femmes hochèrent la tête négativement

– c'est pour ça que nous ne pouvons pas nous éloigner, camarade Ministre – dit un des enfants, les bras croisés, sur un ton moqueur – ces dames sont celles qui se plaignent de nous auprès de nos mères le soir

la voiture arrivait, klaxonnant pour écarter les véhicules civils qui n'appartenaient pas aux ministères

– camarade Ministre – le Facteur posa la main sur le bras du Ministre qui se secoua et reprit sa marche – je voudrais juste vous donner la lettre, je crois que je l'ai là

le Facteur suivait le Ministre qui marchait vers sa voiture, en parlant et en fouillant dans son sac, le GardeDuCorps surgit prestement et, tout en tenant la porte ouverte au Ministre, envoya valdinguer le Facteur d'un coup si rapide que les enfants ne réussirent pas le soir à reproduire son geste dans leur petit théâtre d'imitation

– bouge pas de là jusqu'à ce que la voiture disparaisse, t'as compris ? – dit le GardeDuCorps tout en envoyant un coup de pied dans la tête du Facteur déjà étalé

la voiture s'ébranla et s'arrêta quelques mètres plus loin

le Facteur, qui s'était relevé, épousseta son pantalon, se rassit rapidement, le chauffeur fit signe à un des enfants qui s'approcha de la fenêtre et ce fut le Ministre en personne qui lui remit une petite enveloppe

– donne ça à la dame là-bas qui range son portable entre ses nichons

le gamin, de retour, aida le Facteur à ramasser les lettres et autres papiers éparpillés dans une flaque d'eau boueuse, et prit une feuille de papier bleu à vingt-cinq lignes

– tu as une belle écriture – dit MariaComForça

– j'ai étudié dans les temps d'avant – sourit le Facteur avec sa lèvre tuméfiée – j'ai reçu beaucoup de claques pour arriver à bien dessiner les lettres

MariaComForça ouvrit l'enveloppe que lui avait tendue le petit, il y avait dedans une carte de la compagnie des téléphones avec un crédit de dix dollars

elle déchira la carte, ramassa la lettre tachée d'encre bleue et ses timbres trempés

– voulez-vous un rafraîchissement, camarade Facteur ?

le Facteur regarda dans la rue où la voiture du Ministre avait disparu

– non, merci, j'ai encore beaucoup à faire

– est-ce que je peux garder cette lettre ?

– oui bien sûr, j'en ai encore beaucoup. à demain tout le monde

relevant son sac sur l'épaule, le Facteur se remit en route en sens inverse de la voiture ministérielle.

Nelucha descendit du *candongueiro* au LargoDaMaianga, place de la Maianga, et ne remarqua pas le Facteur qui attendait de pouvoir traverser, au milieu de la foule qui guettait une brèche pour pouvoir poursuivre ses activités,

la vie est ainsi faite en ville, sur le pavé, aux heures chaudes du jour

les pieds crottés, le front en nage, les bras chargés de sacs en plastique remplis de fruits et de légumes frais, Nelucha s'arrêta devant l'entrée de l'immeuble et demanda à MariaComForça un soda bien glacé

– ça c'est de la chaleur pour de bon – commenta-t-elle tandis que MariaComForça lui tendait un coca fabrication nationale qui, selon la croyance généralisée, était meilleure que l'internationale

– avant, les gens avaient des ombrelles dans la rue, pour se protéger du soleil, maintenant c'est seulement quand il pleut

– c'est vrai, je m'en souviens

– mais non tu ne t'en souviens pas, raconte pas d'histoire, tu es trop jeune, ne dis pas n'importe quoi

Nelucha riait, elle avait un grand sourire plein de belles dents et des lèvres charnues qui dessinaient la vie au son de chacun de ses rires, les yeux qui le matin avaient été soulignés d'une couleur profonde étaient à présent tachés d'un rose qui coulait sur sa peau sombre

– marraine, vous avez assisté à la pagaille ? demanda, joyeux et ruisselant d'eau fraîche, le garçon qu'on appelait Paizinho (PetitPère)

– quelle pagaille ?

– un ministre qui est venu ici et a donné une gifle à un facteur

– c'est des histoires... – MariaComForça mettait les glaçons dans les énormes bacs en plastique – tu as vu le Ministre donner une gifle à quelqu'un ?

– Ministre ? Facteur ? – Nelucha paraissait confuse

– oui, marraine – confirma Paizinho – c'est le garde du Ministre, mais le Ministre n'a pas réagi et n'a pas fait arrêter la voiture

– ce Facteur si sympathique ?, le pauvre

– oui, lui – confirma MariaComForça – et tout ça seulement parce qu'il demande une mobylette pour pouvoir distribuer le courrier

– mais ils l'ont vraiment tabassé ?

– non, ils l'ont juste secoué fort du genre comme pour secouer la poussière

– vous dites ça, marraine, parce que ce n'est pas vous qui avez senti le coup – Paizinho riait, lavait ces grands bacs – les beignes des agents de la sécurité ça fait vraiment mal, de loin on ne peut pas se rendre compte, mais ces mains-là elles pèsent lourd quand elles vous tapent dessus, ça fait mal, marraine

– tu viens de loin, Nelucha ? – MariaComForça voulut changer de sujet de conversation, car d'autres personnes s'approchaient pour écouter ce qui se disait

– non pas tellement, du marché de Prenda, je suis allée acheter des légumes et des fruits dont Xilisbaba va avoir besoin

– on va faire une fête, marraine ? – demanda Paizinho, se préparant à monter

– "on va" ? parce que tu es invité ?

– je fais partie de la maison, marraine – répondit Paizinho en riant et en se saisissant des sacs de Nelucha pour l'aider à les transporter

Paizinho était apparu dans l'immeuble il y avait des années de cela, sournoisement, tout en manières sucrées et délicatesses douteuses, mais très vite il se révéla être un enfant aux yeux vifs et aux mains agiles avec son corps long comme un palmier dégingandé pliant au moindre coup de vent

– si je n'avais pas tant de voitures à laver, je serais sûrement joueur de basket

Nelucha transpirait de fatigue en arrivant au quatrième étage. Paizinho, au contraire, était frais comme un gardon après son récent passage à travers les eaux déversées par les tuyauteries défoncées du premier étage

– rien ne vaut un bon bain… tout va bien, monsieur Edú ? – salua-t-il

Edú redescendait à petits pas du cinquième étage, il avait dans la main un thermomètre que le CamaradeMuet lui avait prêté, il traînait les pieds et se déplaçait au ralenti comme dans un dessin animé qui, à force de lenteur, ne réussit plus à amuser les enfants

– encore de la fièvre, Edú ?

– non, pas vraiment

– alors pourquoi aller chercher le thermomètre ?

– c'est pour que le Muet revienne le chercher chez moi, sinon il reste tout seul là-haut et moi aussi, et comme ça on a une excuse de conversation

arrivée chez elle, Nelucha demanda à Paizinho de tout poser par terre. les bottes de persil, une *múcua* un peu fatiguée, des avocats un peu trop mûrs et des laitues décoraient le plan de travail à côté de la cuisinière

– je peux boire un verre d'eau glacée, marraine ?

– prends-toi un soda et merci pour ton aide

– c'est rien, marraine

Paizinho prit son soda et sortit, il salua à nouveau Edú et lui demanda s'il avait besoin d'aide pour marcher

– tu me prends pour un vieillard ?

Paizinho laissa flotter une expression de tristesse dans son sourire confus,

quand il était arrivé à Luanda en venant du Sud, il cherchait en vain depuis des années les traces de sa mère. respecté dans l'immeuble pour son honnêteté et sa ponctualité, deux choses rares chez les habitants de Luanda, Paizinho était un spectateur assidu de l'émission de télévision “PointDeRencontre”, créée justement pour que les angolais puissent retrouver les personnes dont la guerre les avait séparés

Paizinho sortit tristement, se consolant avec la saveur de son coca glacé et plaisanta

– *kota* Edú, ce coca fabriqué ici en Angola est le meilleur !

Edú fit une longue moue de doute, referma la porte et se dirigea vers la cuisine

– ces gamins d'aujourd'hui, en fait de vouloir aider, ils ne font qu'embêter les plus vieux, parce que j'ai les parties enflées je ne peux plus marcher ?

– laisse tomber, fils – Nelucha qui préparait le repas paraissait de bonne humeur – il voulait juste te rendre service, Paizinho est un brave garçon

RádioNacional passait un air de CarlosBurity

et malgré les difficultés que lui causait sa jambe, Edú démontra qu'il était encore un puissant danseur à la mode *caluanda*, le couple sourit et se mit à danser, Edú commandait les figures d'une *kizomba* balancée en manœuvres lentes, sans marcher sur les fruits qui venaient d'arriver ni frôler les sacs en plastique, sous le regard attentif et soucieux de Nelucha, qui petit à petit laissa sa bouche s'ouvrir en un sourire d'étonnement devant la dextérité des pas de l'ancien

– tu crois que le *mbumbi* est un lion ? à présent je vis adaptivement ! le *mbumbi* m'apporte de nouvelles possibilités de pas, tu ne vois pas comme j'écarte le genou dans une latérale feintée ? toujours vers le haut…

Nelucha rit, laissa la main d'Edú serrer sa taille, l'autre descendre jusqu'aux marges de ses vastes fesses, les effluves d'une sueur chaude envahissaient la cuisine et la musique continuait, voluptueuse, fermant les yeux du couple sans qu'ils perdent le sens de la géographie du lieu

– tu ne te souviens plus de l'épisode fatal ? aïe aïe aïe…

au temps du couvre-feu, les fêtes étaient bourrées de monde, des gens qui voulaient boire, manger et danser, et il était rigoureusement interdit, à cause du couvre-feu, de quitter le local

ceux qui restaient après minuit ne pouvaient retourner chez eux qu'après cinq heures et demie le lendemain matin, heure à laquelle, pressentant le lever du soleil, les corps délicieusement fatigués demandent un siège, une dernière bière bien fraîche et un plat de *muzonguê*

il était normal à cette époque, qu'après le *muzonguê* il y ait une résurgence de la fête qui se poursuivrait pour certains jusqu'à dix heures du matin, et, pour les plus acharnés, se transformerait dans ce qu'on appelait la "continuation", où les hommes iraient acheter quelque chose, du poisson ou de la viande, des pommes de terre, du *funji*, du manioc, mais surtout des denrées liquides, bouteilles, canettes ou tonneaux de bière pour quand le rythme reprendrait, vers quatorze heures, dans les parfums des épices féminines, tout au long d'un après-midi qui s'étirerait jusqu'à la nouvelle soirée

– mmmh, nos couvre-feux brûlants… – Edú sourit les yeux fermés au souvenir de la nuit où il avait fait sa conquête

– mademoiselle, vous permettez, quel est votre nom ? – il s'approcha de Nelucha, costume blanc en lin froissé, chemise ouverte sur un crucifix en or qui brillait sur l'obscurité de sa peau mouillée

– Nelucha – dit-elle en souriant timidement

– et Nelucha danse ? – il offrit sa main et un sourire qui excluait tout refus

et ainsi, selon la façon dont la cavalière laissait s'approcher le corps du cavalier, naissait un jeu entre les énergies corporelles, sa bouche à lui tout près de son cou à elle, la façon dont leurs mains se posaient sur le corps de l'un et de l'autre, la complicité des sourires, et les pas évoluant dans un contact de plus en plus intime, les cuisses s'effleurant comme pour sentir si c'était possible, les tailles qui ployaient en dénonçant les intentions

et Nelucha, sans rien laisser paraître, avait déjà accepté avant même la dernière invitation

– mais c'est Nelucha avec *x* ou avec *ch* ?

– pourquoi, jeune homme ? – demanda, sérieuse, Nelucha en s'écartant de son cou à lui

– dites-moi, jeune fille

– c'est avec *ch*

– alors nous allons dessiner votre nom, regardez bien maintenant

le défi d'Edú ne consistait pas à écrire le nom de la jeune fille sur le sol, habileté dont il savait qu'il était capable, même avec la difficulté du *ch*, le problème était que la musique pourrait ne pas lui laisser le temps d'exécuter son exploit avec la délicieuse lenteur qu'il souhaitait

Nelucha, le regard allant du sol au visage calme d'Edú, fut impressionnée, l'homme dominait la technique kizombistique au point de ne jamais toucher les autres couples qui dansaient à côté, ayant même réussi à éviter le gâteau écrasé sur le sol et les enfants qui passaient en courant

– si vous voulez bien, le *cha* nous l'écrirons à la prochaine danse – dit Edú, quand la musique arriva à sa fin

– je ne sais pas quoi dire – sourit Nelucha, disant aujourd'hui dans sa cuisine la même phrase qu'elle avait prononcée des années auparavant

– alors ne dis rien – plaisanta Edú en ouvrant les yeux

Nelucha baissa les yeux sur le sol de la cuisine, le balai intact et même les fruits qui avaient roulé hors des sacs en plastique n'avaient souffert du moindre dommage

– tu es toujours un sacré danseur

– on fait ce qu'on peut, le *mbumbi* donne un certain rythme aux passes tournantes – sourit Edú

Nelucha ramassait ses courses, distribuait les sacs sur le comptoir, rangeait la vaisselle, ouvrait le robinet pour laver les légumes

– il faut qu'on parle, Edú

– quoi encore ? – Edú pressentait qu'il s'agissait d'un sujet trop sérieux pour ce moment de la journée

– je pensais à cette histoire du *mbumbi*, c'est sérieux, Edú

– et moi qui le porte et vis avec, je ne le sais pas ?

– mais alors pourquoi tu ne te décides pas une bonne fois pour toutes ? tu pourrais accepter les propositions de l'un de ces médecins, ce sont des gens importants, avec des connaissances, ils pourraient résoudre le problème sans difficulté

– ah, ils peuvent le résoudre, hein ? et si ça se passe mal ? – Edú s'irritait facilement quand on abordait l'idée d'une possible intervention chirurgicale qui lui aurait permis de se voir libéré de la gigantesque tumeur – tu ne sais pas que le *mbumbi* est en relation étroite avec la zone testiculaire ? est-ce que je sais ce qui pourrait arriver là en bas...

– tu ne le sais pas et moi non plus, aucun de nous deux est médecin, mais tu as reçu la visite de spécialistes de tant de pays, l'un d'eux pourrait t'expliquer mieux, mais tu ne les laisses même pas parler

– parler, parler... je t'ai déjà dit qu'un *kimbanda* de mes amis est sur l'affaire. tant qu'il ne se prononcera pas, personne ne posera la main sur mes parties. ils croient que cette merde appartient à tout le monde, ou quoi ?

– Edú, calme-toi, fils, l'autre jour je parlais à ma sœur, et elle m'a dit des choses intéressantes à ce sujet

– qu'est-ce qu'elle t'a dit encore ?

– tu dis que tu veux attendre, d'accord. mais tu devrais écouter tous les avis, ceux des *kimbandas* mais aussi ceux des médecins. une foule de gens viennent ici, des journalistes, la télé américaine… tu as déjà pensé à ça ?

– à quoi ?

– aujourd'hui tout le monde se montre en spectacle. il y a des quantités d'événements, des tournois sportifs, des expositions, expo de ceci, expo de cela, tous les artistes font des tournées

– tournées ?

– oui, tu pourrais faire une tournée, au lieu que ce soit les médecins qui viennent te voir ici, c'est nous qui voyagerions… pour aller visiter des cliniques, des journaux, des télés, et comme ça nous connaîtrions d'autres pays

– je ne sais pas, Nelucha… me déplacer… danser c'est une chose, mais les escaliers, les avions, je ne sais pas. et puis ça nous coûterait cher…

– ça ne nous coûterait rien, ma sœur m'a dit que c'est eux qui prendraient en charge toutes les dépenses et s'ils veulent t'opérer, tu dis que tu aimerais voir un autre médecin et on filerait vers un autre pays. ma sœur a une bonne expérience de l'organisation d'événements, elle pourrait être notre agent

– agent ? ça ressemble déjà à une tournée de Kassav – Edú critiquait, mais au fond l'idée ne lui déplaisait pas

– elle pourrait venir un de ces jours, nous expliquer son plan. tu te rends compte ? on commencerait par les circuits habituels, portugal, afrique du sud, namibie. puis l'europe, avec les frances et les espagnes italiennes. et si tout se passe bien, l'amérique, new-york et miami

– et après, qui sait, le japon et la chine, les chinois viennent de plus en plus chez nous, ils n'ont peut-être jamais vu de *mbumbi* de cette taille… – Edú s'assit sur le minuscule banc qui lui était réservé du fait de sa résistance – dis à ta sœur de venir, peut-être qu'on pourrait faire du bizness !

au sixième étage, Xilisbaba entra chez elle et sentit un courant d'air qui lui déplut

le silence intense n'était perturbé que par les notes de jazz échappées du cinquième, les fenêtres à moitié fermées, le robinet qui gouttait en rythme et la jolie lumière que faisaient naître les trous dans les vieux rideaux du salon

– Odonato ? Maman ?

elle posa dans la cuisine ses maigres sacs, Amarelinha était déjà installée dans le salon, inspectait les fils et les perles qu'elle avait apportés pour ses nouveaux bracelets et, arrivant de sa chambre, GrandMèreKunjikise apparut enveloppée dans ses beaux pagnes

– un pagne blanc, grand-mère ? – sourit Amarelinha – c'est fête aujourd'hui ?

– *jour de malheur, ça oui*

elle continua de son pas silencieux jusqu'à la cuisine, déposa un baiser sur le front de sa petite-fille

– bonjour, maman – salua Xilisbaba

– *bonjour, ma fille*

– Odonato est sorti ? il est parti chercher du travail ?

– *je crois qu'il est allé chercher autre chose, il est là-haut*

là-haut dans le parler de l'immeuble, c'était la terrasse, un lieu ouvert et encombré, fréquenté par qui voulait, un patio à ciel ouvert dans lequel s'entassaient des chaises abandonnées et des réservoirs d'eau, vides, puisque l'eau ne manquait pas dans l'immeuble, ou plutôt elle manquait souvent aux robinets, mais jamais dans les canalisations éventrées du premier étage

là reposaient tranquillement ou dansaient dans le vent les antennes inutiles, celles d'avant, vieillies, tordues ou chancelantes, et les plus récentes, petites ou grandes, paraboliques, de celles qui capturent les nouvelles et les voix d'autres endroits plus internationaux, ces antennes étaient aussi des sources de profit pour l'immeuble, dans la mesure où le voisinage profitait de la hauteur de l'immeuble pour y installer quelques-unes d'entre elles qui desservaient les maisons des alentours

Odonato était sur le bord de la terrasse, il contemplait la ville, sa poussière vénérable, ses arbres, l'école MutuYaKevela, jadis connue comme le lycée SalvadorCorreia

– je n'aime pas que tu restes là, trop près du bord

– moi aussi, il y a beaucoup de choses que je n'aime pas – Odonato n'était pas de bonne humeur

– ça te dirait de faire la cuisine ? j'ai apporté des légumes, des fruits et du poisson à faire griller

– Baba – Odonato respira profondément, comme s'il voulait aspirer toute la poussière de la ville de Luanda – j'ai décidé de ne pas manger

– tu n'as pas faim ? tu ne veux pas déjeuner ?

– tu n'as pas compris. je ne veux plus manger, j'en ai assez des restes et des choses des autres. je vais faire un jeûne social

– chéri… – Xilisbaba ne savait que dire

elle s'approcha de son mari, sans le regarder

la ville était plus simple vue de haut. on sentait moins sur la peau et dans les yeux le poids douloureux de ses problèmes, de ses drames

– ce qui est beau dans cette ville, Odonato… c'est les gens. les fêtes, les rythmes et même les enterrements

– nous avons passé trop d'années à la recherche de ce qui est beau pour supporter la laideur. et je ne parle pas des immeubles, des trous dans la chaussée, des canalisations défoncées. il est temps que nous regardions en face ce qui ne va pas

– chez moi, les anciens disaient qu'il est bon de regarder au loin. traverser la rivière en pensant à l'autre rive

– chez moi, les anciens disaient que pour traverser la rivière il est bon de connaître les heures du crocodile

le soleil faisait danser des éclats métalliques d'antenne en antenne, le vent avait cessé, les klaxons et les sirènes traversaient la ville en direction de l'immensité de la mer, les hirondelles se reposaient à l'ombre et nourrissaient leurs petits

Xilisbaba toucha la main froide de son mari, la porta à ses lèvres pour un baiser doux, un de ses gestes habituels, de toujours, de tendresse apaisante, sa respiration s'altéra, son regard se remplit de l'inquiétude de ceux qui perçoivent quelque chose qu'ils ne peuvent pas comprendre

– n'aie pas peur, s'il te plaît – il y avait de la tendresse aussi dans la voix d'Odonato

– Odonato...

– je sais...

la lumière vibrait d'une façon différente sur sa main

quelque chose de translucide jouait de ses reflets dans ses veines, Xilisbaba regardait la main avec attention comme si elle attendait que les minutes lui confirment ce qu'elle voyait

fixant attentivement, Xilisbaba voyait, sans voir, le sang courir dans les veines de son mari, la belle main fatiguée, les cals sur les doigts les plus utilisés, et cette vision était un pressentiment incertain, comme si elle comprenait le cheminement de son sang et qu'elle dessinait, du regard, le mouvement osseux de ses doigts

– je sais, Baba, je suis en train de devenir transparent !

CienteDoGrã, le fils aîné d'Odonato, dormait depuis plusieurs jours déjà chez son ami ZéMesmo, et tous les deux commençaient la journée avec un gros joint partagé entre sourires et café

non loin de l'immeuble se trouvait le local que ZéMesmo louait de l'autre côté du LargoDaMaianga, tout près du PalaisPrésidentiel

c'était dans un autre bâtiment, plus bas, habité surtout par la communauté rasta de Luanda, ZéMesmo avait jadis appartenu à cette communauté à l'époque où il n'était pas encore un délinquant professionnel

– mon vieux – commença ZéMesmo – vivre ici au pied du chef c'est vraiment génial, on ne manque jamais ni d'eau ni d'électricité, c'est quoi ce générateur ? on n'en a pas besoin ! s'il y a une panne d'électricité, toute la ville se trouve dans le noir, et nous ici, rien ! on est vraiment bien. quand le vieux est venu habiter dans le palais, on a applaudi notre chance

– ouais, j'ai entendu dire... CienteDoGrã avait du mal à ouvrir les yeux

– les problèmes, j'ai que ça, c'est la malchance, je sais pas si c'est de naissance ou quoi, la malchance me lâche pas, le bizness ne marche jamais, je pique, je me fais prendre, j'essaie de piquer, je me fais tabasser, je pique, ça marche mais j'arrive pas à écouler le matos. c'est la poisse !

– ouais, je vois

– tu vois que dalle, parce que tu sais pas fumer, t'es tout de suite pété, mais tu n'es pas repéré, alors moi je vais t'envoyer sur un coup que j'ai là... un pur bizness, et c'est toi qui vas diriger les opérations

– pourquoi pas

– un coup dans un magasin... j'ai là des mômes qui lavent les voitures, qui m'ont filé les infos, le patron de la boîte va passer le week-end à Benguela, il va rester que deux gardes débiles, la bande va pouvoir faire le coup tranquille

– c'est de la bouffe ?

– de la bouffe, n'importe quoi, sois pas con... le magasin c'est juste une couverture, le mec fait le change de dollars, et maintenant les euros ça commence à marcher, tu vois le truc ?

– ouais, je vois

– tu vois que dalle, merde, mais y a pas de problème. je te file les renseignements, tu passes douze heures sans fumer, pour être au point sur "l'Opération Cardoso"

– ah, mais il est déjà douze heures ?

– houla, t'es vraiment lourd, on parle après, mais il faudra que tu te trouves un flingue

– ouais, pas de problème, j'irai voir des cousins à moi.

CienteDoGrã n'avait pas mis les pieds chez lui depuis des mois

avant, à une période plus tranquille, ponctuée çà et là de petits larcins, téléphones portables, pneus, pare-chocs de jeep, chapardages sur la plage, il était courant qu'il débarque chez son père le dimanche pour faire un bon repas, mais petit à petit les choses avaient empiré et les membres de la communauté rasta qui connaissaient l'existence de son père avaient prévenu Odonato du mauvais chemin que prenait Ciente

il fut exclu de la communauté parce qu'il n'en respectait pas la plupart des règles et parce qu'il avait détourné des fonds destinés à financer les commémorations annuelles, personne ne leva la main sur lui par respect pour Odonato et il fut juste expulsé sous les menaces

– m'sieu, vous savez on a du respect pour vous, m'sieu, mais lui, il ne faut plus qu'il rapplique là-bas

Odonato réunit un peu d'argent et le porta aux rastas, pour laver le nom de son fils, Ciente disparut pendant des mois, des connaissances de Benguela l'aperçurent dans le Sud, puis plus tard à Cunene, près de la frontière, mêlé à des activités de contrebande

il réussit à se faire de l'argent dans diverses affaires, y compris dans une participation maladroite à des incursions dans l'embouchure du fleuve Cunene à la recherche de diamants, mais il ne dépassa jamais les camps où l'on perdait son temps en vaines discussions, baignades dans le fleuve et en consommations de généreuses doses de *liamba*,

quand Ciente revint à Luanda, aussi paumé qu'il en était parti, il fit la connaissance du fameux ZéMesmo, bandit, beau parleur et bon danseur, malfaiteur connu pour l'incroyable chance qui le protégeait, chance qu'il appelait sa malchance

– c'est-à-dire, vous lui donnez le nom de chance parce que ce n'est pas vous qui portez les cornes…

et il est vrai qu'il se faisait régulièrement prendre et qu'il ne sortait jamais indemne de ses aventures nocturnes

ce que les gens appelaient "chance" c'était les multiples fois où ZéMesmo s'était trouvé impliqué dans des affrontements avec la population ou la police, dont il sortait, après une période de récupération, comme si de rien n'était, souriant et programmant son prochain coup, comme habité d'une capacité d'oubli total des souffrances vécues à la suite des actions précédentes,

on lui avait tiré dessus à sept reprises sans que jamais il ne soit tombé dans le coma, la septième balle étant une balle perdue qui le prit de court, sur un vélomoteur, alors qu'il revenait d'une discothèque à six heures du matin

arrêté à un feu rouge, il sentit une humidité sur son ventre et vit sur son pantalon une énorme tache de sang, il rentra à la maison et demanda à sa sœur de venir lui rendre visite à l'HôpitalMilitaire avec des vêtements propres dans deux heures

– l'HôpitalMilitaire ? t'es pas fou ? – voulut argumenter sa sœur

– oh, toi tu vas la fermer, je suis là blessé par balle à six heures du matin et tu veux discuter, bordel ? j'te dis de venir me retrouver à l'HôpitalMilitaire, tu donnes mon nom. si on te demande qui c'est, tu dis que je suis le GardeDuCorps du Colonel et c'est tout

il arriva très faible à l'entrée de l'HôpitalMilitaire, descendit du vélomoteur, le gara à côté du poste où se tenaient les gardes qui ouvraient la barrière

– camarade, je te prie, appelle un médecin, dis que j'ai reçu une balle dans l'estomac

– mais tu es un militaire ? sans uniforme ?

– camarade, mon chef rentrait à la maison, on sortait de la discothèque, il y a eu des tirs, et c'est en voulant le protéger que j'ai pris une balle

les militaires, confus, constatèrent la blessure par balle et le sang sur l'estomac du soi-disant GardeDuCorps

– mais c'est qui ton chef ?

– camarades – les yeux de ZéMesmo commençaient à se fermer – je vais tomber dans les pommes, si quelqu'un le demande, dites que je suis le GardeDuCorps du Colonel-Hoffman !

l'opération se déroula sans problème, le médecin cubain qui s'était occupé de lui semblait fasciné moins par l'exploit de ce soldat qui était arrivé à l'hôpital sur ses pieds, c'est-à-dire sur ses roues, que par le trajet difficile qu'avait accompli la balle dans son corps en évitant au millimètre près chacun des organes vitaux

– usted es un hombre de suerte, compañero – sourit le médecin en le voyant réveillé – no es desta que se vá*

– merci, docteur, vous savez si ma sœur est arrivée ? je n'aime pas ces fringues d'hôpital

– su hermana, si. y un hombre, muy grande, dijo que es su coronel, el tal de Hoffman**

ZéMesmo frémit

ses intestins furent parcourus par une colique torrentielle qui lui fit porter ses deux mains au ventre

– está bien ? – demanda le médecin

– c'est que je ne me sens pas prêt à recevoir de visites – ZéMesmo transpirait

– hombre, que nada. su hermana, su jefe, no pasa nada, que entren*** – répondit le médecin

sa sœur s'approcha avec un regard inquiet comme si, en regardant devant elle, elle faisait comprendre qu'il fallait regarder derrière elle. lentement, à la suite de sa sœur, un homme de haute taille, à la barbe blanche, entra lui aussi et demeura debout à la porte

la sœur posa les vêtements sur le lit et demanda à voix basse

– et maintenant ?

– calme-toi... – ZéMesmo retrouvait le rythme de sa respiration – tout va bien, tâche de préparer une sortie stratégique. tu as prévenu Ciente ?

– oui, il arrive

---

* Vous êtes un homme chanceux, camarade, ce n'est pas encore cette fois que vous y passerez.

** Votre sœur, oui. et un homme, très grand, il dit qu'il est votre colonel, un certain Hoffman.

*** Ce n'est rien, mon vieux. votre sœur, votre chef, ce n'est pas grave, qu'ils entrent.

la sœur sortit de la chambre sans regarder le Colonel-Hoffman, la porte se referma dans un silence hostile, hospitalier, la poche de sérum gouttait régulièrement en un rythme que les deux hommes présents pouvaient presque entendre

– vous savez qui je suis ? – résonna la voix grave du Colonel

– mon ami, vous devez être…

– quoi, mon ami ? – Hoffman l'interrompit – est-ce qu'on a été à la crèche ensemble ? moi j'ai grandi au Moxico. vous, vous êtes qui ?

– je m'appelle José, plus connu comme ZéMesmo

– plus connu ? connu où ?

– ici à Luanda

– vous à Luanda vous avez la manie de faire genre… non ? – dit Hoffman sur un ton menaçant

– vous avez raison, monsieur le Colonel

– vous osez me faire appeler à cette heure matinale ? mais vous savez à qui vous parlez ?

– je ne vous ai pas fait appeler, mon Colonel

– on m'a téléphoné, de l'accueil, pour me dire que mon GardeDuCorps était là. vous pensez que je me balade avec un GardeDuDorps ? vous avez bien vu la largeur de mes épaules ?

le silence envahissait la pièce

– quand votre ami arrivera, vous allez sortir vite fait d'ici et sans moufter, vous m'avez compris ?

– oui, mon Colonel

– vous ne m'avez jamais rencontré, je ne suis jamais venu ici

– oui, mon Colonel

le fameux ColonelHoffman sortit en murmurant un menaçant "hum !"

ZéMesmo s'habilla et se prépara à quitter l'hôpital, malgré les douleurs qu'il ressentait. quand sa sœur rentra dans la chambre, ZéMesmo était prêt

– tu peux déjà sortir ?

– ce n'est pas que je peux ou je ne peux pas, c'est que je dois sortir

CienteDoGrã avait réussi à emprunter un corbillard et il pénétra dans l'HôpitalMilitaire sous prétexte de venir chercher un cadavre qui était déjà en état avancé de putréfaction, ZéMesmo fit sa sortie allongé à l'arrière, recouvert d'une couverture, et ils passèrent devant les gardes qui ne voulurent pas contrôler le véhicule

un moment auparavant, sa sœur, assise à côté du conducteur, avait dû se forcer à verser quelques larmes

– ou tu pleures maintenant ou tu pleures à la maison, quand je te flanquerai des baffes

quelques jours plus tard ils riaient de l'aventure. Ciente fut chargé d'aller récupérer le vélomoteur auprès des gardes de l'HôpitalMilitaire

ZéMesmo était plus que convaincu de l'échec de la mission et il fut surpris par l'arrivée bruyante de CienteDoGrã avec le vélomoteur rutilant de propreté, comme s'il sortait de l'usine

– comment tu as fait ?

– j'ai dit que j'étais l'autre GardeDuCorps du ColonelHoffman, et ils ont insisté pour laver l'engin

ZéMesmo fila deux grosses claques à CienteDoGrã

– tu plaisantes avec ce bordel ou quoi ? je t'ai pas raconté ce qui s'est passé là-bas ?

– mais…

– ferme-la, personne ne doit plus jamais prononcer ce nom, ce mec est dangereux, vous avez pas vu sa tête ? c'est fini cette histoire du Colonel de Moxico !

malgré cette fâcherie, c'est de ce jour-là que naquit leur amitié

mais

plus jamais ils ne prononcèrent le nom du très étrange ColonelHoffman

l'Aveugle avait la nostalgie des couleurs, de toutes les couleurs

le fait d'avoir un jour vu le monde était un souvenir confus – le brouillard d'un rêve tout juste oublié –, il sentait au fond de lui une saudade puissante des couleurs, il savait les imaginer, la chaleur d'un jaune rougeoyant, la tranquillité d'un bleu ciel, le rose frais de l'intérieur d'une papaye, la tendresse d'un vert sec et même la simplicité implacable du blanc

– NganaZambi pourrait me prêter une lumière, une fois de temps en temps seulement, comme si je faisais juste semblant d'être toujours aveugle

– vous parlez tout seul, camarade Aveugle ? – dit MariaComForça d'un ton plein de sympathie

– j'étais là avec mes pensées, vous m'avez entendu ?

– je n'ai pas compris ce que vous disiez

– il n'y avait rien à comprendre, je me souvenais des couleurs

– alors vous avez déjà vu les couleurs

– vous savez, les couleurs ne sont pas seulement faites pour être vues. il y a des couleurs que je connais dans ma peau, dans mes mains. la vie a beaucoup d'endroits... camarade ?

– MariaComForça

– j'aime bien votre nom

le MarchandDeCoquillages salua de la tête MariaComForça, prit l'Aveugle par le bras et tous les deux sortirent dans la rue. il y avait beaucoup à faire, le sac était plein de beaux coquillages gardant encore l'odeur salée de leur profonde provenance

– tes coquillages, là, ils sentent la couleur de la mer – dit l'Aveugle

ils marchaient à travers les rues pleines de trous de la ville et, à part quelques alertes du marchand, l'Aveugle semblait voir, disons comme ça, tous les pièges qui parsemaient les rues

– tu ne parles pas parce que tu es triste ou parce que tu as des pensées dans ton cœur ?

– pardon, l'ancien, c'est juste que je réfléchis au chemin, on m'a parlé de la maison d'une femme riche, qui va m'acheter des coquillages, et j'essaye de me souvenir

– je sais que tu essayes de te souvenir, je viens de parler à cette jeune fille avec un nom de couleur

– comment vous savez ça ?

– parce que tous les gens ont une odeur. je connais la peau de cette petite. comment s'appelle-t-elle ?

– Amarelinha*...

ils poursuivirent leur chemin en silence, le Marchand-DeCoquillages n'avait pas l'air de vouloir parler et l'Aveugle n'avait pas l'air de vouloir le forcer à parler. ils passèrent devant le bar de Noé, saluèrent de loin

– bonjour, Noé, tout va bien dans ton arche ? – l'Aveugle adorait cette blague

– tout va bien, attention où tu mets les pieds – répondait Noé à son tour provocant

après quelques croisements, ils arrivèrent à une place tranquille entourée de vastes maisons, des maisons de *muatas,* avec des gardes à la porte, quelques-unes surveillées par deux ou trois soldats, d'autres par des gardes de sociétés privées de protection

ils se renseignèrent sur la maison d'une certaine dame répondant au nom de Pomposa

– oh, fais attention aux gardes – dit l'Aveugle

– j'ai choisi une maison sans garde pour demander

ils sonnèrent à nouveau et une voix étrange, dans une langue étrange, dit quelque chose sur un ton de qui ordonne d'attendre

au fenestron du portail apparut un petit chinois, à la peau très claire et au regard curieux comme celui d'une perruche

– camarade, nous cherchons la maison d'une madame Pomposa

---

* Diminutif de *amarelo* : jaune.

– famosa ? – dit le chinois

– non, on nous a dit Pomposa, ce serait la femme d'un monsieur le Ministre

– sa voiture, volvo bleue ?

– je ne sais pas, camarade

– c'est ça – s'écria l'Aveugle – même moi qui suis aveugle je sais que les voitures de ministres ce sont des volvo

– maison avec gardes. vous vendre poisson ?

– non. je vends des coquillages

– vendre quoi ?

– des coquillages

– ko quoi ?

– allons-nous-en – dit l'Aveugle en riant. – ce BruceLi, voilà qu'il mélange le kimbundu avec le chinois !

– coquillages, camarade, pour décorer la maison – le marchand lui montra un petit coquillage, ravissant, rose, qu'il avait à la main

– chinois pas beaucoup d'argent, achète pas

– prenez celui-là, je vous l'offre

– offre j'aime. vous pas poisson ?

– non

le chinois prit le coquillage et referma le fenestron, le MarchandDeCoquillages et l'Aveugle se dirigèrent lentement vers l'énorme maison, pleine de gardes, avec sa volvo garée devant le portail

– eh, vous là, disparaissez, c'est pas la peine de venir quémander ici

– camarade, pardon, je viens juste offrir

– offrir quoi ?

– on nous a dit que la propriétaire de cette maison voudrait voir mes coquillages

– des coquillages de la mer ? tu es sûr ?

– c'est une de ses amies, une cliente à moi, qui m'en a parlé

– tu vends des coquillages ?

– c'est ça

– alors tu fais du commerce avec quelque chose que tu ramasses comme ça dans la mer ?

– camarade, pardon, mais je ne fais pas que "ramasser comme ça" dans la mer. je plonge pour aller chercher les plus beaux, et c'est pour ça que tout le monde les aime

– tu plonges et tu ramasses comme ça, sans rien payer. et après tu viens chez les chefs pour les vendre ? tu es un petit malin

– vous pouvez aller plonger vous aussi – dit l'Aveugle

le garde fit un geste menaçant mais comprit que le vieux en plus d'être vieux était aveugle

– tu as de la chance que je ne puisse pas flanquer des baffes à un vieux en plus aveugle, sinon je te ferais danser un *bungula*

– pardon, camarade, à cette heure on commence à avoir faim, la dame n'est pas là ?

– si, elle est là

– et alors ?

– alors quoi ?

– vous pouvez pas l'appeler ?

– je peux

– et pourquoi vous ne l'appelez pas ? – grommela l'Aveugle

– je peux, mais si vous faites affaire, je veux ma part moi aussi

– c'est bon – dit le MarchandDeCoquillages, en posant son sac – si je fais affaire vous pouvez choisir trois coquillages pour votre dame

– d'accord

le garde posa son arme, il allait entrer quand l'Aveugle lui demanda un verre d'eau

– non – dit le garde – va boire l'eau de la mer où vous ramassez les coquillages – et il s'éloigna en ricanant

par le portail ouvert, on voyait le jardin de la maison, la pelouse tondue avec de jolis motifs que le marchand apprécia parce que c'était assorti aux fleurs, roses, œillets, plantes grimpantes qui s'échappaient du jardin pour grimper le long des vérandas, cactées, énormes roses comme faites en porcelaine et fougères d'un vert sombre qui lui rappelaient la mer

– l'ancien, si vous pouviez voir ce jardin... c'est une vision qui remplirait n'importe qui de joie

– je sens l'odeur, il y a beaucoup de fleurs, hein ?

le regard du marchand se promenait à travers les meubles opulents de la véranda, les bouteilles comme celles qu'il avait vues dans les bars qu'il fournissait en coquillages pour faire des cendriers, et entre les lourds rideaux

le garde revint, s'appuya au portail, bouchant la vue

– la dame arrive. n'oublie pas notre accord

– je n'oublie jamais

le garde avait à la main une bouteille en plastique contenant de l'eau glacée, il l'ouvrit en prenant son temps et se mit à boire en observant les réactions de l'Aveugle

– tu sais ce que je fais, le vieux ? – dit-il au bout d'un moment

– hum, je sais... murmura l'Aveugle – et vous, vous savez ce que vous faites avec les autres ?

une voiture arriva très vite en klaxonnant

l'Aveugle et le marchand s'écartèrent rapidement, le portail s'ouvrit en grand, la voiture entra, un GardeDuCorps pressé sortit du côté droit et fut ouvrir la porte arrière d'où sortit le Ministre

– bonjour à tous – le Ministre s'adressa à ceux du portail

– bonjour, monsieur le Ministre – répondirent les gardes

– ne fermez pas le portail – la voix de Pomposa se fit entendre. – tout va bien, mon chéri ? je viens tout de suite, je veux juste voir quelque chose là

si ce n'avait été sa certitude quant au pouvoir persuasif des coquillages le Marchand aurait renoncé à sa visite et aurait tourné le dos à ce moment-là. la madame arrivait couverte d'or des doigts de pieds aux oreilles, vêtue d'amples tuniques à la mode indienne taillées dans un beau tissu aux transparences suggestives que ses yeux préférèrent éviter, l'Aveugle aussi changea d'expression frappé par les innombrables parfums qui précédaient Pomposa, ongles fraîchement peints, chaussures super bien cirées, crème sur les mains, crème sur le visage, parfum dans le cou et puissant déodorant sous les bras, "un vrai carnaval" pensa l'Aveugle

– c'est un vrai carnaval de coquillages – plaisanta Pomposa en voyant s'ouvrir le sac

– bonjour, madame

– b'jour ! alors c'est toi qui vends des coquillages que mes amies emportent en europe ?

– c'est moi oui. ce sont des coquillages d'ici même, de Luanda. ça dépend de ce que madame veut

– je veux voir

– pour voir on ne paie pas – s'exclama l'Aveugle – sauf que même si j'avais de l'argent, je ne pourrais pas payer pour voir

– c'est ton père ?

– non, c'est mon ami. nous sommes marchands de rue ensemble

– tu es le premier marchand de rue de coquillages que je vois. montre-moi ça

il y avait de tout, et sachant de quel genre de maison il s'agissait le marchand avait adapté sa marchandise à l'occasion, il n'avait pas apporté les coquillages les plus simples et beaux, ni les cendriers rares aux couleurs pâles, ni les longues et fines boucles d'oreilles, ni le collier fait de minuscules hameçons enfilés dans des coquillages d'un rose tendre

non, juste l'exubérant, le grand, celui que l'on pouvait voir et acheter pour le montrer ensuite

– je pense que madame va apprécier – et il commença à exposer sa marchandise sur le trottoir

Pomposa choisit rapidement, elle ne toucha pas les objets, se contentant de pointer du doigt ce que le garde séparait du lot, cendriers, larges coquillages pour poser au centre de la table, coquillages verts pour mettre le savon et un objet très beau qu'elle prit pour un chandelier

– c'est combien ?

– vous prenez tout ça ?

– allez, dépêche-toi, je suis pressée

– cent cinquante dollars parce que c'est la maison de notre Ministre

– je vois ça, on t'a trop bien informé, tu crois qu'ici c'est une banque, hein ?

– non, madame

– si tu veux je te donne soixante dollars et un soda

– merci, madame, on pourrait dire cent dollars et un verre d'eau vu que j'aime pas trop les sodas

– tu te prends pour un monsieur ?

– moi, je me prends pour rien, madame, vous pouvez m'envoyer le soda – s'exclama l'Aveugle

– cent dollars et une bouteille d'eau glacée, pour que vous ne partiez pas d'ici en vous prenant pour des petits malins

elle sortit de son portefeuille, entre beaucoup d'autres, le billet de cent dollars

– une "grosse tête", pour que tu ne râles pas – conclut Pomposa

– merci bien

pendant que le garde rassemblait les achats, alors que le sac était déjà fermé, personne ne bougea

Pomposa regardait le trafic dans la rue, plus par une vieille habitude, et attendait que les deux s'en aillent, l'autre garde revint avec une grande bouteille de marque française d'eau glacée, personne ne bougea

– vous n'avez rien d'autre à faire ?

– on se repose un peu, madame

– et vous ne pouvez pas aller vous reposer de l'autre côté ? là devant la maison du chinois il y a plus d'ombre

le MarchandDeCoquillages fixa le garde dans les yeux, le garde toussa

– oh, vous n'entendez pas ce qu'on vous dit ? fichez le camp – grommela le garde

– vous êtes sûr ? – demanda le marchand

– disparaissez !

ils partirent en jetant des regards derrière eux, attendant que Pomposa rentre dans la maison mais la madame ne bougeait pas, intriguée par la lenteur de ce qui se passait au portail, elle épiait le chinois, le garde fit mine de ramasser son arme sur le sol et le chinois s'empressa de disparaître

– partons plus loin, puisque ici ils ne veulent plus nous voir – murmura l'Aveugle

ils s'éloignèrent, tournèrent au coin de la rue, attendirent un moment, mais le garde ne se montra pas

dans l'avenue le trafic était intense, des motos de fabrication chinoise circulaient entre les voitures énormes, 4 x 4 américains, japonais, coréens, de nombreux hiace pour les *candongas* transporteurs du peuple qui ne peut se déplacer qu'en *candongueiros*, beaucoup de toyota starlet, connues comme *gira-bairro*, également au service du *candonga* mais celui-ci illégal et plus risqué

– attention en traversant, aujourd'hui plus personne ne respecte ni la circulation ni les aveugles. tu viens ?

– attendez un peu, je regarde quelque chose – le marchand s'était arrêté pour lire ce qui était écrit sur un immense panneau – on voit ça partout en ce moment

– quoi ?

– cette affiche. ça doit être une nouvelle organisation

– qu'est-ce que ça dit ?

– CIPEL

– cipel ? jamais entendu parler. peut-être une organisation, une banque ou même un machin du Parti ?

– non. c'est... la commission installatrice du pétrole exploitable à Luanda

– jamais entendu parler

– mais il y a du pétrole à Luanda ?

– du pétrole, tu as bien lu ?

– ben oui, il y a écrit pétrole… exploitable… à Luanda. Luanda c'est ici

– mais il n'y avait pas écrit "commission" avant ?

– oui, commission installatrice

– alors, même moi qui suis aveugle j'ai l'habitude d'écouter les nouvelles à la radio. commission installatrice c'est celle qui va installer…, et nous on attend qu'elle installe

– et elle n'installe pas ?

– si, elle installe, mais toi tu ne vois pas l'installation. c'est une commission pour que quelqu'un puisse vraiment s'installer

– comment ça, l'ancien ?

– ouh, c'est très compliqué, et à l'heure qu'il est, j'ai faim, on va essayer d'aller manger quelque chose, et je t'explique après

– c'est du sérieux, vous ne voyez pas l'affiche – insista le MarchandDeCoquillages

– c'est toi qui ne sais pas ce que c'est qu'une commission…, c'est un groupe de quelques quelques-uns qui vont s'installer ! tu es trop petit, toi !…

il passait un doigt tremblant sur ses yeux

Odonato retira de ses paupières une poussière épaisse, irrégulière, qui l'incommodait car elle n'était pas lisse, la sensation de gêne cédait la place au confort de voir mieux mais une tristesse insidieuse faisait son apparition remplissant son cœur et ses yeux de malaise

"ce sont les larmes qui nettoient la tristesse…" pensa-t-il

Luanda bouillonnait avec sa population qui vendait, qui achetait pour vendre, qui se vendait pour aller après acheter et ceux qui se vendait sans pouvoir aller après acheter

je serai heureux quand mes larmes recommenceront à couler. je suis fatigué de fausses sensations ses yeux brillèrent, hésitant entre la couleur de la marée et une fraîcheur qui imitait les ciels d'août laissant croire qu'il faisait froid

les yeux d'Odonato ne savaient plus pleurer comme avant

il rêvait souvent qu'il descendait les escaliers de son immeuble, en venant de la terrasse, tanguant de plus en plus fort, gagnant en vitesse à chaque volée de marches, souriant et criant pour que le vent siffle plus fort et que les oiseaux écartent les nuages imaginaires inventeurs de larmes, il descendait, ses pieds ne touchaient plus le sol et sur son visage s'épanouissait un sourire de magicien pratiquant même une divination facile, ici, au premier étage de son rêve, où, après l'eau tranquille, son corps glissait dans une frayeur simulée et son cri aussi, ses mains jouaient à s'accrocher à une rampe inexistante et son équilibre le trahissait, ses genoux pointaient en direction de la chute et ses vêtements ruisselaient, son genou gauche hissait un drapeau de sang, la fin d'une course folle, et maintenant, oui, sa gorge pouvait orchestrer un sanglot et ses yeux, ah le temps de l'enfance humide !, ses yeux pouvaient enfin pleurer

de son rêve il ne restait que la sueur sous ses bras, la respiration incertaine de celui qui a pressenti que les larmes étaient le privilège de ceux qui pouvaient pleurer à l'intérieur et à l'extérieur

Odonato passait sa main sur son visage, plissait les yeux, tâtait du bout des doigts et tandis que s'intensifiait sa tristesse :

ses yeux, depuis longtemps, ne savaient plus produire de sel.

c'était un immeuble, peut-être un monde,

pour qu'un monde soit, il suffit qu'il y ait des êtres humains et des émotions. les émotions, pleurant à l'intérieur des cœurs, débouchent sur des rêves. nous ne sommes peut-être rien d'autre que des rêves ambulants d'émotions diluées dans le sang circulant sous la peau de nos corps si humains. on peut donner à ce monde le nom de "vie".

...

nous sommes la continuité de ce qu'il nous est donné d'être. l'espèce avance, tue, progresse, désenchante, reste. l'humanité est laide – d'aspect souffreteux et d'odeur fétide, mais elle est bien là

parce qu'elle a un bon fond.

[d'après les notes de l'auteur]

au cinquième étage sans ascenseur subsistait une agréable odeur de poisson grillé – dans le couloir du premier étage une famille avait l'habitude de faire griller du poisson là-dehors, dans un petit coin du couloir, et d'utiliser l'espace restant pour faire de joyeux repas arrosés de vin rouge bien glacé

– vous venez déjeuner avec nous, camarade Facteur ?

– pas maintenant, merci beaucoup, peut-être quand je redescendrai

l'homme connaissait bien l'immeuble mais ne s'était pas encore rappelé de laisser au journaliste PauloPausado une de ses lettres officielles de demande de moyen de transport

le Facteur apportait au journaliste une petite boîte d'un poids considérable, ce qui ne s'était encore jamais produit, Paulo recevait d'habitude des enveloppes contenant des magazines, des livres, des publicités d'autres pays qu'il s'empressait d'offrir au Facteur pour qu'il les lise ou les revende

il sonna deux fois à la porte

– dom Paulo, c'est moi

– moi qui ?

– le Facteur. je sonne toujours deux fois, vous n'aviez pas remarqué ?

PauloPausado, le visage ensommeillé, une serviette autour de la taille et les cheveux humides, l'invita à entrer

le Facteur adorait entrer dans cet appartement qui sentait l'encens, encens qui parfois, brûlant encore, dessinait dans la matinée de fines volutes de fumée imitant les arabesques de danseuses orientales

– dom Paulo, tout ça ce n'est qu'un parfum ou c'est aussi de la sorcellerie internationale ?

– ce n'est qu'un parfum, dom Facteur, la sorcellerie appartient à chacun

– comment ça ?

– la sorcellerie c'est la croyance de chacun. si vous croyez que l'encens possède de la sorcellerie, c'est peut-être qu'il en possède

– ce n'est que ça ? de l'invention seulement ?

– ouais, de l'invention seulement, comme la vie. vous voulez voir, ça finit par arriver

– ah, mais ce n'est pas tout à fait comme ça, dom Paulo, je voudrais bien voir et j'aimerais bien même avoir un vélomoteur, et il ne m'est pas encore apparu

– ça met du temps

– à propos – il fouilla dans sa poche – je voudrais vous demander quelque chose

– je suis un peu faible d'argent, mon ami

– ce n'est pas ça. je vais vous laisser deux lettres écrites sur du papier de vingt-cinq lignes. des demandes officielles, je travaille sans disposer d'aucun moyen de transport, d'aucune subvention pour prendre un *candongueiro*, ni même pour un *machimbombo*. si vous connaissez quelqu'un à qui les remettre, s'il vous plaît, faites-moi ce plaisir. l'autre jour j'ai rencontré un Ministre, mais je n'ai pas eu de chance

– vous devriez en parler à votre chef

– ici à Luanda tout le monde est chef, il suffit juste qu'ils veuillent rendre service. c'est pour ça que je distribue ces lettres, pour voir si un de ces chefs veut bien me donner un coup de main, à savoir me procurer une moto

– c'est bon, tu peux les laisser là. tu m'as apporté des lettres à part celles-ci ?

– non. juste une boîte, je ne sais même pas comment c'est arrivé. ça vient de Chine, c'est petit mais très lourd

– merci. tu peux la laisser sur la table

– c'est une pièce de voiture ?

– oui... la voiture de ma copine a des problèmes de moteur

– et en Chine c'est moins cher ?

– oui

– c'est bien

le journaliste offrit un jus de fruit frais de maracuja avec du sucre et un glaçon

– merci beaucoup. vous êtes vraiment plus sympathique que la plupart des gens ici à Luanda. dans les maisons où je passe, on ne m'offre jamais ne serait-ce qu'un petit verre d'eau, ou un *cumbuzito*, c'est-à-dire, je sais bien que personne n'est obligé, mais un petit geste, ce serait correct. on marche sous le soleil, dans la poussière, pour apporter une information importante à ses destinataires, c'est bien comme ça, dom Paulo ?

– certes

– il y en a qui refusent même de donner un verre d'eau à un facteur transpirant et mort de soif. vous vous rendez compte ? avant on disait que c'était un péché de refuser un verre d'eau. on marchait dans la rue, on pouvait s'arrêter devant un jardin, frapper dans ses mains, on pouvait demander de l'eau. c'était normal. aujourd'hui, on vous prend pour un bandit ou un mendiant

– les temps changent – le journaliste commençait à s'impatienter

– c'est vrai, le temps est passé et ne nous a pas emportés avec lui

– comment ça ?

– le temps est passé et plein de choses se sont perdues, le respect, la morale, les bons usages. enfin, j'y vais. merci pour ce jus de fruit toujours si agréable

– ce n'est rien. s'il y a autre chose, tu le sais, préviens-moi

– bien sûr, pas de problème. mes compliments à madame

– merci

le Facteur venait de partir, lorsque Clara entra dans le salon, à moitié nue, vêtue juste d'une toute petite culotte si exiguë qu'on pouvait se demander comment elle pouvait contenir un tel fessier

– tu me trouves trop grosse ? – demanda-t-elle en montrant ses hanches

– tu sais bien que j'aime les hanches larges…

– larges c'est une chose, interminables c'en est une autre

– arrête avec ça

– il y a du café ? je pensais que c'était prêt

– j'ai pris du retard avec le Facteur

– et comme d'habitude tu lui as préparé un petit café avec des petits gâteaux et un sandwich à emporter, non ?

– non, pas du tout. j'ai offert un jus de maracuja à quelqu'un qui travaille dur sous le soleil, dans des conditions difficiles

Clara aperçut les deux lettres sur la table, et lut à voix haute

– elles ne sont pas pour toi, ces lettres

– elles ne me sont pas adressées. c'est pour des gens que je pourrais rencontrer

– c'est bien ce que je dis, ce Facteur exagère vraiment

– non, pas du tout, il essaye juste d'obtenir un moyen de transport

– il veut une BMW pour distribuer le courrier ?

– non, Clara – Paulo commençait à perdre patience – il veut juste un vélomoteur pour parcourir les distances qu'exige son métier

– ahan – poursuivit la jeune femme sur un ton ironique. elle aperçut la boîte, la soupesa – et ça c'est quoi ?

– une pièce de rechange pour la voiture de ma mère

– et ça vient de… Chine ?

– oui. que veux-tu manger ? un œuf au plat, du pain perdu, des toasts… des fruits, du café ?

– hum, que de bonnes choses. j'ai envie de manger et de faire l'amour, ou vice-versa, selon ce que monsieur le journaliste décidera…

Paulo prit la boîte, la posa sur le haut de l'armoire, puis rangea les lettres bleues du facteur

– d'après les lois de la médecine traditionnelle chinoise, il serait bon que nous récupérions un peu d'énergie puis que nous passions à cette intéressante activité physique

– d'après les lois du désir – Clara s'exprima d'une voix voluptueuse – il est possible de dépenser préalablement nos énergies, par exemple... sur cette table, ou même sur le canapé, et après récupérer à l'aide du repas promis...

Clara enleva la minuscule culotte noire, lentement, tandis que Paulo souriait d'un sourire de doute et d'acceptation, elle adorait faire l'amour comme ça, avec juste une chemise couvrant le haut de son corps, sans soutien-gorge, ses seins cherchant à s'échapper, elle prenait la main de son amoureux et la glissait sous sa chemise, comme si c'était la sienne cherchant le plaisir au contact du bout durci de ses mamelons, Paulo respirait de plus en plus vite, ses mains étaient humides et il s'affola quand Clara lui mit deux doigts dans la bouche

– ça va être là sur la table...

– oui

– je peux te retourner sur le ventre ?

– tu aurais déjà dû me retourner sur le ventre

tandis qu'elle gémissait, sa main poussait une carafe qui s'approchait du bord de la table à chacun de leurs mouvements

elle laissa son corps s'abandonner, ses doigts se refermèrent sur la carafe, elle écarta encore plus les jambes, releva les fesses et tous les deux savaient que c'était le signal, son gémissement diminuait, sa voix montait dans les aigus comme un oiseau manquant d'air, ses sourcils s'arquaient et ses lèvres humides se tordaient dans le plaisir et l'attente

son bras droit faiblissait, la carafe s'échappa de sa main et s'écrasa au sol

absorbée dans la chaleur de ses sensations, elle ne se rendit pas compte de ce qu'avait de bizarre le fait de pas avoir entendu le bruit de la carafe se cassant en mille morceaux sur le sol

le téléphone sonna

Paulo tremblait de tout son corps, la sueur coulait sur son menton, ses sourcils, ses doigts

le téléphone n'était pas loin mais c'était comme si le corps de la jeune femme le retenait à l'intérieur

– ne réponds pas – demanda-t-elle

et il répondit.

le rédac' chef avait convoqué une réunion qu'il valait mieux ne pas décliner, les choses n'allaient pas très bien au travail, trop de grogne, trop d'absences, sans parler des divergences idéologiques qui orientaient le travail de chacun d'eux, et si parfois le boss assumait des airs de libéral voulant donner le bon exemple au sein de la communication nationale, d'autres fois ses compromissions avec des membres des hautes sphères du Parti semblaient évidentes

d'innombrables questions avaient été soulevées sur la scène politique de Luanda ces dernières semaines, bizarrement il s'agissait de révélations émises par des voix dignes de foi au sein du pouvoir, sans qu'il y eût cependant confirmation de la part des organes officiels, les rumeurs se propageaient sans que personne ne comprenne leur origine

habituée aux coupures constantes et radicales dans la distribution d'eau, la ville de Luanda n'avait pourtant jamais souffert, dans un tel silence, d'une absence aussi longue et incompréhensible du liquide vital, il n'était plus question qu'il y eût des jours et des quartiers programmés dans le courant de la semaine, des jours et des heures où l'eau arriverait, certains points d'approvisionnement des citernes commençaient à tarir et la presse d'opposition, même sans données concrètes, commençait à se référer à cette évidence comme à un problème que le gouvernement se devait d'éclaircir et dont les médias devaient parler

– le problème c'est que personne ne dit rien. je n'arrive à avoir aucune information de la part des sources officielles et vous, qui êtes de pauvres imbéciles, vous n'obtenez rien des sources non officielles. on a l'air de cons qui ne savons que ce que nous lisons dans les journaux… ça vous paraît normal ?

les dix premières minutes étaient consacrées au rituel du monologue défouloir du chef

– et comme si ça ne suffisait pas, on voit apparaître une quantité de trous dans la ville, avec des affichages de ce truc qu'on appelle le CIPEL, il y a des graffitis dans les rues qui traduisent ça "compagnie des imbéciles qui pâturent ensemble à Luanda", et autres plaisanteries

– chef, pardon de vous interrompre… j'ai entendu des rumeurs sur la BBC

– quelles rumeurs ?

– comme quoi ces excavations seraient dues à la présence de pétrole dans le sous-sol de Luanda

– c'est connu depuis longtemps, mais je pensais qu'il y en avait en trop petite quantité et par ailleurs qu'on ne pouvait pas y toucher

– eh bien maintenant, chef – dit PauloPausado – il semble que quelqu'un pense qu'on peut y toucher et qu'il n'y en a pas si peu qu'on le disait, il commence à y avoir beaucoup de trous dans la ville. près de chez moi, parfois même au petit matin, je vois des gens à côté de ces trous avec des carnets et des instruments de mesure

– bon, assez bavardé, je veux que tout le monde enquête à fond sur cette histoire – conclut le rédac' chef

PauloPausado profita de sa présence au bureau pour passer quelques coups de fil

il appela d'abord un ami, journaliste à RádioNacional, un technicien qu'on sollicitait fréquemment pour assurer l'enregistrement d'événements ou de réunions importants, même lorsqu'il s'agissait d'assemblées réservées aux hautes sphères du Parti

– ManRiscas, comment vas-tu ?
– ça va, ça va, frère, qu'est-ce que je peux faire pour toi ?
– tu es au courant des rumeurs ?
– des rumeurs, ça court les rues... je ne sais pas desquelles tu parles
– ta ligne est sûre ?
– affirmatif
– bon, d'abord le problème de l'eau... personne ne sait ce qui se passe, l'eau n'arrive pas, quand elle arrive elle n'arrive pas non plus, et quand on annonce qu'elle va arriver on prévient tout de suite près qu'elle ne peut pas arriver...
– c'est presque un poème – rigola ManRiscas à l'autre bout de la ligne
– un poème compliqué... et le patron veut en connaître toutes les strophes
– je vois, c'est un putain de problème
– je m'en doutais... c'est du lourd dans des eaux troubles
– oui. tu es à la recherche d'une tortue, mais c'est des problèmes de crocodile, deux gros crocodiles
– alors le problème de l'eau ne serait que la pointe de l'iceberg
– tu nous fais encore de la poésie, je ne confirme rien ni n'infirme rien, tu vois le tableau ? – ManRiscas semblait avoir quelqu'un près de lui
– super, pas de problème. tu peux passer ce soir chez moi ?
– il y aura parrainage de la nocal* ?
– affirmatif
– je passe. vers huit ou neuf heures. je me change et je débranche
– je t'embrasse

quand ManRiscas arriva chez PauloPausado, le couvert était mis

---

* Nocal, Nova empresa de cervejas de Angola : célèbre brasserie angolaise.

Clara était de bonne humeur, chose rare, surtout quand il s'agissait de recevoir les amis de son amoureux. il y avait des apéritifs sur la table, une demi-bouteille de chivas que Paulo envoya changer contre celle de jb, car il savait que ManRiscas était incapable de quitter un endroit sans vider la dernière goutte du moindre liquide à teneur d'alcool qu'il pourrait y avoir dans la maison

– et les bières ?

– elles sont au frais

– combien ?

– plus d'une vingtaine. ça devrait suffire, non ? – demanda Clara

– pour ce qui est de suffire, non, ça ne suffira jamais, mais on fera avec

ManRiscas était le surnom que lui donnaient ses amis, son vrai nom était ArturArriscado, un homme doté d'une inépuisable bonne humeur que rien n'avait jamais réussi à ébranler, ni les difficiles conditions de vie, aussi bien pendant la guerre civile que pendant les moments de tensions politiques ou au cours de ses innombrables missions internationales au service de RádioNacional. il avait couvert une grande partie du territoire national angolais, tout de suite après l'indépendance, avec une équipe qui avait collecté et enregistré un important fonds de musique traditionnelle, et il connaissait quelques-uns des recoins les plus reculés du pays, surtout ceux de sa province natale, Moxico. c'était aussi un vrai conteur, il possédait un grand répertoire d'histoires luandaises et un très important curriculum féminin

peu parmi ses amis et ses familiers connaissaient cependant le fameux secret militaire d'ArturArriscado, et son origine

une nuit de la saint-sylvestre, à l'époque où régnait encore le couvre-feu plus qu'obligatoire, Artur circulait muni d'un sauf-conduit d'authenticité douteuse mais qui l'avait de nombreuses fois sauvé de situations nocturnes compliquées, quand il lui arrivait de se trouver nez à nez avec la police ou des soldats à des heures non autorisées au cours de ses déplacements fortuits. il faisait usage de son document, de sa condition de journaliste de radio mais surtout Artur était un homme puissant dans le maniement de l'art délicat de la prosopopée, plus connue sous l'appellation tchatche urbaine,

en cette ultime nuit où la fin de l'année, enveloppée d'une chaleur intense, annonçait l'arrivée du nouvel an, ArturArriscado se trouvait aux alentours de minuit dans une petite barque qui effectuait la traversée entre l'embarcadère et la paisible IlhaDoMussulo, l'île du Mussulo. la lumière et le bruit des pétards annonçaient que l'heure zéro venait d'être dépassée sous la bénédiction du bruit du moteur, des eaux calmes de la mer, du vent triste et de l'éclat serein des étoiles à des milliards de kilomètres de là. la barque stoppa, les présents s'embrassèrent comme il est coutume de le faire à ce moment-là. ils arrivèrent au Mussulo bercés par la houle de tout l'alcool absorbé et se laissèrent tomber là, sur le sable de la première plage

ArturArriscado, plus connu comme ManRiscas, se réveilla les chaussures trempées par les baisers de la marée montante. en plus de la gêne causée par la lumière du soleil de vociférantes discussions lui parvenaient aux oreilles, bien trop matinales pour un premier jour de l'année. il ouvrit les yeux, regarda avec plaisir le bleu calme et lumineux de la mer. au loin, Luanda semblait ne pas s'être encore réveillée des excès festifs de la nuit précédente,

il identifia les éléments de son groupe d'amis, énervés et apeurés par les AK-47 luisantes que deux gardes pointaient sur eux. sa décision fut prise en un éclair et, en s'avançant d'un pas résolu, ArturArriscado secoua le sable de ses vêtements et de ses cheveux, mit de l'ordre dans son opulente barbe et s'approcha en faisant un étrange bruit de gorge

– mais que se passe-t-il ici – dit-il d'un ton plein d'autorité en clignant de l'œil vers l'un des amis et en prenant la main de la seule femme présente

– camarades, vous ne savez pas que vous êtes ici sur un terrain privé ?

– dis donc, espèce de singe – commença Artur de sa voix grave – tu me vois sans uniforme et c'est pour cette raison que tu te permets de te conduire de la sorte. tu sais à qui tu parles ?

le garde hésitait

l'autre recula tout de suite de quelques pas mais garda son arme pointée sur le groupe

– baisse-moi ce bordel ! – Arriscado cria en direction du plus éloigné des deux. le plus proche obéit à l'ordre, enleva son doigt de la gâchette, baissa son arme. – tu ne me connais pas ?

– non, camarade… – répondit celui qui paraissait le plus jeune

– c'est parce que je ne porte pas mon uniforme ni mes insignes ! vous ne connaissez pas ma maison là ? dit-il sans rien indiquer ni du doigt ni du regard

les autres membres du groupe réussirent à transformer leur air inquiet en expression de respect vis-à-vis du gradé irrité que l'on venait de déranger

– calme-toi, mon chéri – la femme entra dans le jeu

– je suis le colonel Hoffman, vous m'entendez ? hum ! – menaça ArturArriscado

– excusez-nous, camarade colonel, nous n'étions pas informés…

– foutez le camp. et si vous croisez d'autres personnes de la barque qui nous a amenés ici hier soir, ce sont mes amis. je ne veux plus d'embrouilles, c'est compris ?

– oui, mon colonel – dirent les gardes en faisant le salut militaire

– en conséquence retirez-vous immédiatement !

– oui, mon colonel

c'était là le groupe d'amis au sein duquel se trouvait PauloPausado, à l'époque adolescent, qui connaissait l'existence du fameux Hoffman, le "colonel du Mussulo"

– nous avons beaucoup ri ce jour-là – disait Artur à Clara, en lui tendant son verre vide afin qu'elle le remplisse

– vous aviez du courage, imagine s'il avait su qu'il n'existait aucun colonel Hoffman...

– et comment pouvait-il le savoir ? avec l'engueulade que je leur ai passée !, ce n'était pas possible. tu aurais vu la tête de ces mômes, terrifiés à l'idée qu'on avait risqué d'être tous cadavérés sur place

– le mieux c'est ce qui s'est passé deux semaines plus tard... l'autre colonel

– c'est vrai – confirma ArturArriscado – celui qui courait

– c'était le même genre de situation – expliquait Paulo – et quand, au bout d'un moment, certains de ces petits militaires commençaient à se méfier des allégations du colonel ici présent, un autre colonel passe en courant et crie de loin, sans s'arrêter "bonjour, mon colonel"

– ah ah ah !, eh oui – Artur buvait sa bière à grandes lampées – ah, c'était la belle vie, le bon temps... ils mangèrent et burent à la saveur de ces souvenirs et de bien d'autres

ArturArriscado était de la génération des grands danseurs de Luanda, ami de LadislauSilva, également apprécié dans les grandes fêtes de la ville pour la complexité de ses pas, sauf que Ladislau avait les jambes en O et que certaines des figures qu'il pratiquait n'étaient possibles que grâce à la configuration particulière de ses jambes, Artur avait aussi été le compagnon d'Edú au cours de fêtes et de fuites précipitées de soirées où ils s'introduisaient en qualité de parasites professionnels, sans jamais être invités

– vieux Riscas, on peut parler tranquillement ici

– et la petite ? – Riscas faisait allusion à la fiancée de PauloPausado

– pas de problème

– bon, apparemment c'est du très lourd. l'autre jour j'étais à une réunion du Parti

– mais comment peut-il y avoir du lourd en ce qui concerne l'eau ? ce problème-là, on l'a depuis l'indépendance

– le problème de l'eau est annexe, petit. le vrai problème c'est le "pétroil"

– le pétrole ?

– ouais, les "cipelins"

– qui ? – Paulo se dit que c'était l'effet de la quinzième bière

– cipelins, c'est le nom de code que je leur ai donné, c'est les mecs de la CIPEL : la Commission pour l'Installation du Pétrole Exploitable sous Luanda, ils sont en train de tout préparer dans les souterrains pour l'extraction du pétrole

– ici à Luanda ?

– et où tu veux que ce soit… ? dis, petite, tu n'aurais pas une bière bien fraîche là ?

– tu te souviens de l'étude qui a été faite dans les années 80 ? il est impossible de forer. à cause des plaques tectoniques

– mais depuis la technologie a fait des progrès. on trouve des solutions. il semblerait aujourd'hui que ce soit possible

– je vais avoir besoin de plus de renseignements, ManRiscas

– je ne peux pas. tous ceux qui sont allés à cette réunion ont reçu des menaces. la moindre chose qui filtrerait dans la presse ne pourrait venir que de nous. je ne t'en ai jamais parlé. je ne t'ai parlé que des bruits qui courent

Clara revint avec une nouvelle bière et des soucoupes remplies de *kitaba* piquant

– cipelins…

– ouais, c'est comme ça qu'on les appelle

ManRiscas ne sortit, en fait, que lorsqu'il réussit à vider la dernière goutte de whisky de la bouteille de chivas, il prit congé affirmant qu'il était en parfaite condition pour conduire jusqu'à chez lui

– porte-toi bien, mon gars. fais gaffe à ne rien ébruiter

– ne t'en fais pas, c'est sûr.

ce qu'on appelait la BoutiqueDuCardoso se trouvait près de chez Odonato

briefé par ZéMesmo, CienteDoGrã était resté douze heures sans consommer ni *diamba* ni alcool, afin d'être à peu près en forme pour la mission. c'était simple : deux autres hommes de ZéMesmo entreraient les premiers, neutraliseraient les gardes qui faisaient leur ronde de nuit, et quand il les verrait ressortir CienteDoGrã devrait entrer, trouver le coffre, utiliser la combinaison préalablement apprise par cœur et mettre dans le sac tout ce qu'il pouvait trouver à l'intérieur. rien de plus

il devait être deux heures du matin quand les gardes furent mis hors de combat

CienteDoGrã entra muni d'une lampe de poche et d'un couteau, se dirigea vers le minuscule bureau au premier étage. sur une table il y avait une boîte en carton contenant quelques euros et dollars dont il s'empara immédiatement. derrière une étagère se trouvait le coffre, grand ouvert, avec d'autres boîtes à l'intérieur. Ciente sourit, car en fait il ne se souvenait plus de la combinaison que ZéMesmo lui avait donnée par téléphone

une jeep s'arrêta dans la rue, ce qui fit sursauter Ciente, il avait la main sur la porte du coffre, il la referma rapidement, se dirigea vers la fenêtre et aperçut un type courtaud avec un gros ventre qui sortait de la voiture

il fit un effort de mémoire, ce ne pouvait être que le vieux Cardoso, patron de l'établissement, troublé, Ciente laissa tomber le couteau dans le noir, voulut le rattraper, mais il était incapable de décider quel était l'ordre des priorités, il prit un portable dans sa poche, fit le numéro de ZéMesmo

occupé !

heureusement l'homme retourna à sa voiture, farfouilla frénétiquement dans le coffre jusqu'à trouver quelque chose, ressortit, ferma la portière à clé et Ciente crut voir qu'il avait un revolver à la main

il refit le numéro, ZéMesmo répondit

– alors, c'est bon ? allô ? Ciente ? Ciente ?

Ciente s'était caché derrière un petit frigo qui se trouvait dans un coin du bureau, Cardoso avançait prudemment, dans un silence qui dissimulait le bruit de ses pas mais pas celui de sa respiration

avant même de rentrer dans le bureau le vieux Cardoso annonça

– je suis armé, s'il y a quelqu'un il vaut mieux sortir

Ciente essayait de ne pas faire de bruit, il laissa tomber le portable

– il vaut mieux sortir – le son d'une balle que l'on introduisait dans le barillet se fit entendre

– moi aussi, je suis armé… – dit Ciente sans beaucoup de conviction

Cardoso comprit d'où venait la voix et put distinguer dans la pénombre la silhouette qui se dissimulait derrière le frigo

– sors de là, je t'ai vu, sors doucement

– si tu m'as vu, dis où je suis !

– sors d'ici, bordel, ou je te flanque une balle dans l'arrière-train

Ciente bondit pour tenter de surprendre le vieux Cardoso et fut heureux dans son élan, car le vieux tomba lorsqu'il passa à côté de lui au galop. il dévala l'escalier en deux bonds, traversa la boutique en courant comme un fou et en laissant tomber les boîtes dans sa fuite

Cardoso se releva prestement, se précipita à la fenêtre et tira à deux reprises

Ciente courut quelques mètres mais se rendit compte très vite que ses muscles le lâchaient et que ses forces le trahissaient, le freinant dans sa tentative désespérée d'atteindre l'immeuble où habitait son père

les derniers mètres furent difficiles à faire, sur les genoux, mais il finit par arriver au premier étage où il se laissa tomber dans les eaux permanentes

il se traîna jusqu'à l'ascenseur absent et dans un coin hors de vue il trouva un robinet antique, tourna deux fois, un bruit se fit entendre dans la canalisation qui était un signal de détresse pour qui savait utiliser ce système d'alarme

au troisième étage, Paizinho entendit le bruit, se leva rapidement, s'en fut chercher un grand couteau que quelqu'un lui avait offert des années auparavant en lui disant que c'était un couteau utilisé par Rambo dans un de ses films, il entoura sa tête d'un bandana rouge, prit une ridicule et inefficace lampe de poche

siffla fort, deux fois

Nelucha, au quatrième, réveilla Edú

– Edú, tu as entendu ?

– entendu quoi ?

– Paizinho a sifflé deux fois

Edú prit sous le lit un manche à balai plus long que la normale, cogna fort au plafond, la poussière qui tomba sur le lit le fit tousser, il attendit un moment puis redonna deux coups, plus forts

au cinquième étage, le CamaradeMuet enfila son vieux short marron, serra sa ceinture et prit la makarov qui dormait sous le matelas, en passant dans le living il alluma le tourne-disque, une musique stridente s'en échappa accompagnant une voix qui même au milieu de ce bruit était mélodieuse

au sixième étage tout le monde se réveilla en même temps, Xilisbaba demanda à Odonato

– tu ne vas pas voir ce qui se passe ?

– du calme. il faut respecter l'ordre, d'abord c'est Paizinho qui effectue la reconnaissance, après Edú se poste dans l'escalier pour empêcher quiconque de monter, et ensuite c'est le Muet qui descend avec son arme, ça ne doit pas être bien grave, calme-toi

Xilisbaba se dirigea vers la cuisine et revint avec le hachoir à viande et le bâton à battre le *funji*

– mais va quand même voir ce qui se passe, je vais mettre tout le monde à l'abri dans la salle de bain

– d'accord

GrandMèreKunjikise, Amarelinha et Abum, qui suivait le mouvement comme d'habitude sans se réveiller vraiment, se retrouvèrent dans la salle de bain

en descendant, le CamaradeMuet, l'arme à la main, rencontra Edú lui aussi armé d'un bâton à battre le *funji*, qui surveillait l'escalier

– c'est quoi ? un voleur ?

– je ne crois pas. je ne sais pas. c'est Paizinho qui a déclenché l'alarme

– combien de fois a-t-il sifflé ?

– deux

– reste là, je descends

quand le Muet arriva auprès de Paizinho, ils descendirent ensemble avec précaution en empruntant un escalier annexe dangereux avec ses marches manquantes ou glissantes, qu'il fallait bien connaître

ils entendirent des gémissements et reconnurent l'individu qui gisait là

– Ciente, c'est toi ? – demanda Paizinho en remballant le couteau de Rambo

– j'ai reçu une balle dans le cul…

– à cette heure-ci ? – demanda le Muet

– il y a des heures pour les balles ? emmenez-moi chez mon père

le CamaradeMuet s'affola quand il constata la quantité de sang qui s'était mélangée aux eaux. le garçon était très faible, c'était évident, et il fallait le monter le plus vite possible

– aide-moi – il le prit dans ses bras

– voilà – Paizinho faisait un effort considérable pour supporter le poids des jambes du garçon en évitant de glisser dans l'eau et le sang – mais c'est ce petit gars tout maigre qui pèse aussi lourd ?

– oups, vas-y

– attention – gémit CienteDoGrã – j'ai mal au derrière

– c'est ton problème, tu ne pouvais pas être atteint autre part ? je me demande qui va bien pouvoir t'extraire les munitions de là – grommela le Muet ils montèrent le corps à présent évanoui du fils aîné d'Odonato.

le jour suivant, après avoir parlé avec la secrétaire de SantosPrancha, l'assesseur du Ministre, PauloPausado obtint une pré-audience en vue d'enquêter, auprès de sources plus officielles, sur la question de l'eau

éventuellement, avec un peu de chance, il réussirait à extorquer de Prancha quelques détails moins connus sur l'autre aspect du problème

SantosPrancha s'adonnait à l'art du levage de coude même pendant les heures de travail et cela facilitait parfois la vie des journalistes, mais compliquait aussi le devoir de réserve que recommandait son statut

– camarade Paulo, comment allez-vous ?

– bien, merci, monsieur Santos, et par ici, tout va bien ?

Prancha se déplaçait lentement, il prenait majestueusement son temps aussi bien dans ses gestes que dans les tâches qui lui revenaient, mettant en scène une importance qu'il n'avait jamais eue.

il ouvrait la fenêtre, humait l'air du matin, la refermait, augmentait le froid de la climatisation, mais continuait à transpirer comme s'il s'agissait d'une expression vitale. il s'approcha du minibar, en sortit une bouteille de chivas, se servit

– monsieur l'Assesseur, le motif...

– un moment, Paulito – il décrocha le téléphone – DonaCreusa, apportez des glaçons, s'il vous plaît, vous savez bien que je n'aime pas voir le seau à glace à moitié vide, n'est-ce pas ? hum... je ne veux pas le savoir. envoyez quelqu'un en acheter... quoi ? mais vous croyez que je dispose d'un budget personnel pour les glaçons du Ministère ? débrouillez-vous, DonaCreusa, ne m'embêtez pas avec ça, débrouillez-vous ! – il raccrocha, agacé

– tout va bien par ici ? – tenta Paulo

– tout va bien… tout est sous contrôle, ce Ministère n'est pas comme les autres, ici tout fonctionne parfaitement, il n'y a que cette irritante histoire de glaçons, tu as entendu mon imbécile de secrétaire me demander qui doit payer les glaçons ? elle est bien bonne ! – il fit une pause, sans réussir à embarrasser Paulo – alors tu voudrais voir monsieur le Ministre ?

– si c'était possible… mon rédacteur en chef aimerait obtenir une entrevue, quelque chose de grand, en première page

– je vois… je vois – l'assesseur SantosPrancha faisait tourner son verre, buvait à petites gorgées

– mais la secrétaire m'a dit qu'il valait mieux que je m'adresse à vous d'abord

– bien sûr… bien sûr… nous devons mettre les choses au point, j'imagine que tu as déjà des questions en tête, tu es un bon journaliste… peut-être le Ministre acceptera-t-il de te donner une opportunité

– bien sûr, nous sommes disposés à collaborer

– c'est très politique, cette entrevue que ton rédacteur en chef voudrait avoir ?

– en fait, pas tellement, ce serait plutôt à propos de questions évidentes qui circulent en ville

– des questions évidentes et qui circulent en ville ? ça m'inquiète et je commence à avoir soif…

– c'est le problème de l'eau, le manque d'eau, presque plus d'approvisionnement. tout le monde ne parle que de ça, et je me suis dit, justement, que pour ne pas donner plus d'importance au *mujimbo* peut-être serait-il bon que le gouvernement prenne une position officielle

– je vois, je vois… le problème de l'eau ?

– le problème de l'eau

DonaCreusa frappa à la porte et entra

– DonaCreusa, stop ! – l'assesseur SantosPrancha posa violemment son verre – qu'est-ce qui vous prend ?

– pardon, monsieur l'Assesseur ?

– alors vous entrez comme ça ?

– j'ai frappé, monsieur l'Assesseur

– mais je n'ai pas répondu, je me trouve en plein dans une importantissime réunion de presse

– mais vous m'avez demandé...

– sortez

– monsieur l'Assesseur, les glaçons...

– vous allez sortir, frapper à la porte et attendre tranquillement

– oui, monsieur l'Assesseur – DonaCreusa se retira

– vous parliez du problème de l'eau ?

– oui, on ne parle que de ça, et même les journaux d'opposition commencent à spéculer

DonaCreusa frappa à nouveau à la porte

– entrez ! – cria SantosPrancha

Dona Creusa entrouvrit doucement la porte

– je suis venue vous apporter les glaçons, monsieur l'Assesseur, je peux entrer ?

– j'ai dit oui, vous êtes sourde ?

DonaCreusa se dirigea vers le minibar mais ne pouvant exécuter sa mission du fait qu'elle avait les mains occupées, elle posa le sac contenant les glaçons sur la petite table du centre

– DonaCreusa, s'il vous plaît !

– monsieur l'Assesseur ?

– alors vous estimez que ce sac possède les conditions nécessaires à la fréquentation de mon bureau ? faites-moi le plaisir de sortir et revenez quand vous aurez trouvé une autre solution

– mais, monsieur l'Assesseur, les glaçons sont conditionnés dans ces sacs

– alors emportez le seau à glace et allez mouiller votre propre table, allez, dépêchez-vous, débrouillez-vous, dans notre pays le temps c'est de l'argent et nous sommes en pleine séance de travail

– avec votre permission – dit en sortant DonaCreusa

– c'est pour ça que ce pays n'avance pas, alors que nous sommes en plein travail nous ne cessons d'être dérangés par des employés mal préparés, quelle patience il faut avoir ! – soupira-t-il – mais vous disiez

– le problème de l'eau

– oui, le problème de l'eau… mais c'est quoi le problème ?

– la pénurie d'eau à Luanda, trop fréquente, et un approvisionnement absolument irrégulier

– vraiment ? je ne m'étais pas rendu compte

– la population en souffre depuis quelque temps déjà, monsieur l'Assesseur. et comme je vous le disais, l'opposition commence à commenter

– à commenter ?

– mon rédacteur en chef propose de faire une grande interview avec un responsable, pour clarifier les choses et faire taire les rumeurs

– bon – sourit l'assesseur SantosPrancha – je n'y connais pas grand-chose en eau – il agita son verre en direction du journaliste – je plaisante… je vais voir ce que je peux faire

– je peux compter sur une réponse ?

– à propos de quoi ?

– à propos de l'interview. à quel moment pourrions-nous interviewer monsieur le Ministre ?

– ah, oui… je vais consulter ses agendas, il est très occupé en ce moment, et encore plus avec l'arrivée de l'américain

– l'américain ?

– oui, celui du groupe des… comment on les appelle déjà… on leur a donné un nom… ah, les cipelins

– j'en ai entendu parler

– vous en avez entendu parler ? de quoi ?

– non, je veux dire, j'ai lu quelque chose à ce propos

– quoi ?

– cette histoire de cipel, il y a des affiches partout dans la ville

on frappa à la porte

– oui ?

– monsieur l'Assesseur, vos frères sont arrivés

– ce doit être une erreur, je suis enfant unique

– non, monsieur l'Assesseur, c'est les frères DestaVez (DeCetteFois)et DaOutra (DeLAutre) que vous avez fait demander

– ah oui, DestaVez… c'est bien ça, notre ami journaliste était en train de partir. cher ami, nous restons en contact

– merci, monsieur l'Assesseur

– je vous en prie, mes respects à vos parents

– je n'y manquerai pas

– DonaCreusa, appelez-moi le bureau de monsieur le Ministre…

au téléphone le Ministre dit à SantosPrancha qu'ils parleraient de tout ça plus tard, qu'il était au courant et savait parfaitement que trop de bruits circulaient mais la situation était sous contrôle

– et surtout, taisez-vous. vous parlez trop – menaça le Ministre

– oui, monsieur le Ministre

– c'est bon. nous en parlerons ce soir

– avec votre permission, monsieur le Ministre

– vous pouvez raccrocher

– je n'en ferai rien, c'est à vous de raccrocher, monsieur le Ministre. je vous en prie

– raccrochez tout de suite cette merde, putain. ça vous amuse ?

– excusez-moi, monsieur le Ministre, je raccroche tout de suite, avec votre permission.

JoãoDevagar (JoãoLentement) essuya la sueur de son front, serra entre ses mains le bloc de papier où il notait ses dettes et les transactions financières des *kínguila* installées sur le trottoir devant l'immeuble, lesquelles n'étaient pas sous ses ordres, comme il tenait à le souligner, mais qu'il "se bornait à conseiller, dans ce monde compliqué de globalisations économiques" en réalité JoãoDevagar était un homme peu doué en mathématique et en économie, il se contentait de faire usage d'un réel art de la parole et avait recours de temps en temps à une légère violence physique histoire de faire comprendre à ces femmes qu'il convenait de maintenir le lien professionnel avec sa personne

– manadgeur !, aujourd'hui, tout le monde a un manadgeur. depuis les joueurs de foot, les cordonniers jusqu'au camarade Président. comment voulez-vous faire du bizness à la Maianga si vous n'avez pas de manadgeur ? en réalité – il faisait des pauses discursives – c'est vous qui avez besoin de moi, ce n'est pas l'inverse, comme je l'entends dire. camarades, la révolution est un acte constant : fin de citation !

il monta lentement les escaliers, se rafraîchit les idées en passant par la zone aquatique du premier étage, entra chez lui et appela sa femme MariaComForça

– ils sont venus te chercher – dit la femme

– qui ?

– des soi-disant contrôleurs. ils disent que tu sais de quoi il s'agit

– encore ces fils de pute ? ces saloperies de *gingongos*, on ne sait même pas si ce sont de vrais jumeaux…

– João, le mieux ce serait que tu payes, ils travaillent avec le Ministère, ce sont des contrôleurs avec les autorisations qu'il faut pour faire fermer une affaire

– et comment ils vont fermer mon affaire ? ils vont fermer la rue ? ces mecs pensent qu'ils sont des petits malins, mais je les ai déjà repérés

– ça sert à rien de la ramener. tu ne sais pas, ces contrôleurs ce sont ces types qui se baladent bien sapés, leur nom c'est DestaVez et DaOutra, ils sont presque de la famille de ce camarade assesseur

– tu crois qu'ils me font peur ? j'ai combattu dans la province de KuandoKubango, les sudafricains pour moi c'étaient des fourmis, et ces deux-là vont me faire peur ?

– tu sais, parfois il vaut mieux faire les choses comme il faut

– mais quoi, comme il faut ? tu crois que la situation n'est pas grave ? Luanda devient une ville trop chère

– c'est toi qui sais, je descends

les contrôleurs rappliquèrent au moment où elle allait sortir

– nous pouvons entrer, dona ComForça ?

– pardon ? – dit-elle l'air inquiet

– nous pouvons entrer ? nous venons parler avec le camarade votre mari

et ils entrèrent, JoãoDevagar alla dans la cuisine et en rapporta de l'eau pour tout le monde

– cette eau est bouillie, camarade JoãoDevagar ?

– non

– alors ?

– alors quoi ?

– comment est-ce que vous tuez les microbes ?

– en priant

– comment ?

– je prie, je demande à dieu qu'il les tue. ça ne sert à rien de faire bouillir l'eau, j'ai vu ça à la télé, nos microbes d'ici, ils aiment l'eau bouillante, l'eau de javel aussi, qui tue plus d'enfants que de microbes, alors je prie

– vous êtes croyant ? – demandèrent les jumeaux d'une même voix

– pas encore

– pas encore quoi ?

– pas encore

– mais comment pas encore ?

– au train où vont les choses, je crois qu'il va falloir que je sois croyant… mais quel est le *dikelengo* qui vous amène chez moi ?

– monsieur, nous savons que vous faites du bizness avec les *kínguilas* en bas sur le trottoir. vous faites du pognon illicite, du change illégal et tout ça

– et après ?

– si vous n'avez pas de licence pour exploiter une agence de change, cette affaire est illégale

– et après ?

– nous pouvons vous aider à légaliser votre affaire

– pour que j'ouvre une agence de change dans la rue, au milieu des trous, des mouches, de la friture de ma femme et en plus la poussière ?

– vous n'avez pas besoin de l'ouvrir. il suffit de commencer à l'ouvrir

– comment ça ?

– nous pouvons vous aider, mais nous n'aidons qu'à ouvrir – dit DestaVez

– et aussi nous vous aidons à ne pas fermer – conclut DaOutra

– qu'est-ce que ça veut dire ?

– ça veut dire qu'il suffit de commencer et on vous donne une autorisation provisoire en attendant la réponse. nous pouvons vous aider là aussi

– pour la réponse ?

– pour la non-arrivée de la réponse

– ah bon ?

– oui, c'est moins cher que d'obtenir la vraie autorisation, ça vous intéresse ?

– bien sûr, mes enfants, si c'est que pour que tout continue comme avant, trinquons

– excusez-nous, nous ne buvons pas d'eau avec des microbes priés

– c'est votre problème, restez avec votre soif

JoãoDevagar accompagna les contrôleurs jusqu'au coin de la rue, où ils s'en furent embêter d'autres petits patrons, il prit un *candongueiro*, et de loin dit au revoir à sa femme en lui faisant signe que tout allait bien

– où vas-tu ? – cria MariaComForça

– je vais acheter du pain et je reviens vite

acheter du pain, tout le monde savait ça dans l'immeuble, pouvait dire beaucoup de choses, ne serait-ce que parce que du pain, celui qui se fait la nuit avec un four et du sel, il y en a partout, mais aller acheter du pain c'était autre chose, matière de profonde réflexion philosophique, occupation à teneur oisive ou créative, justification aussi bien professionnelle que purement humaine pour d'errants déplacements urbains

le *candongueiro* le conduisit jusqu'aux bords du fameux BairroOperário, le ciel avait traîné au-dessus de Luanda de gros nuages qui filtraient l'intensité de la lumière du soleil mais n'arrivaient pas à empêcher complètement les désagréments de sa température

il pénétra dans le BairroOperário, le quartier ouvrier, se réjouit de voir les enfants jouer dans les rues en terre battue avec des jouets de jadis, jantes abandonnées, petites voitures en bidons, cerfs-volants, outre les voitures cassées servant de refuge à des adolescents camés, et les habitants, bière à la main, occupés à regarder ceux qui passaient

il s'agissait de personnes capables de mémoriser les agissements et les vêtements, les manières et les bruits, des personnes qui des heures ou des jours plus tard, pour des raisons que la logique ignore, reconstruiraient l'ordre des événements, ou leurs caractéristiques les plus vraisemblables, afin de transformer le réel en matière de fiction sociale, importante, cruciale même, pour le fonctionnement normal de la ville

– monsieur Devagar, veuillez entrer – dit une voix douce – soyez le bienvenu. déjà ici, à l'heure du déjeuner ?

– l'amour n'a pas d'heure

– le désir non plus – les petites riaient, elles montèrent le son de la radio, partirent chercher une bière bien fraîche

– au moins dès sa fabrication cette boisson précieuse est bénie des dieux, et les microbes peuvent aller se faire foutre

– oh, mon garçon, on ne dit pas de grossièretés ici – la voix de GrandMèreTeta arrivait du jardin

– pardon, petite mère, vous avez raison, c'est la soif qui m'égare

de minuscules chambres, fermées seulement par un fin rideau sombre, divisaient chaque pièce, c'était une heure creuse, pour cela même préférée par quelques clients plus discrets

JoãoDevagar s'assit dans la cour, sous l'*imbondeiro*, à côté de GrandMèreTeta

il fit un clin d'œil aux sœurs Ninon et Rosalí et elles rentrèrent dans la maison, le rituel était presque toujours le même : l'arrivée annoncée par la voix accueillante, une bière bien fraîche et un doigt de conversation avec GrandMèreTeta avant de passer à l'action

João attendait en silence que GrandMèreTeta prenne la parole

– avant les messieurs ne venaient pas tant qu'il faisait jour

– les temps ont changé, petite mère, la ville a beaucoup grandi, aujourd'hui toutes les heures sont l'heure, et même le jour ici à Luanda ne donne pas de repos aux heures

– c'est vrai, Luanda a bien changé, et tout ce que je souhaite c'est de vivre assez longtemps pour voir les travaux commencer ici dans mon vieux quartier

– vous les verrez, petite mère, vous allez vivre encore beaucoup d'années, l'arbre se tord mais ne se fend pas, n'est-ce pas ?

– les arbres… et vous qui pissez dessus, vous n'avez pas honte ? – grimaça la vieille femme en crachant par terre

– ne dites pas ça, petite mère – JoãoDevagar sourit – ce sont les chiens qui pissent sur les arbres

– mensonge, depuis la guerre les chiens sont devenus peureux, ils ne s'approchent plus de rien ; c'est vous les hommes qui pissaient partout, quel manque de respect

– vous avez raison… – JoãoDevagar cherchait du regard à deviner derrière quelle fenêtre l'attendaient les deux sœurs

– écoutez ça encore, vous qui êtes un lecteur de journaux

– dites-moi, petite mère

– ces histoires qui courent dans le quartier, j'ai même entendu à la radio, de l'"explique" ou je ne sais quoi…

qu'est-ce que c'est-y que ça raconte ? il paraît qu'il faudrait acheter des lunettes, mais moi j'ai encore une bonne vue

– ne vous inquiétez pas, petite mère, l'éclipse c'est quelque chose du ciel, toutes ces choses qu'on voit la nuit, les planètes et les étoiles et je ne sais quoi encore comme une poussière brillante, c'est seulement qu'il paraît que ça va être étonnant, le soleil va devenir noir même à l'heure du déjeuner, mais il n'y a pas de quoi s'affoler, il faut juste ne pas le regarder en face. si vous voulez, je peux vous procurer des lunettes spéciales

– mais ce que vous dites là, c'est chose de dieu ou sorcellerie des américains ?

Rosalí s'approcha, prit tendrement la main de João-Devagar

– vous permettez, petite mère – João posa sa bière

– allez-y, mon fils – GrandMèreTeta donna son consentement, prit la bouteille, versa par terre la part des morts et avala d'une seule gorgée le reste du liquide.

– DonaCreusa – cria l'Assesseur de l'intérieur de son bureau – oh DonaCreusa, vous ne m'entendez pas ? – insista-t-il en fermant son ordinateur, prenant des feuilles éparses et les jetant dans le cartable couleur prune d'une marque connue

"le prune me va bien, je dois avoir quelque chose de français dans mes gènes", se plaisait à dire l'Assesseur qui était un homme de goût, d'un goût douteux, pourrait-on dire, mais qui nourrissait le souci constant quant au brillant de ses chaussures et au bon état de ses chaussettes

son ascension politique très rapide était due à ses liens avec le camarade Ministre, il avait troqué la bière contre le whisky et pris l'habitude de malmener sa secrétaire

– excusez-moi, monsieur l'Assesseur

– vous en mettez du temps ! vous ne savez pas que le Ministre a des rendez-vous impossibles à ajourner ?

– je le sais bien, monsieur l'Assesseur

– que je sois là à m'égosiller comme un veau, ça vous semble normal ? un Assesseur de mon rang hurlant dans les couloirs du Ministère ?

– non, monsieur l'Assesseur, ça ne me semble pas normal, mais j'ai dû m'absenter un instant

– moi aussi je dois m'absenter, mais c'est pour aller travailler. est-ce que vous vous êtes souvenue de me rappeler de ne pas oublier l'arrivée de l'américain ?

– oui, monsieur l'Assesseur, j'ai laissé une note sur votre bureau

– où ?

– c'est le papier dont vous vous êtes servi pour poser votre verre de whisky, monsieur l'Assesseur

– vous voulez plaisanter ? où étiez-vous ? encore à fricoter avec les chauffeurs du Ministère, vous ne savez pas que tous les chauffeurs sont contrôlés ? sans parler du "microbe"... hein ? le microbe... – il baissa la voix – le microbe... du sida – il toussa – où étiez-vous ?

– j'ai dû aller aux toilettes, monsieur l'Assesseur

– bon, ça va, mais ce n'est pas la peine de dire "toilettes", c'est du brésilianisme de télénovela* ; faites venir mon chauffeur, je dois aller à l'aéroport pour récupérer l'américain, vous vous êtes occupée de la réservation à l'hôtel ?

– oui, monsieur l'Assesseur, mais il y a un problème

– quel problème encore ? vous devez retourner aux w-c ?

– non, monsieur l'Assesseur, c'est que le chauffeur n'est pas venu

– comment ça il n'est pas venu ? téléphonez-lui

– je lui ai téléphoné

– et alors ?

– des obsèques ! quelqu'un de sa famille de la Gabela est décédé

– de la Gabela... ou de la Kibala ?

– je crois que c'est de la Gabela

---

* Les pays lusophones sont très influencés par le portugais du Brésil diffusé par les télénovelas.

– ce voyou de chauffeur, il va falloir lui envoyer une lettre d'avertissement ou même le licencier pour cause injuste

– "injuste", monsieur l'Assesseur ?

– je vais faire licencier ce fils du diable : c'est injuste qu'il tue chaque semaine des gens de sa famille pour ne pas venir travailler, c'est un manque de respect. une chose est de mourir pour de vrai, c'en est une autre de mourir par la bouche d'un parent paresseux. vous ne trouvez pas, DonaCreusa ?

– bien sûr, monsieur l'Assesseur

– alors que faisons-nous ?

– à quel sujet, monsieur l'Assesseur ?

– au sujet de l'aéroport – l'Assesseur s'assit, se resservit un whisky

– voulez-vous un glaçon ?

– non, laissez tomber, avec tout ça j'ai besoin d'un verre en vitesse, il n'y a pas un autre chauffeur dans la maison ?

– je ne crois pas, monsieur l'Assesseur

– moi, je crois, DonaCreusa – il se resservit – que vous allez devoir vous débrouiller, vous avez cinq minutes pour me trouver un chauffeur sans parents morts ou agonisants

DonaCreusa s'engouffra dans les couloirs et les cours du Ministère à la recherche d'un remplaçant, elle transpirait en pensant aux possibles représailles de son chef

finalement l'Assesseur réussit à se rendre à l'aéroport, bien en retard, avec un chauffeur improvisé trouvé sur la PlaceDesMinistères

la ville était dans un chaos inimaginable, entre les travaux récents et les travaux anciens qui avaient lieu en même temps, plus les fameuses excavations de la CIPEL, plus les trous pour l'installation du câble, plus les trous dus aux pluies, plus les trous ouverts que personne ne pensait plus à refermer et les trous des gamins qui vivaient dans les sous-sols de la ville et qui maintenant, pauvres petits, devaient en être expulsés par l'arrivée des nouvelles canalisations ou même par l'installation de la dangereuse machinerie destinée à l'extraction du pétrole,

à l'aéroport régnait l'habituelle animation de ceux qui attendaient les voyageurs, zone d'opportunités, de contacts, d'affaires urgentes, de facturations faciles, lieux d'échanges et de retrouvailles, où les ministres côtoyaient les porteurs de bagages et les hauts fonctionnaires de la fonction publique ou même les intellectuels frayaient avec les pick-pockets ou les revendeurs de cartes de crédit de téléphones portables, les changeurs d'argent, les agents de police qui contrôlaient le stationnement des voitures mal garées, les mendiants, les pleins d'espoirs, les transpirants à cause de la chaleur de la ville et les enrhumés à cause de l'air conditionné puissant de leurs 4 x 4 importés

– camarade, excusez-moi, mais vous ne pouvez pas stationner ici

– comment ça ? – demanda le chauffeur

– ici c'est une zone de circulation, on ne peut pas rester arrêté en plein au milieu comme ça

– vous ne voyez pas que c'est une voiture ministérielle ?

– vous pouvez aller la garer au parking – suggéra le policier

– qu'est-ce qui se passe ? – demanda l'Assesseur

– le camarade agent dit qu'on ne peut pas stationner ici

– dites à cet agent que nous ne sommes pas stationnés

– monsieur l'Assesseur dit que nous ne sommes pas stationnés

– comment ça ?

– comment ça, monsieur l'Assesseur ?

– le moteur de cette voiture n'est pas arrêté et elle n'est pas stationnée

– le moteur n'est pas arrêté

– mais elle ne circule pas – se hasarda l'agent

– monsieur l'Assesseur ?

– oui ?

– il dit que la voiture ne circule pas

– houla, dites à cet agent qu'il ne me fasse pas chier

– camarade agent
– oui
– monsieur l'Assesseur dit… que vous ne le fassiez pas chier
– hein ? vous vous moquez ou quoi ?
– moi non, je vous transmets juste le message qu'on m'a transmis
– baissez la vitre
le chauffeur baissa la vitre de monsieur l'Assesseur
– bonjour, votre excellence
– je ne suis pas votre, ni excellence
– alors comment je dois te nommer ?
– d'abord, ce n'est pas "comment je dois te nommer", mais "comment dois-je m'adresser à vous"
– et comment dois-je ?
– comment dois-je quoi ?
– m'adresser à vous
– je suis l'Assesseur de notre excellence, le Ministre
– alors, monsieur l'Assesseur de notre excellence, votre véhicule est mal garé
– écoutez camarade agent, je vous ai déjà demandé, par l'intermédiaire de mon chauffeur, que vous ne me fassiez pas chier, ce véhicule appartient au Ministère et nous sommes ici pour attendre un voyageur
– mais le camarade Assesseur de notre excellence ne peut pas attendre au parking ?
– non ! je suis ici pour attendre un monsieur très important, un américain ! vous avez déjà vu un américain aller à pied jusqu'au parking ?
– non, je n'ai pas encore vu
– et vous ne le verrez pas, parce que la voiture ne va pas bouger d'ici
– et si mon chef vient me voir, je lui dis quoi ?
– vous lui dites que l'Assesseur de notre excellence est là pour accueillir un américain, et maintenant laissez-moi refermer cette fenêtre, l'air conditionné qui s'échappe fait gaspiller de l'essence

– excusez-moi monsieur l'Assesseur de notre excellence mais…

– quoi encore

– je peux juste vous demander l'aide d'une cigarette ou même de cent kwanzas pour étancher ma soif ?

– tu peux – mais l'Assesseur ne bougeait pas, il gardait un regard extatique dans une attitude mystérieusement calme

– alors ?

– alors quoi ?

– le *cumbú* ?

– c'est le chauffeur qui a le *cumbú*– dit en fermant la fenêtre monsieur l'Assesseur

le chauffeur, chargé de la mission d'identification de l'américain à la sortie de l'aéroport, et après avoir demandé en vain à monsieur l'Assesseur assis tranquillement dans la voiture en fumant une cigarette qu'il lui fournisse une description même approximative du voyageur, se décida à sortir et rejoignit la foule qui attendait devant la sortie principale des passagers

– alors ? – insista l'agent

– alors, quoi ? si toi, t'as pas réussi à convaincre mon boss, ce serait à moi, qui ai même pas encore de salaire déclaré, de te filer un *cumbú* ? ça va pas dans ta tête ?

– je vais devoir me plaindre de vous à mon supérieur – dit en s'éloignant l'agent désolé

des gens sortaient, les uns pleins de valises, de bagages aux dimensions invraisemblables, dignes de voyager dans les cales de bateaux, et d'autres plus mesurés avec juste des sacs à dos

c'était des gens de toutes les couleurs, aux cheveux et aux yeux de toutes les teintes, le chauffeur vraiment embarrassé se demandait comment il allait bien pouvoir reconnaître l'américain. il questionna un passager à la peau plus claire, une erreur, il s'agissait d'un angolais, il en questionna un autre, un grand black qui parlait anglais mais c'était un nigérian, puis il remarqua, effaré, un important groupe de chinois qui arrivaient et embrassaient un autre groupe de chinois qui étaient là à les attendre

mais pas trace de l'américain

– m'sieu, vous voulez pas des lunettes spaciales ? – le gamin, un vendeur, essayait d'alléger l'énorme sac rempli de lunettes qu'il portait sur son dos

– et qui t'a dit que je voyais mal ?

– ces lunettes c'est pas pour voir, m'sieu, c'est pour regarder

– tu te moques de moi ou quoi ?

– non, m'sieu, c'est des lunettes spaciales, il va y avoir une enclipse de celles qui transforment le soleil en mulâtre et c'est pour dans pas longtemps

– et c'est pour quand ?

– le Parti l'a pas encore annoncé, il paraît qu'ils vont le dire à la radio, mais ça c'est des lunettes *carcamanas* qui viennent d'AfriqueDuSud, et qui supportent l'enclipse et tout ça

– et tu les fais à combien ? – chercha à faire diversion le chauffeur désorienté

– c'est cinq cents, m'sieu

– tu rigoles… ?, cinq cents pour des lunettes en plastique qu'on dirait des jouets pour mômes, coloriés n'importe comment, et en plus pour une enclipse qu'on sait même pas quand elle arrivera

– mais ces lunettes, m'sieu, la nuit elles voient tout sous les filles, les minijupes et même les collants

– vraiment ?

– ouais, c'est l'avantage, m'sieu, avec ces lunettes vous pourrez juger la dame avant de vous lancer dans une relation aventureuse, surtout de nos jours avec tous ces transvestis

– non mais cinq cents, non… écoute, tu as pas vu un américain avec l'air d'attendre quelqu'un, je suis venu chercher ce mec et je sais pas à quoi il ressemble

– un américain du genre qui parle anglais ?

– ouais, ou même du genre qui parle américain

– j'ai pas vu, m'sieu, mais il y avait un type avec l'air un peu désorienté, et qui est toujours assis là dans le hall

– je vais aller voir

– et les lunettes, m'sieu ?

– je vais attendre l'enclipse

l'américain était un jeune homme, noir, pareil à tant de jeunes angolais, et qui, si ce n'avait été le parler anglais, le regard désespéré et le front mouillé de transpiration, n'aurait jamais été identifié comme étant un américain

– you, american, saïentist ?

– yes, my name is Raago, oil engeneering… nice to meet you

– petroïl ? yes, ici petroïl good, gasoil pascherovsky. ah, moi, Kakuarta, Ka-kuar-ta. good, pléine, taag flaïte ? lets go, que le boss ouéite !

– ok, lets go

– ouatsse name you ?

– Raago

– *rabo** ?!

– no, Raago

– ok, ok

l'américain apprécia la température glaciale de l'intérieur de la voiture ministérielle que dispensait l'air conditionné, mais pas l'odeur de tabac

– you not smoke ? – demanda l'Assesseur cherchant à être aimable

– no, thanks – l'américain sourit, en profita pour ouvrir la fenêtre – i really dont smoke

– oh, shit ! – l'Assesseur éclata d'un grand rire, faisant mine d'éteindre sa cigarette – so, you come work with us ?

– yes, it's going to be complicated though

– no complicated, here – gesticulait l'Assesseur – here évri ting is very simple, simple !, capiche ? good friends, good money !

---

* *Rabo* : "queue" en portugais, mais aussi "cul" en argot.

l'américain laissa son regard se promener sur la ville, la beauté des femmes qui transportaient le monde sur leurs têtes pour nourrir les enfants, leurs petits et leurs neveux et nièces, leurs filleuls et filleules, leurs parents éloignés venus de lointaines guerres à la recherche d'un abri cher, difficile mais sûr dans la capitale angolaise

– the women are so beautiful – commenta l'américain

– yes, bioutifoul, naïce, belles... Angola, all hot, claïme ouorme, ouorme chicks... very naïce dances, *kizomba*, you know ?

– *kizomba* ?

– yes, naichonal dances, kaïzombah !

à peine arrivé, l'américain crut avoir une vision. au milieu de la foule qui traversait la rue, vendant ou buvant de l'eau, secouant la poussière, épongeant les fronts en sueur, l'américain Ragoo crut reconnaître un visage

il essaya de siffler mais aucun son ne sortit de sa bouche, trop d'heures de vol avaient desséché ses lèvres

– hey ! – l'américain ouvrit la fenêtre – hey you !

le *you* marchait tranquillement, des lunettes que la chaleur faisait glisser le long de son nez, et sur son visage se lisait cet air perdu que revêt toujours le regard des gens trop intelligents

– Raago ? – DavideAirosa, un jeune chercheur angolais, n'oubliait jamais les noms ou les pages des livres

l'Assesseur donna l'ordre au chauffeur d'arrêter la voiture et de se garer le long du trottoir

ils ne se voyaient plus depuis des années, Raago avait fait la connaissance de DavideAirosa quand celui-ci avait fait son master en amérique, avant d'être appelé, littéralement, pour ajouter son tribut imaginatif au département de physique de l'université d'Oxford

– long time no see – Raago semblait étonné de retrouver là DavideAirosa

– yeah, long time... what's up ?

– tout va bien – Raago se risqua à prononcer les quelques mots de portugais dont il se souvenait

– nice, et tu restes combien de temps ?
– pas savoir, je viens travailler…

ils demeurèrent tous les deux silencieux, pendant un moment, se regardant l'un l'autre comme s'ils se demandaient, après tant d'années, combien d'expériences ils avaient vécues, combien d'aventures, combien d'apprentissages et de défis

– je veux voir les papiers du véhicule – la voix aigre de l'agent qui voulait contrevenir se fit entendre

– vous plaisantez ou quoi ? vous voulez en plus me faire sortir de la voiture par cette chaleur ?

– monsieur, chacun fait son travail, ce véhicule est indûment garé sur un stationnement strictementement interdit

– garé ? vous allez bien ou serait-ce que le soleil vous a cuit le cerveau ?

– camarade, il faut faire attention à ne pas dépasser les limites de l'infraction ! vous êtes en tort physiquement et à présent vous voulez en plus être en tort verbalement

– c'est vous qui allez être en tort, vous avez bien vu l'immatriculation de cette voiture ?

– je l'ai vue

– vous savez qui je suis ?

– je ne le sais pas, mais c'est que maintenant on a des ordres comme quoi il faut identifier les voitures, chef, ne le prenez pas mal…

– ne vous inquiétez pas, je ne le prendrai pas mal. si vous voulez, vous pouvez relever l'immatriculation de la voiture, sauf qu'aujourd'hui même vous allez vous trouver sans emploi

– pourquoi, chef ?

– parce que ça doit être maintenant une manie nationale, vous avez été dans une école qui vous fait penser que toutes les voitures sont mal stationnées ? cette voiture est arrêtée provisoirement pour raisons de confraternisation internationale

– comment ? – le policier se grattait la tête et transpirait

– ce citoyen est un américain d'amérique

– celui-là, avec cette tête de *malanjinho* ?!

– mais c'est quoi ce manque de respect ? le camarade est un scientifique de ceux qui n'arrêtent d'étudier que quand on leur met une canne à la main, et puis ça suffit ce bavardage, il fait une chaleur d'enfer, monsieur *rabo*, je veux dire monsieur Raago, nous verrons ça plus tard

Davide essaya en vain d'obtenir une adresse mais l'américain ne savait pas où il allait loger ni quels contacts lui donner, et l'habituelle indisponibilité de monsieur l'Assesseur ne leur permit pas d'échanger leurs coordonnées

– i can find you – promit DavideAirosa, en faisant au revoir de la main et en avalant la poussière soulevée par la voiture

– bon, et alors, on en est où ?

– comment ça ? – demanda DavidAirosa

– ils s'arrêtent, ils commettent, ils se tirent… et moi je ne vois rien ?

– moi, ici, je n'ai vu que de la poussière.

malgré la chaleur, la poussière, la saleté collée au corps, Davide, heureux, continua sa route en déambulant à l'intérieur de lui-même

et comme à NewYork où DavideAirosa avait manqué des cours à cause de ce qu'il appelait une déambulation exagérée, ici à Luanda il était courant qu'il se mette à marcher et que son esprit soit emporté dans une étrange suite de pensées qui pouvait aussi bien l'embarquer dans un voyage dans le passé que lui procurer l'espace nécessaire au surgissement d'une nouvelle idée brillante. le problème de Davide était justement celui-ci, il était envahi, depuis l'enfance, par des idées plus brillantes que concrètes, plus imaginables que réalisables, plus belles que pratiques

c'est l'absence de jaune qui attira son attention

le soleil était descendu au point que les restes de jaune étaient à présent un mensonge que l'eau de la mer racontait au ciel et que le ciel reflétait en d'autres tons de rose et de violet, annonçant à Luanda que l'on ne devait plus compter sur l'intense lumière du soleil qui chaque jour baignait la ville, car c'était à présent l'heure de l'arrivée de la nuit, l'heure pour les habitants d'allumer les lumières fluorescentes des vérandas, non seulement afin d'éclairer les jeux des enfants, mais pour laisser, petit à petit, les cigales venir faire du silence de la nuit une scène de criailleries vibrantes, réveillant les crapauds, provoquant les vers luisants, apaisant la température des pierres chauffées au soleil, faisant que les anciens de IlhaDeLuanda, l'île de Luanda, aussi bien les pêcheurs que leurs vieilles épouses, ajustent leurs pagnes autour de leurs vieux corps et allument cigarettes et pipes, de celles qui alimentent les rêves et ravissent les poumons d'un calme merveilleux pour qui sait en jouir,

en entendant le bruit des voitures, le jeune scientifique réalisa que ses lunettes ne glissaient plus le long de son nez et que ses pieds étaient plein de sable

de sable de la plage

il sentit l'odeur des viandes préparées pour la grillade, il entendit les jappements des chiens chassés par les femmes qui préparaient les grillades, le rire des enfants qui, cailloux à la main, poursuivaient ces mêmes chiens fuyant dans leur misérable maigreur salée, il perçut, au loin derrière les gros rochers, les cris des enfants qui s'amusaient en de tardifs plongeons, savouraient la tiédeur de l'eau et préparaient leurs dos et leurs joues aux claques que les mères ou les grandes sœurs leur donneraient pour les punir de rentrer trop tard à la maison après leurs plongeons dans l'obscurité de la mer,

ils revenaient de la plage, l'Aveugle et le MarchandDeCoquillages, tous les deux fatigués et satisfaits du résultat de leur journée. anxieux. le MarchandDeCoquillages parce qu'à travers les odeurs de la marée qui lui arrivaient aux narines il devinait que l'eau était bonne et qu'il avait envie de s'y plonger, et l'Aveugle parce que la fatigue et la faim lui faisaient espérer rencontrer une bonne âme qui lui offrirait un morceau à manger suivi d'une cigarette roulée avec ou sans *liamba*

– vous ne savez pas comme les odeurs parlent – sourit l'Aveugle

– il y en a qui ne savent pas, l'ancien, mais moi aussi je suis l'ami des odeurs

– mais pour toi c'est de temps en temps. et quand les odeurs sont fortes. pour moi les odeurs possèdent toutes les voix, on peut tout imaginer, les cris des vieux ou les rires des enfants… je vois beaucoup de choses même avec mes yeux fermés

– je sais, l'ancien, ça, j'ai bien compris

– laisse, petit… je ne te parle pas de choses qui se comprennent…

il est possible que, dans son monde sensoriel de sons et de sensations, l'Aveugle ait perçu la présence, au loin, de DavideAirosa qui, souriant en son for intérieur en constatant qu'il avait exagérément marché, secoua ses pieds pour en faire tomber le sable et les petits graviers qui gênaient celui qui s'apprêtait à reprendre sa marche

mais voir, l'Aveugle ne vit pas

– moi je ne fais rien d'autre que ramasser des coquillages et en plus je dois parler sans cesse juste pour convaincre les autres d'acheter…

– tu parles pour qu'on t'écoute, ou quoi ? demanda l'Aveugle

– ou quoi ! – répondit le MarchandDeCoquillages, gardant par-devers lui le sourire qu'il n'arriva pas à sourire.

quand Airosa arriva chez Paulo, il fut bien reçu

ce soir-là, Clara était charmante, les yeux brillants – ce qui la rendait encore plus belle, Airosa évitait de la regarder en face car il avait peur que son regard ne dévoile les fantasmes qu'il accumulait depuis des années, dans lesquels la protagoniste était précisément la fiancée de son ami

– Davide, le plus fou de nos scientifiques – salua Paulo en l'embrassant

– bonsoir… dit DavideAirosa

il y avait des *quitetas* à la sauce au citron et des *jindungo* en entrée, une bouteille de gin, beaucoup de glaçons et beaucoup d'eau tonique, pour élaborer la boisson préférée de Davide

– dis-moi, tu bois autre chose ou tu fais toujours comme si tu étais le neveu de la reine d'Angleterre ?

– neveu… je n'irais pas jusque-là… mais, d'une certaine manière, nous sommes apparentés dans nos goûts alcooliques – dit Davide en s'asseyant et en croisant les jambes timidement

on ouvrit les fenêtres

le vent apporta dans la maison des effluves agréables, possibles annonciateurs de pluie car chargés des murmures de plantes et d'animaux, l'odeur de marée de la baie de Luanda se faisait sentir et sa densité était autre. ils restèrent un moment en silence, à déguster les *quitetas*

– vous les préparez au vin blanc ?

– secret de la maison – sourit Clara – dites-moi simplement si c'est bon

– je les trouve extraordinairefantastiquement extras, comme dirait le malheureux Odorico Paraguaçu*

– arrête avec tes allusions à la AdolFodido… – sourit Paulo en le resservant

l'alcool et la nuit bercèrent la conversation, et après les sujets mondains et triviaux, ils en vinrent au sujet qui préoccupait Paulo

– c'en est où cette histoire de pétrole ? ça va vraiment se faire ?

– je n'en sais vraiment rien

– mais le peu que tu ne sais vraiment pas ? je sais que c'est possible, que le pétrole existe, mais est-ce qu'ils se préparent réellement à l'exploiter ?

---

* Personnage comique de fiction à la télévison brésilienne.

– tu n'as pas vu les affiches "cipelines" ? tu crois qu'il y a quoi que ce soit ici qui ne soit pas possible ? si le boss a dit, c'est dit

– et c'est dit ?

– c'est plus que dit, Paulo, réveille-toi, tout est troïké

– comment ça ?

– la même troïka que d'habitude, Angola, EUA et Russie

– et les *tugas**, les pauvres ?

– on leur laissera les restes, mais comme en ce moment il y a des mariages et des papiers d'identité délivrés sous pression, il est possible que les *tugas* s'en prennent un peu plus

– les enfoirés… et la ville ? les conséquences ?

– je peux t'envoyer le rapport détaillé des trois conférences que j'ai faites à ce sujet, la ville ne peut pas supporter ces travaux et il n'est pas possible non plus d'exploiter le pétrole qu'il y a sous Luanda. c'est tout simplement irréalisable

– alors que vont-ils faire ? – demanda Paulo

– ils vont essayer de faire. il y aurait quelque chose de très très sophistiqué, risqué et cher : remplacer le vide qu'ils vont créer par un matériau quelconque, mais il est pratiquement impossible d'extraire le pétrole et de faire ce comblement en même temps

– donc ?

– donc, vous devez vous préparer – sourit Davide

– nous ?

– vous qui vivez dans des immeubles. et ici la Maianga est l'un des premiers quartiers qui en ressentira les effets

– tu parles sérieusement ? – demanda Clara qui apportait la suite

– oui, j'ai fait plusieurs études à ce sujet, la ville n'a pas de soubassement, si on lui enlève son sous-sol, les conséquences sont imprévisibles, mais au minimum des immeubles s'effondreront

---

* De *portugas*, surnom donné aux Portugais vivant en Angola.

– et personne ne s'inquiète de cela ? – Clara était scandalisée

– peut-être qu'ils s'inquiètent – supposa Paulo

– peut-être – Davide vida bruyamment son verre – ils s'en inquiètent peut-être à la façon angolaise, du genre on verra plus tard ce qui peut arriver, d'abord remplissons-nous les poches. tu sais qui j'ai vu aujourd'hui même, dans cette ville qui va être dévorée par les incendies ?

– qui ?

– ce scientifique américain, je crois que je t'en ai déjà parlé... Raago, c'est un des plus grands cracks de la recherche pétrolifère, il trouve du pétrole là où même les cafards ne l'imagineraient pas, c'est lui qui a dit aux timorais où il y en avait

– sérieusement ?

– oui. et aussi aux são-tomésiens, et toutes les nouvelles nappes du Brésil ont été détectées grâce à une technique à lui

– et il est là ? à Luanda ?

– oui, je viens de le voir ! et accompagné de son excellence, monsieur l'Assesseur du ministre... bon, on attaque ce curry de gambas qui n'a rien à voir avec le problème du pétrole ?

Paulo ouvrit une bouteille de vin

– alea jacta, petrolium est ! – rit DavideAirosa en trinquant avec ses amis – ce curry est un plaisir des dieux, profitons-en tant que votre immeuble est encore debout

le jeune homme, que le vin rendait joyeux, plaisantait sans se rendre compte de l'inquiétude de ses hôtes

il y avait du jazz et une agréable odeur de poisson grillé venait du couloir et envahissait l'appartement, une pratique courante des voisins de Paulo qui, installés aux heures tardives de la nuit dans le couloir du troisième étage, faisaient griller du poisson pour dîner en famille, n'hésitant pas à inviter ceux qui passaient par là à se joindre à eux pour un délicieux *mufete* de vingt-trois heures arrosé de bières

– j'en ai assez de répéter qu'on doit changer d'appartement, je ne supporte pas cette habitude des *caluandas* – râlait Clara – de faire griller le poisson dans les couloirs de l'immeuble

– mais vous à Benguela si vous ne faites pas griller le poisson, c'est que vous n'avez pas d'immeubles avec de larges couloirs – se moqua Paulo, ce qui énerva un peu plus Carla – ou alors, ce qui est pire, c'est parce que vous n'y avez pas encore pensé... tu sais que les *caluandas* ont toujours plein d'idées

– ah ça, personne ne peut le nier, sauf qu'on ne sait jamais quel genre d'idées, prétentieux !

Clara, agacée, sortit de la pièce

les deux hommes restèrent dans le salon en compagnie d'un bon whisky, Paulo changea le disque, il mit "blue miles", un de ses favoris

– je me dis que, si un type doit mourir, je suis sûr qu'il le fera tranquillement et sans se plaindre si c'est avec cette musique

– je le pense aussi – sourit DavideAirosa

au son de la musique, ils savouraient la dénommée boisson nationale angolaise, le whisky, tout en s'adonnant à leur ancienne habitude qui consistait à laisser couler librement et lentement les paroles, sans qu'il y ait grande relation entre elles, selon l'ancienne habitude de ces deux vieux compagnons, le même schéma de toujours, à chaque fois, Airosa était de plus en plus ivre et triste, mélancolique et comique, les yeux grand ouverts, humides

– un des plus grands problèmes de l'humanité – commença Davide – à part les autres, évidemment... c'est que les hommes ne veulent pas donner à l'imagination la place qui lui est due... de nos jours, dans notre quotidien. ils veulent de l'argent, oui, mais avec cet argent ils ne sont pas foutus de chercher à acquérir du plaisir, du savoir... et laisser libre cours à l'imagination ne coûte rien... tu comprends ce que je veux dire ?

– à peu près

– imaginer. imaginer… faire usage de cette faculté qui nous sépare des autres êtres. la pierre n'imagine pas, elle attend. la fleur n'imagine pas, elle fleurit. l'oiseau migre, la baleine nage, le cheval galope. avant de migrer nous imaginons, nous sommes capables d'imaginer tout en nageant et nous pouvons découvrir de nouvelles et innombrables façons de courir, en imaginant. même pour dominer le cheval et le faire galoper pour nous, nous avons dû l'imaginer auparavant. et cela fait partie de notre condition, belle, d'humains, fait partie de notre condition d'êtres libres, prisonniers, reclus, malheureux, et jusqu'aux derniers instants de nos jours, nous imaginons… et c'est de cela que la science et l'humanité ont besoin : de l'imagination

Paulo se versa un verre de whisky, ne dit rien

Davide tira de sa poche un gros carnet à la couverture marron, y nota quelques phrases, quelques chiffres, se resservit un whisky, dans le silence de la pièce, avec le seul poids de la nuit, les notes de musique et les odeurs discrètes du charbon de bois sur lequel étaient tombées d'épaisses gouttes de *jindungo*, de citron et de graisse du poisson qui grillait.

Davide parti, et après avoir rangé la vaisselle dans la cuisine et brièvement nettoyé le salon, Paulo resta un moment à la fenêtre pour fumer la dernière cigarette de la soirée

la nuit, la ville lui semblait toujours être une autre

pas seulement à cause des nouvelles lumières qui avaient été installées, entre zones mal éclairées et zones pas du tout éclairées, mais aussi

parce que le vent et la température paraissaient se comporter différemment, de même que les gens, leurs regards et leur façon de marcher, leurs vêtements, leurs trajets, leurs obligations, la manière qu'ils avaient de côtoyer les chats et les chiens perdus, la façon qu'ils avaient de s'effaroucher du vol rasant des chauves-souris ou même plus tard – plus près de l'aube – la façon dont les fous et les ivrognes s'excitaient en entendant le chant des coqs qui annonçait la naissance du jour

Paulo assista à la fin de la nuit des gamins qui sniffaient de l'essence et se réfugiaient à l'intérieur de leurs masures improvisées en carton et sacs plastique, ou dans des voitures abandonnées qu'ils avaient décorées avec goût et imagination pour constituer les improbables abris qui les protégeraient du froid, des moustiques, du vent et de la pluie, mais surtout qui leur donneraient l'illusion de la tendresse d'un foyer

dans une zone obscure du ciel, si haut qu'il était impossible de concevoir la raison mathématique de cette distance, une étoile filante griffa de lumière la nuit pâlissante de Paulo et lui

en lui

sourit.

Odonato, irrité, se frottait les yeux

il y avait des années qu'il nourrissait la croyance que la nuit avait été faite pour dormir, pour permettre à son corps de reposer dans le calme et le silence, afin de récupérer ses forces, oui, mais aussi pour lui donner pendant quelques heures le plaisir de flotter, au gré de son sommeil, dans un savoureux état de simple tranquillité

réveillé et soucieux, Odonato regarda le corps de son fils ensanglanté déposé sur le sol de la cuisine

– on l'a trouvé en bas, près de la petite lagune, une balle dans les fesses – expliqua Paizinho, qui transpirait et demanda un verre d'eau

– la blessure n'a pas l'air grave, Odonato, mais il a peut-être déjà perdu beaucoup de sang – dit sentencieusement le CamaradeMuet

c'est GrandMèreKunjikise qui la première posa les mains sur le corps de Ciente elle avait les yeux à demi fermés, de sommeil ou à cause de l'heure avancée de la nuit, ou à cause de l'ombre qui régnait dans la cuisine

– quelqu'un le suivait ? – demanda Odonato

– il me semble que non, mais j'ai entendu deux coups de feu, sauf que je ne peux pas garantir que ce soit ceux des balles dans le derrière

– arrête avec cette histoire de derrière*, Paizinho – grommela le CamaradeMuet, irrité, tout en cherchant un endroit où s'asseoir – en plus ces mots de télénovela… vous pouvez pas dire *rabo* ou *matako* ?

– mais alors je vais devoir dire *matako* en présence de l'ancienne

GrandMèreKunjikise, qui préparait quelques feuilles, lui adressa un léger sourire, ouvrit un peu plus les yeux, fit signe que l'on retournât CienteDoGrã

Xilisbaba ne disait rien

elle avait regardé sa mère et posé sur le feu une casserole d'eau où bouilliraient les feuilles dont la vieille femme aurait besoin dans un petit moment, elle résolvait tout avec des herbes bouillies dans une eau quelconque, ce qui était plutôt une mesure d'urgence qu'une solution définitive

– camarades voisins, dispersons-nous ! merci beaucoup pour votre collaboration – dit Odonato

à la porte de l'appartement il y avait JoãoDevagar et Edú, l'air douloureux et vêtu d'un vaste caleçon blanc qui faisait penser à une gigantesque couche. interrogé du regard par les autres, il jugea utile de donner une explication

– les nuits de pleine lune, mon *mbumbi* enfle plus que d'habitude, j'ai besoin de dormir comme ça, plus à l'aise… alors, le petit va bien ?

– on dirait que oui – répondit le Muet – le mieux c'est que chacun rentre chez soi, demain matin nous reviendrons voir si on a besoin de nous

---

* Paizinho utilise le mot *bunda* (derrière), mot plutôt utilisé au Brésil et répercuté par les télénovelas.

– il s'est vraiment fait tirer dessus ? – voulut savoir JoãoDevagar

– vraiment – répondit avec enthousiasme Paizinho, immédiatement censuré par le regard sévère du Camarade-Muet

– où ? – demanda JoãoDevagar curieux

– je peux dire, oncle Muet ? – demanda Paizinho l'air malicieux

– dans le *matako* – répondit le Muet

ils s'arrêtèrent au milieu de l'escalier, et se regardèrent

un tir dans la région *matakale*, disons les choses comme ça, était dans le quartier un signal prémonitoire que quelque chose de mauvais allait arriver, des amis soldats et même quelques vieux de la rue, atteints intentionnellement ou sans vouloirement dans la zone arrière, avaient tous eu une fin de vie malheureuse, au bout de quelques jours à peine. des voisins touchés à la tête et même à la poitrine étaient, après une opération chirurgicale et quelque temps de patience, toujours vivants et avaient pu raconter comment les choses s'étaient passées. mais des autres, ceux qui avaient été touchés dans des parties moins faciles à décrire, il n'en restait plus aucun

– il faut dire que ce petit n'est pas raisonnable… – commenta Edú

et chacun s'en retourna vers son lit.

dans l'immeuble d'à côté et bien avant l'heure

le coq était décidé à donner de la voix

il secoua ses plumes, ses pattes, se lissa le plumage de quelques coups de bec et avança en équilibre sur un fil de fer barbelé qui, avec le passage du temps et des voleurs, n'avait plus de barbes, exécuta quelques rapides mouvements du cou, comme pour réchauffer ses cordes vocales, cligna de l'œil et regarda le ciel comme s'il cherchait ou annonçait un trait de lumière solaire, ouvrit le bec et faillit lancer son chant, si ce n'avait été, il faut le dire, l'arrivée soudaine d'un caillou lancé depuis la fenêtre de l'appartement où vivait Paizinho

un lance-pierre puissant, bricolé avec du caoutchouc de pneu, avait projeté le caillou

le coq ne put croire à la douleur qui s'ensuivit, un magma froid coulait de son œil et gouttait sur sa patte gauche et, n'étant pas muni de miroir, le coq ne fut pas en mesure de constater que son œil ne se trouvait plus dans son orbite, ce qu'il sentait n'était pas vraiment une douleur, c'était plutôt une gêne glaciale qui se répandait dans tout son corps

toujours est-il que le soleil était déjà levé quand l'animal recouvrit ses forces et son énergie pour chanter, annonçant aux habitants de l'immeuble, par son cocorico, l'arrivée des étranges contrôleurs DestaVez et DaOutra

– bonjour – saluèrent-ils Paizinho, en bas de l'immeuble où celui-ci commençait à puiser de l'eau pour laver les voitures du voisinage

– bonjour, oui

– sais-tu si le camarade JoãoDevagar est chez lui ?

– je n'ai encore vu personne aujourd'hui, camarades, mais de toute façon, c'est une heure bien trop matinale pour réveiller les gens

– c'est à cette heure-ci qu'on commence à travailler, toi-même n'es-tu pas déjà au travail ?

– je me réveille tôt pour laver les voitures

– et tu fais très bien – dirent-ils en pénétrant dans l'immeuble

Paizinho tenta bien de les prévenir, à cette heure initiatrice de la journée l'eau jaillissait là au premier étage avec force et pour traverser le flot il fallait une dextérité encore plus aiguisée, les contrôleurs furent emportés et trempés

– j'ai voulu vous prévenir, camarades…

– tu te fous de notre gueule ? c'est un piège, cet immeuble va être dénoncé par nos soins

– mais non, c'est toujours comme ça, c'est juste que le matin l'eau est de meilleure qualité – rigolait sous cape Paizinho

– je t'en foutrais de la qualité

Edú apparut à la fenêtre du quatrième

– c'est quoi ce vacarme à cette heure du matin ?

– alors vous ne voyez pas que cet immeuble fait tomber les camarades contrôleurs du quartier ?

– l'immeuble "fait tomber" ? vous êtes sûrs que ce portugais est correct ? un immeuble est un immeuble qui, par nature, ne peut pas bouger

– vous plaisantez camarade ? nous allons monter et prendre votre identité. eh toi, le jeune – ils s'adressèrent à Paizinho sur un ton peu amène – montre-nous le chemin pour traverser l'eau

Edú s'empressa, avant que les contrôleurs ne réussissent à monter, d'aller prévenir Odonato que les contrôleurs étaient dans l'immeuble, car ce ne serait pas une bonne idée qu'ils découvrent son fils et sa blessure au *matako*

– il faut qu'on arrive à distraire ces types – dit Odonato – mais qu'est-ce qu'ils cherchent ?

– je crois qu'ils viennent juste pour emmerder ou alors ils veulent un *cumbú*, mais moi je suis un peu raide en ce moment

– tâche de les distraire pendant que j'essaie de trouver une solution pour évacuer Ciente

Edú descendit à la rencontre des contrôleurs

comme il n'y avait rien à boire ou à manger chez lui, il envoya sa compagne NgaNelucha faire une petite récolte dans l'immeuble afin de pouvoir garder les contrôleurs dans sa maison quelque temps

– mais je vais demander à qui ? – chuchota NgaNelucha tout ensommeillée

– va demander aux voisins, nom de dieu, et ne tarde pas, Odonato ne veut pas qu'ils montent

les contrôleurs furent invités à entrer dans le pauvre foyer d'Edú et s'étonnèrent de l'étrange disposition des objets, la table, les meubles, les bancs et toute une série d'accessoires qui devaient l'aider à marcher étaient posés dans un désordre qui cachait sans doute une certaine logique, car la distribution de tout cela suggérait quelque chose comme une piste, un trajet, voire un plan intérieur absolument voulu qui, ils le comprenaient à présent, délimitait un passage vers les principaux couloirs, la cuisine et la salle de bain, et aussi vers une sorte de siège fait de sacs de jute, près de la fenêtre, où Edú passait certainement beaucoup de temps

les contrôleurs restèrent un moment à regarder son caleçon qui ressemblait à une gigantesque couche

– Camarades ne faites pas attention au désordre, le repas arrive, asseyez-vous, je vous en prie

– je peux m'asseoir aussi ? – demanda Paizinho

– va travailler que tu es déjà en retard, dans ce pays les laveurs de voitures sont les premiers fonctionnaires de la nation – dit-il sur un ton pompeux, à la surprise des contrôleurs – ils sont même parmi les rares qui travaillent même les dimanches et les jours fériés, y compris les ponts... allez, file

Paizinho se retira

– Camarades ne faites pas attention, c'est une maison simple, de plus je suis malade, dans un état qui exigerait le lit, mais je reste debout histoire de faire un peu d'exercice – il désigna l'étrange disposition de la pièce – sans quoi ce serait la ruine totale de ma santé, qui est déjà dans une ruine avancée... mais asseyez-vous, camarades

les contrôleurs s'assirent, s'habituant peu à peu à la demi-obscurité de la pièce

– on peut ouvrir un peu les fenêtres ?

– certainement, d'ailleurs vous pouvez le faire puisque je suis déjà assis – dit Edú en s'asseyant – j'ai des difficultés motrices

pendant que DestaVez ouvrait un peu plus les fenêtres, DaOutra prit place à côté d'Edú, montrant une convaincante curiosité

– et ce vêtement spécial ?

– ça date de très longtemps… – commença Edú qui cria vers la cuisine comme s'il s'adressait à sa femme – oh, Nelucha, apporte des apéritifs pour messieurs les contrôleurs… – il s'installa dans le vaste fauteuil et attendit que le contrôleur DestaVez s'assoie à son tour – c'est une longue histoire

– on a tout notre temps

– *mbumbi* chronique, d'origine suspecte, disent les médecins

– d'origine suspecte ?

– il n'y a aucune explication, mes amis, il n'y a aucune explication, ce *mbumbi* non seulement est beaucoup plus énorme que la plupart des *mbumbis* nationaux, mais n'a aucune raison d'être ou même de disparaître

– comment ça ?

– c'est ce qu'on appelle un *mbumbi* autonome, il a déjà été vu et catalogué par des médecins suédois et cubains, sans compter les médecins angolais, portugais et coréens – il souleva ses vêtements afin de permettre aux contrôleurs d'apprécier l'enflure sphérique

– oui monsieur, nous voici devant un exemplaire d'envergure – commenta le contrôleur DaOutra

– merci beaucoup

– excusez-moi, camarade Edú – mais vous devriez rentabiliser cette situation

– j'y ai déjà pensé…

– vous y pensez et vous tardez, ne le prenez pas mal, mais vous devez agir

– je peux à peine marcher, alors agir…

– agir imaginativement, mon ami, imaginativement… nous vivons dans un pays d'imagination… de créativité, je ne sais pas si je me fais comprendre…

– j'ai déjà reçu la visite de quelques institutions, l'église, la télévision, etc.

– il faut rentabiliser, passer au plan international, vous ne valez pas moins que les autres, vous comprenez ?

– je crois

– moi je crois que non, vous avez là un potentiel très fort – observait le contrôleur DaOutra, hochant affirmativement la tête pour que son frère vienne voir lui aussi – vous devez passer sur CiEnneEnne… globo et rtp pour vous, c'est du menu fretin… vous devez penser grand

– vous voulez dire un *cumbú* ? demander un *cumbú* ?

– le *cumbú* vous devez le demander à l'État, une allocation de santé – les yeux du contrôleur brillaient – mais en termes de marketing, nous devons viser plus haut, mon ami

– vous pensez à cette émission de l'AfriqueDuSud avec une caméra dans la salle de bain ? je mourrais de honte

– cette émission ce serait déjà pas mal, mais il faut viser plus haut : Opra !

– opéra ?

– Opra ! OpraShow, une émission américaine que jamais plus personne n'oublierait votre *mbumbi*, Edú…

après être passée chez MariaComForça et JoãoDevagar, Nelucha revint avec une cafetière de café, du lait, des tartines de pain et de beurre avec un peu de fromage et des tranches d'un gâteau sec

– camarades contrôleurs, je vous présente ma compagne NgaNelucha

– enchantés, camarade, excusez notre intrusion à votre domicile à cette heure matinale, mais c'est que notre mission commence tôt

– je comprends, il n'y a pas de problème – répondit NgaNelucha en les servant

une fois qu'ils furent repus, abreuvés et conversés, la conversation prit un tour plus aigre quand Edú dit qu'il voulait réfléchir tranquillement à cette histoire de faire connaître mondialement son *mbumbi*, parce que, quelques années auparavant, il avait eu quelques déboires avec le genre et le nombre de personnes qui s'étaient pointées chez lui, y compris ceux qui prétendaient, comme ce qui était à présent ici même en train de se discuter, retirer des dividendes économiques de sa gonflante condition

– mais vous avez besoin d'un agent culturel, comme c'est le cas avec les artistes !

– je ne suis pas un artiste – rétorqua Edú – je suis un malade

– mais c'est une maladie artistique, on peut le dire... – puis après une pause – bon, nous allons continuer notre mission d'appréciation

– et quelle est donc votre appréciation, si vous me permettez ? – voulut savoir NgaNelucha

– notre appréciation... – bégaya le contrôleur DestaVez en regardant DaOutra

– notre appréciation consiste à apprécier les conditions des immeubles de la Maianga... et nommément !

– nommément quoi ?

– nommément le reste, les conditionnés

– quels conditionnés ?

– l'entourement et l'intérieur

– de quoi ?

– de l'immeuble !, mais, madame, vous êtes en train de questionner inadvertancement les autorités

– quelles autorités ? – NgaNelucha rit de son grand rire joyeux qui était plus une manifestation d'amusement qu'une impertinence – vous n'avez même pas vos papiers de contrôleurs

– camarade Tetucha !...

– Nelucha, un peu de respect, s'il vous plaît ! – rouspéta Edú

– camarade Nelucha, nous avons une condition de parentèle !

– de quoi ?

– c'est bien ça – ricanèrent les deux hommes en sortant de l'appartement – pas la peine de vous dire nous sommes tous les deux les neveux de monsieur l'Assesseur du camarade Ministre !

Edú et Nelucha ne dirent plus un mot

la vérité était si évidente qu'elle les avait fait taire, les contrôleurs reprirent leur déplacement dans l'immeuble, précautionneusement, des fois qu'il y eût une nouvelle chute d'eau comme celle du premier étage, ils observaient les couloirs qu'ils n'arrivaient pas à comprendre, et sans vouloir se l'avouer ils ne savaient pas bien quoi faire ni par où commencer

Nelucha descendit demander à Paizinho de prévenir Odonato, le plus rapidement possible, que les contrôleurs étaient dans l'immeuble

juste à ce moment arrivèrent le MarchandDeCoquillages et l'Aveugle qui montèrent ensemble jusqu'au cinquième alors que les contrôleurs s'apprêtaient à frapper à la porte du CamaradeMuet

– voulez-vous acheter des coquillages, camarades ?

– tu vends des coquillages ? des coquillages d'où ?

– des coquillages de la mer – répondit le Marchand – je plonge, je trouve, je lave et je vends, ce sont des coquillages qui peuvent servir à toutes sortes de choses et même à porter bonheur

au courant de la question de la blessure de CienteDo Grã, le CamaradeMuet permit à tous ces gens d'entrer chez lui et, comme il n'aimait pas parler, il mit un disque de jazz et offrit de l'eau à boire

son salon faisait penser à une ruelle de souk marocain, le MarchandDeCoquillages avait exposé sur le sol le brillant et les mille formats de ses coquillages qui embaumaient la mer, les contrôleurs se laissèrent malgré eux attirer par leurs formes et leurs couleurs, le Marchand profita de l'ombre et de l'eau pour reposer ses membres et son dos, et l'Aveugle s'assit dans un coin, frappant doucement de sa canne sur le mur, au rythme du disque qui tournait en grésillant dans la chaleur du petit matin

la mise en scène, donc, d'une manœuvre bien étudiée

tandis que le Maroc s'étalait dans le salon, le corps de CienteDoGrã était transporté de chez son père à l'appartement d'Edú et NgaNelucha au quatrième étage interrompant la réunion, Odonato, qui défiait les concepts les plus avancés de la maigreur, entra chez le Muet et s'adressa aux contrôleurs

– messieurs, je suis un habitant du sixième et je viens vous chercher pour que vous veniez visiter le reste de l'immeuble, puis que vous partiez, car nous connaissons nos droits

– camarade, savez-vous à qui vous parlez ? – commença le contrôleur DestaVez

– savez-vous à qui nous sommes apparentés ? – continua DaOutra

le CamaradeMuet dut retenir l'homme maigrissime, qu'une impulsion invisible poussait en direction des deux indésirables

– camarades, attention à la façon dont vous parlez !... – ces mots furent prononcés avec un tel poids de vérité que personne n'osa plus parler après Odonato – sachez que cet immeuble est habité par des gens honnêtes

les contrôleurs échangèrent un regard, l'Aveugle toussa, et le Marchand, tout doucement, se mit à ramasser ses coquillages, un à un, afin de ne pas interférer avec l'énergie qui s'était installée dans l'atmosphère

– savez-vous, par hasard, qui je suis ?

le CamaradeMuet ouvrit de grands yeux, il ne savait pas qu'il y eût, du côté d'Odonato, une patente ou une occupation dignes d'être citées, et il n'était absolument pas habitué à une telle attitude de la part de son voisin

– je suis un élément de ce peuple ! du peuple angolais, le peuple... vous connaissez ce mot ? c'est un mot plein de gens ! maintenant, si vous voulez, vous pouvez monter avec moi !

– très bien, allons voir ce sixième étage et la terrasse – dit DestaVez

les deux contrôleurs, sans plus rien dire, accompagnèrent Odonato dans les escaliers, ils visitèrent son appartement qu'ils voulurent fouiller plus que permis mais ils croisèrent dans un couloir sombre le regard de GrandMèreKunjikise

– bonjour, l'ancienne – saluèrent-ils un peu gênés

– *bonjour* – répondit GandMèreKunjikise, toujours en umbundu – *alors vous venez épier les maisons des autres ?* – les lèvres de la vieille femme esquissèrent un début de sourire

– non, madame, nous sommes sur le départ

en arrivant sur la terrasse, Odonato se tint loin d'eux, près de la porte, dans une zone peu éclairée par le soleil qui était déjà fort, les contrôleurs regardèrent partout vers les quatre points cardinaux de la terrasse comme s'ils voulaient en prendre la mesure

JoãoDevagar apparut

– calmez-vous, Odonato, ils ne vont pas tarder à s'en aller, il suffit d'encore un peu de patience

il s'approcha d'eux, affable, répondit à leurs questions, apporta des éclaircissements quant aux dimensions, parla des habitudes du voisinage et de combien, au fond, bien qu'ils soient à la Maianga, au cœur de la ville, il s'agissait d'un immeuble paisible

– et ce coq sans œil – demanda l'un des contrôleurs en observant le coq à l'œil moissonné qui, l'air penaud, se tenait sur le fil de fer ébarbé de l'immeuble voisin

– je ne l'avais pas remarqué

– ce ne serait pas un coq sorcier ?

– je ne pense pas – répondit JoãoDevagar, impassible – les temps ne sont pas faciles pour les coqs sorciers...

– bon, mon ami – dit l'un des deux contrôleurs en s'asseyant près de JoãoDevagar – le problème c'est que cet immeuble est plein d'irrégularités, à commencer par cette piscine en bas au premier étage

– ne serait-ce que pour des raisons écologiques – poursuivit l'autre contrôleur

– toute cette eau gâchée en bas

– mais cette eau est très utile, monsieur le contrôleur, tout le monde dans la maison s'en sert pour cuisiner, laver les voitures, nettoyer l'immeuble, etc.

– mais elle est sur et sous-exploitée

– comment ça ?

– elle est surexploitée parce qu'il y en a trop et que vous ne pouvez pas en contrôler le débit. et elle est sous-exploitée parce que d'autres membres de la communauté ne peuvent pas en bénéficier

– vous avez raison – dit JoãoDevagar

– et cette terrasse aussi

– aussi quoi ?

– elle devrait être mieux exploitée. vous qui êtes un homme plein d'idées… – dit l'un des contrôleurs – vous auriez déjà dû y penser

– je parie qu'il y a déjà pensé – commenta l'autre contrôleur

– sûr que j'y ai pensé – sourit JoãoDevagar

– une terrasse isolée, sans trop de problèmes de voisinage… pourquoi est-ce que vous n'installez pas… par exemple… un cinéma improvisé ?

– un cinéma ? et les autorisations ?

– mais si nous sommes les contrôleurs de la Maianga… vous seriez autorisé, et nous aurions une société… anonyme, connue de nous seuls

– et comment ça ?

– très simple. d'un côté, il y a vous, ceux de l'immeuble. vous en parlez, vous vous organisez et vous montez un projet. de l'autre côté, il y a nous deux, avec une protection légale et les bénéfices respectifs

– un cinéma ?

– un cinéma, calme, discret

– et les papiers ?

– pas besoin de papiers

– comment ça ?

– seuls les cinémas officiels ont besoin de papiers, un cinéma non officiel n'en a pas besoin

– je comprends

– tant mieux, comme ça tout est réglé

– et le nom ?

– le nom, ce n'est pas important, l'important c'est qu'il y ait du public

– et les films ?

– vous vous débrouillez pour les séances de l'après-midi, des films d'action, deux ou trois bruce lisse… et le soir quelque chose de plus chaud, des pornos bien raides, des entrées plus chères et plus tard vous pourrez même agrandir votre affaire, avec toutes les pièces vides qu'il y a dans votre immeuble…

satisfait, JoãoDevagar serra la main et prit congé des contrôleurs, il était lui aussi l'ami de l'argent, surtout de l'argent facile, et il était d'accord sur le fait que la terrasse était sous-exploitée et qu'elle était sans aucun doute un bon endroit pour une activité cinéphilique

plus tard, alors qu'Odonato lui faisait des reproches, il joua la victime, affirmant que, acculé par les circonstances et préoccupé par l'état de santé de CienteDoGrã, il s'était vu forcé d'accepter, au nom des habitants de l'immeuble, la proposition des contrôleurs.

JoãoDevagar essaya encore une fois de parler à Odonato de son état

deux jours sans voir Odonato avaient suffi pour qu'il remarque la différence dans ce quelque chose qu'on ne savait comment définir

il était presque l'heure du déjeuner, quand Xilisbaba apparut sur la terrasse avec une assiette maigrement remplie qu'elle tendit à son mari

– non merci, ma chérie, je n'ai pas faim

– je sais que tu n'as pas faim, mais il faut que tu manges

– je n'ai pas faim, donne-la donc à notre camarade mort de faim, JoãoDevagar, qui mange et mange vite – sourit Odonato

– je vous remercie bien

Xilisbaba raconta qu'elle avait réussi à téléphoner à un médecin ami, ami de quelqu'un, qui avait proposé de venir voir CienteDoGrã, malgré la difficulté qu'il y avait eu à expliquer pourquoi le garçon était à la maison depuis la veille au soir, avec une balle dans le corps

– je n'ai pas su quoi dire – dit Xilisbaba

– tu n'as pas besoin de dire quoi que ce soit, s'il veut comprendre, il comprendra. sinon, tant pis

– mais il ne peut pas rester comme ça à la maison à se vider de son sang, il faut l'emmener à l'hôpital

– il y a une solution à tout – la rassura Odonato

– tu descends avec moi ?

– je reste encore un peu

Xilisbaba descendit demander de l'aide à Paizinho et les autres pour ramener CienteDoGrã au sixième dans l'attente du médecin

après avoir rangé des ferrailles qui se trouvaient là, ramassé et empilé des planches éparses, tout en essayant d'imaginer comment cet espace pouvait être aménagé en cinéma non officiel, JoãoDevagar trouva dans un coin un énorme miroir cassé, qui ressemblait à une carte géographique

l'objet lui rappela quelque chose, il le déplaça en le faisant tourner sur son axe, et faisant de la rotation la solution imminente à l'énigme du miroir, le soleil, très fort à cette heure de la journée, trouva l'angle idéal et créa un intense rayon de lumière blessant la vue d'Odonato qui croisa ses mains devant les yeux sans bouger, immobile et plié, comme un soldat qui aurait été atteint par une rafale de balles

– Odonato… tu… – bégayait JoãoDevagar, tandis que ses mains tremblantes faisaient trembler le miroir, trembler la lumière, qui s'abattait très très jaune sur la peau sombre d'Odonato

les rayons de lumière, intenses, mouraient mulâtres en arrivant sur le corps d'Odonato, la bouche de JoãoDevagar s'ouvrit et se ferma sans donner le temps à la surprise de s'exprimer, il posa le miroir comme au ralenti, entre étonnement et effroi

Odonato décroisa les bras, les baissa lentement en regardant son ami dans les yeux derrière lui, des lambeaux de lumière restaient accrochés au mur, comme si son corps en avait absorbé une partie

– pose le miroir, João, avant de te faire mal – murmura Odonato

les sourcils de JoãoDevagar étaient haussés si haut que cela impressionnait Odonato, João essayait de contenir le tremblement de ses mains mais il maintenait le miroir dans la position qui permettait aux rayons de traverser le corps d'Odonato, afin que chaque instant serve à donner de la certitude à ce qu'il voyait, cet état de semi-transparence qui permettait, à cet instant même, de voir et de croire ne pas voir, la danse véloce du sang qui courait dans les jambes et les muscles d'Odonato

– n'aie pas peur – dit Odonato – c'est vrai, je suis en train de devenir transparent.

si j'ai eu peur ?

de voir ma ville de Luanda en flammes noires et jaunes, les maisons s'écroulant dans la chaleur et les hurlements de terreur ?

oui, j'ai eu peur, quelque chose qui venait de dedans, parce que la ville entière semblait sur le point de mourir

quand je l'ai vu ? la première fois ?

j'étais dans la rue, dans mes pensées et j'ai remarqué pour ne plus jamais oublier : devant moi un vieux marchait lentement et grommelait tout dans ses râleries… j'ai levé yeux vers les nuages, et je les ai baissés pour revoir la vision : le vieux s'était mêlé à ces gamins qui vendent dans la rue, je l'ai cherché des yeux, je l'ai vu plus loin devant moi, j'ai couru, à pas légers pour ne pas faire de bruit, et j'ai vu de nouveau, j'avais peur ; et j'ai vu !, une peur presque d'en mourir : le vieil homme était pour ainsi dire transparent !, la peur m'a fait m'arrêter de marcher et de regarder – mais j'avais vu et je ne pouvais pas oublier ce prodige devant mes yeux !

j'ai couru, je me suis caché derrière un arbre, le *kota* a regardé dans ma direction

il se doutait que j'étais là mais il ne me voyait pas, il a tourné le dos et il est remonté lentement le long de sa rue et soudain il a disparu, je l'ai suivi doucement et j'ai regardé dans l'entrée du seul immeuble où il aurait pu entrer !

l'immeuble de l'histoire que je vais toute vous raconter : c'est que je ne me sens pas bien de garder toute cette histoire rien que pour moi, la vie est comme la mer, tu vois, tu plonges… ;

si j'ai vu, je peux raconter ces choses qui sont arrivées dans cette ville ; si j'ai pleuré de souffrance et d'émotion, je peux dire même que j'ai été heureux. si j'ai l'air triste aujourd'hui dans ces premiers mots que je dis c'est parce que la saudade s'habille de la tristesse qu'on ne voit que dans le fond de nos yeux…

je veux dire, je dis comme ça, pour parler plus correctement : la vie est plus grande que la mer… !

c'est des bêtises que je dis ?

[extrait de l'enregistrement du MarchandDeCoquillages]

il y avait des années que l'américain ne dormait pas aussi mal

la climatisation avait bégayé toute la nuit, un bégaiement qui n'avait rien de frais, qui expulsait des bouffées d'air chaud, comme un ventilateur qui aurait renoncé à sa fonction rafraîchissante

et ce n'était pas tout

d'étranges rêves, d'étranges pensées le tourmentaient au point de mélanger la réalité transpirante de son corps moite avec des visions qu'il avait l'impression d'entrevoir dans l'obscurité

ce n'est qu'au petit matin, en regardant calmement la lumière qui envahissait sa chambre, qu'il réalisa que c'était vrai

il avait passé la nuit en compagnie d'un insecte d'une pâleur jaunâtre, plat, avec de longues moustaches qu'il agitait avec lenteur mais continuellement

il s'agissait évidemment d'une blatte albinos

ce qui n'inquiéta pas l'américain qui n'éprouva pas non plus de dégoût pour l'insecte, précisément parce qu'il avait l'impression que la blatte n'avait rien fait d'autre que l'observer. comme si elle avait voulu parler. mais non. une étrange et plate blatte, énorme et albinos

l'américain prit une longue douche et il s'apprêtait à appeler la réception pour se plaindre du mauvais fonctionnement de la climatisation lorsque celle-ci se mit à marcher parfaitement, il commença à faire froid, très froid, dans la chambre, la blatte albinos changea de place, grimpa sur la table de nuit et s'installa tout près de sa montre

il descendit pour prendre son petit-déjeuner, on lui remit un message de l'AssesseurDuMinistre lui disant qu'on viendrait le chercher un peu plus tard pour une première réunion.

le Ministre arriva tôt au Ministère, il fit tout de suite appeler l'Assesseur, mais celui-ci n'était pas encore arrivé

– téléphonez-lui et qu'il vienne immédiatement ! jadis un Ministre qui arrivait avant l'Assesseur était une cause de licenciement automatique… d'autres temps… – soupira le Ministre

il téléphona pour se faire apporter un café, il buvait son café très fort, trop fort

le téléphone sonna, on décrocha

de sa ligne privée, le Ministre s'adressa à une femme

il souriait, sa voix se faisait tendre, il se grattait délicatement les testicules et écartait ses jambes, entre lesquelles s'installait une agréable chaleur

– d'accord, je serai là dans une heure… mais cette fois-ci sois là parce que je ne viens que pour toi – souriait le Ministre

– monsieur le Ministre – la secrétaire entra sans frapper – excusez-moi de vous interrompre – elle détourna les yeux tandis que le Ministre écartait ses mains de la zone testiculaire – monsieur l'Assesseur est arrivé

– dites-lui de venir

– oui, monsieur le Ministre

l'Assesseur entra l'air préoccupé, on avait sûrement dû lui dire que le Ministre l'avait fait appeler

– monsieur le Ministre, excusez mon retard, les excavations dans la ville…

– moi aussi je passe par les excavations dans la ville et j'arrive avant vous… comment c'est possible ?

– c'est que peut-être j'habite un peu plus loin, monsieur le Ministre

– allez, asseyez-vous. si vous habitez plus loin, réveillez-vous plus tôt et passez moins de temps à petit-déjeuner. vous mangez trop, vous avez vu comme vous avez grossi ?

– oui, monsieur le Ministre

– bon, commençons, la journée va être longue. une longue journée de travail, monsieur Prancha

– oui, monsieur le Ministre

– tout est prêt pour l'américain ?

– oui

– très bien, je ne veux aucune défaillance ni dans les réunions ni dans les rapports, cet américain doit partir d'ici convaincu que nous sommes un pays de première classe, n'est-ce pas ?

– oui, monsieur le Ministre

– alors, au travail ! je vais m'absenter pour une réunion urgente

– mais vous n'avez aucune réunion urgente prévue dans votre agenda, monsieur le Ministre

– ne m'interrompez pas, mon ami, les réunions urgentes ne sont pas notées dans mon agenda, ce ne serait pas des réunions urgentes sinon ! dès que j'aurai fini, je reviens, je vous prends et nous allons chercher l'américain à son hôtel, il y aura des gens du Parti à la réunion et cet ingénieur responsable des excavations

– je comprends

– encore heureux que vous compreniez – le Ministre se leva, enfila sa veste –, appelez mon chauffeur et dites que je dois sortir.

arrivé à l'immeuble, le médecin fut escorté du premier jusqu'au sixième étage, où CienteDoGrã reposait sur la table de la cuisine, baignant dans les sueurs de la fièvre et le délire adjacent

il était étendu un peu sur le côté, afin de ne pas s'appuyer sur la région où était logée la balle

Odonato commença par remercier le médecin et s'empressa d'expliquer qu'ils n'avaient pas d'argent pour payer la consultation

– ne vous en faites pas, je viens pour rendre service à la famille

le médecin examina patiemment le garçon, palpant là où il devait palper

le visage d'Odonato et sa maigreur exacerbée composaient le centre d'un tableau auquel les contours blancs du frigo faisaient office d'encadrement

plus que préoccupé par le garçon, le médecin observait discrètement Odonato

– vous vous sentez bien ?

– oui, merci, juste un peu inquiet – répondit Odonato, pensant que le médecin s'inquiétait de son état psychologique face à la situation de son fils

– vous savez, vous êtes très maigre et vos yeux n'ont pas une bonne couleur...

– merci, docteur, mais là c'est mon fils qui m'inquiète. que pensez-vous faire ?

– je n'ai pas les conditions pour extraire la balle sur place. l'hémorragie est stoppée maintenant, mais il y a un début d'infection, les risques sont sérieux, je ne vais pas vous mentir – il fit une pause. – il faut agir très vite, si l'infection se propage... votre fils peut mourir... vous ne voulez pas me laisser l'emmener à l'HôpitalMilitaire ? – le médecin détourna son regard des mains d'Odonato

Xilisbaba s'empressa de fermer la fenêtre pour accentuer l'obscurité de la cuisine

– ne vous en faites pas, madame, je ne suis pas effrayé, juste scientifiquement curieux – dit le médecin en regardant fixement Odonato –, j'ai déjà vu beaucoup de blessés par balles. mais quelqu'un comme votre mari..., j'avoue que c'est la première fois

CienteDoGrã gémit

– l'HôpitalMilitaire ne me paraît pas une bonne idée, docteur, comment pourrais-je expliquer la balle ?

– c'est vous qui devez expliquer ou c'est votre fils ? nous ne sommes pas en présence d'un enfant de quinze ans

– je vous remercie, mais ce n'est pas possible

– mais Odonato, peut-être – tenta Xilisbaba

– ce n'est pas possible

– le docteur dit qu'il risque de mourir

– nous risquons tous de mourir – Odonato regardait le médecin – tous les jours. avec ou sans balle dans le corps

– c'est bien vrai – approuva le médecin. – et vous, puis-je vous examiner ? – tenta le médecin

– chaque chose en son temps, docteur

Paizinho et JoãoDevagar accompagnèrent le médecin jusqu'à la sortie

c'était un homme très observateur, il marcha lentement entre les étage, il observa la disposition des portes, les objets abandonnés dans les couloirs, la flore présente, celle qui s'épanouissait dans des pots et celle qui poussait dans les interstices des murs, la façon délicate avec laquelle les habitants traversaient tranquillement les eaux du premier étage, indiquant aux gens comme lui les passages les plus sûrs

en émergeant de sa traversée dans l'obscurité le médecin sourit en retrouvant la clarté intense de la ville de Luanda et, au son de la sirène du Ministre, il marcha en direction du LargoDaMaianga

– voilà le Ministre, il vaut mieux se tirer d'ici avant d'avoir des problèmes – dit le jeune Paizinho

– monte avec moi – dit JoãoDevagar – on va sur la terrasse, j'ai une proposition à te faire. Maria – cria-t-il –, tu peux venir avec nous ou tu es très occupée ?

– venir avec vous où ? – MariaComForça demanda à sa compagne qu'elle jette un coup d'œil sur ses bassines remplies de légumes et de viandes et sur son gril déjà allumé

– nous montons sur la terrasse parler affaires, cette ville n'arrête pas !

ils montèrent en silence, dans une étrange procession minimaliste ce n'est qu'après quelques minutes, une fois arrivé sur la terrasse, que le groupe commença à communiquer

– ici se trouve le retour vers le futur du huitième art... – déclama JoãoDevagar les yeux brillants sur un ton de magicien peu approprié à la canicule déversée par le soleil

– tu as déjà bu à cette heure du matin ? – MariaComForça s'assit sur une caisse

– c'est ça, assieds-toi là. c'est là ! tu vas pouvoir maintenant imaginer le reste, devant tes yeux, dans une mise en scène de fin d'après-midi. regardez ces toits, regardez cette ville pleine de poussière, pleine de gens qui vibrent, pleine de gens plus loin qui ne peuvent pas nous voir... mais que nous pouvons voir...

MariaComForça soupira et regarda Paizinho dans l'espoir que celui-ci sût ce qu'il y avait derrière ce mystérieux discours. mais Paizinho haussa les épaules et prit place à côté d'elle sur la même vieille caisse

– le retour à l'art du cinéma, notre cinéma étant le huitième art... parce que nous sommes bien au-delà, dans un concept basé sur une théorie avancée et inégalée, à part...

cela se produisait parfois en fin d'après-midi, mais surtout après qu'il avait bu. JoãoDevagar déambulait oralement à travers des concepts vains et inaccessibles, dans un portugais pompeux un peu éloigné de ce qu'on appelait le portugais commun, ou même, si nous pouvons ainsi le qualifier, de portugais commun angolais

– voici le projet qui a jailli de ma tête... un cinéma à l'air libre, au sommet de cet immeuble, au cœur de cette ville. un cinéma où le public viendrait avec son petit banc, son bidon, son siège, comme jadis, et où les heures dicteraient la succession des films, l'après-midi nous miserions sur les jeunes, le soir nous pourrions organiser une séance de télénovelas avec la collaboration de la TelevisaõNacional, et enfin les séances pour adultes

– des films pornos ? avec des gémissements ?

– des films pour adultes, car notre cinéma est d'une antique modernité, c'est pour cela que j'ai parlé de huitième art

– mais enfin de quoi tu parles ? – MariaComForça se leva l'air impatient, prête à s'en aller

– nous allons retourner aux temps du cinéma muet, où ne subsistent dans l'air que les murmures et les commentaires du public, ça va être l'affaire du siècle

la main de JoãoDevagar se dressa avec lenteur et les yeux de Paizinho et MariaComForça se trouvèrent dans l'obligation d'en suivre le mouvement : l'index s'allongea et pointa en direction de l'immeuble voisin comme s'il s'agissait d'un lointain chemin, là, le coq triste grattait le sol desséché, fendu par la puissance journalière du soleil

– je vous présente la salle de cinéma GaloCamões* ! qui est notre voisin et sera notre mascotte vivante sans le risque d'une proximité excessive

Paizinho regardait le coq d'un air incrédule en fermant à demi les yeux : il s'agissait bien du coq sans œil gauche, mais il ne comprenait pas la référence au nom "Camões"

– donc dès que vous serez prêts – JoãoDevagar changea de ton. il parlait maintenant sur un ton normal, moins prophétique – Paizinho s'occupera des entrées et il conduira les gens à leur place. et toi, Maria, si tu veux, tu peux organiser une vente de comestibles et de boissons, avant ou après les séances, pour ne pas trop salir le cinéma. je vais parler aux voisins et réfléchir aux pourcentages, neuf en plus de ma part car c'est moi qui ai eu l'idée, que je suis le gérant et qu'en plus j'ai donné un nom au cinéma qui va rendre beaucoup de gens jaloux : GaloCamões !

– c'est bon – finit par admettre MariaComForça – ça a l'air d'une bonne idée, quand est-ce qu'on commence ?

– si tout va bien, demain

après s'être entretenu avec les principaux voisins, JoãoDevagar se trouva pleinement convaincu que son idée

* De *galo*, coq, et Camões, très grand poète portugais du XVIe siècle.

était bonne, il avait mobilisé Paizinho et même le MarchandDeCoquillages et l'Aveugle pour le transport de quelques sièges

– mais oncle JoãoDevagar vous n'avez pas dit que chacun devrait apporter son banc ?

– tais-toi, petit, tu n'as pas l'expérience des affaires, tu n'as pas non plus le respect des anciens. et les *dikotas*, est-ce que les *dikotas* vont avoir la force de monter ces escaliers en portant en plus leur banc ? ne sois pas bête, ce sera un cinéma avec les règles d'avant, mais aussi du futur. n'oubliez pas, c'est le huitième art, le GaloCamões sera un endroit respecté et réputé dans le monde entier. ces chaises seront pour le groupe des vieux, et maintenant mettons-nous au travail, on a déjà trop perdu de temps en bavardages !

Paizinho aidait à porter les chaises et le MarchandDeCoquillages, qui avait laissé son sac avec l'Aveugle dans un coin de la terrasse, était heureux parce qu'il avait enfin été présenté à Amarelinha, la fille d'Odonato et Xilisbaba

le MarchandDeCoquillages allait lentement pour inventer un temps à l'intérieur des heures, parce que subitement il sentait que la voix lui manquait, que ses mains calleuses faiblissaient quand la jeune fille s'approchait de lui et lui souriait

Amarelinha, qui d'habitude mettait la main devant sa bouche quand elle souriait, sentait que le Marchand la regardait et regardait ses dents jaunies avec une simplicité frontale

et elle aussi, et ses mains habiles tremblaient sous son regard

assis dans le coin qu'on lui avait attribué, sous une ombrelle colorée et trouée, l'Aveugle souriait en pensant à ce qu'on lui avait dit, qu'il n'aurait pas à payer l'entrée, parce qu'au cinéma GaloCamões, les "non-voyants" avaient une place réservée d'office bien que cela ne valût pas la peine qu'ils se mettent devant en bouchant la vue des autres l'Aveugle avait donc un coin réservé où, disait le gérant du cinéma, le vent en fin d'après-midi et en début de soirée faisait une courbe délicieuse, ce qui procurerait à l'Aveugle une position privilégiée dans la douceur de la brise pour écouter les merveilleux films qui allaient être présentés là

– mais n'avez-vous pas dit que ce cinéma n'aurait pas de son ? je vais rester là planté comme un arbre, assis, sans rien voir ? – se plaignit l'Aveugle

– je vois bien plus loin, l'ancien, ne vous inquiétez pas, le cinéma GaloCamões est vraiment le cinéma du huitième art, et je ne plaisante pas. et le huitième artiste, disons ça comme ça, celui qui fera de ce cinéma quelque chose de monumental pour ne pas dire monovocal, sera le public. l'assistance participative !

– mais comment ?

– nous n'aurons pas de son, sauf celui que voudra le public. c'est le public, isolément ou conjointement, qui sera invité à ébaucher, par la bouche de chacun, le son du film… vous voyez ? cela va être une merveille !

alors qu'elle retournait à ses occupations, MariaComForça dut s'arrêter avant de traverser l'obscurité du premier étage.

dans un recoin humide, après s'être habituée à l'obscurité, elle distingua les mains d'un homme, belles et soignées, qui parcouraient le corps d'une jeune femme

elle, le corps trempé à la fois par la sueur et par l'eau qui s'écoulait, gémissait au rythme des caresses de l'homme, ils s'embrassaient goulûment, leurs langues à la recherche du cou et des oreilles l'un de l'autre, les mains fiévreuses essayaient d'arracher les vêtements ou, n'y arrivant pas assez vite, trouvaient des chemins pour caresser et pincer les bouts durcis des seins de la femme ou du sexe raide de l'homme

MariaComForça regarda derrière elle, craignant que quelqu'un d'autre soit en train de descendre et, bien qu'elle se trouvât hors de la zone où coulait l'eau, elle sentit qu'elle était mouillée, une sueur chaude dans la paume de ses mains et entre ses seins, sa peau se hérissait et, dans la fraîcheur du premier étage, elle se laissa glisser jusqu'au sol : elle voyait mieux maintenant

ses gémissements à lui, ses gémissements à elle, et la main de MariaComForça fouillant entre les plis de son pagne jusqu'à atteindre son sexe chaud, et les gémissements aussi de MariaComForça qui serrait les lèvres pour ne pas faire de bruit

l'autre main de MariaComForça chercha de l'eau fraîche sur le mur et s'en humidifia le cou

une larme coula des yeux de MariaComForça en ressentant le plaisir qui avait pris naissance dans sa bouche, était descendu jusqu'à ses seins, puis sur son dos, faisant frémir ses fesses et arrivant, après son sexe, à sa main tremblante au moment exact où l'homme criait de plaisir et où la femme frappait furieusement l'eau du sol comme si le bruit ou les éclaboussures du liquide rafraîchissant pouvaient apaiser, ou intensifier, les spasmes que son bassin exerçait sur le sexe encore dur de l'homme,

reprenant son souffle et l'ordonnance de ses vêtements, MariaComForça sursauta non pas que l'homme ou la jeune fille eussent regardé dans sa direction, mais parce que, dans la pénombre, elle avait reconnu le visage

elle en était sûre, c'était monsieur le Ministre au mouchoir jaune.

la chaleur poisseuse réveilla PauloPausado, tard, sa compagne était partie depuis longtemps

la climatisation ne marchait plus, pas plus que le ventilateur, et il mit un moment, le journaliste, à se rendre compte qu'il n'y avait plus d'électricité dans la maison, il prit une douche froide, s'habilla, but l'eau tiède qui restait dans le frigo

il constata qu'il était en retard, il avait fini par obtenir une entrevue importante avec RibeiroSecco, l'homme que l'on appelait DomCristalino, parce qu'il était depuis des années chargé des questions relatives à l'eau, il avait travaillé longtemps au MinistèreDeL'Industrie, passant par d'autres postes du temps de feu le SocialismeSchématique pendant lequel il avait privatisé les lieux, les usines et même quelques personnes qui s'étaient trouvées sur son passage

c'était un homme qui jouissait de hautes protections, en particulier celles de certaines huiles du comité central du Parti, il avait pris de l'importance comme personnalité et homme d'affaires, au point que le Parti avait soudain pris conscience que le rapport de forces s'était inversé et qu'à présent beaucoup de gens, dans les secteurs sociaux les plus divers du pays, dépendaient en réalité du bon vouloir et des affaires contrôlés par DomCristalino

parmi les bruits qui couraient depuis quelque temps, il y avait celui selon lequel la crise récente dans la distribution de l'eau était le résultat d'un complot fomenté par des gens très haut placés, dans une tentative avant-gardiste de privatiser un bien, qui s'avèrerait être, dans le futur, la plus précieuse des ressources naturelles sur le continent africain et dans le monde

dans ce domaine, et dans d'autres, DomCristalino était bien au-delà de son temps, depuis des années il manœuvrait politiquement et juridiquement, et il avait réussi à faire privatiser des montagnes entières regorgeant de sources d'où jaillissaient en force des eaux de bonne qualité, il avait acheté de vastes étendues de terre pensant justement au nombre de rivières et de ruisseaux qui les baignaient, réussissant ainsi sans tapage à accumuler tant de terrains qu'il se disait qu'une partie importante du pays, riche en eau, lui appartenait, à son nom propre ou au nom de parents vivant sous son autorité népotique

un groupe d'avocats bien payés préparaient depuis des années le combat que DomCristalino était sur le point d'emporter : la privatisation de l'eau en Angola, qui nécessitait cependant, et cela était un présupposé inconnu et en même temps incontournable, que le grand Chef fût son allié et c'était en pensant à tout cela que PauloPausado se dirigeait vers les bureaux de Cristalino

il marchait, énervé, shootant dans des cailloux épars sur le trottoir et dans des fruits tombés pendant la nuit, et il remâchait par anticipation sa frustration concernant cette entrevue inespérée, finalement quelles questions pourrait-il poser ? jusqu'où irait la bienveillance de DomCristalino si ses questions s'avéraient honnêtes et gênantes ?

DomCristalino était un industriel bien plus raffiné que tous ceux que Paulo connaissait, c'était même un homme cultivé, ayant fait des études, chose rare dans le curriculum de beaucoup à qui la chance et une situation sociale stratégique avaient offert, sur un plateau, soit la richesse brute, soit les chemins balisés leur donnant l'accès, en peu de temps, à d'astronomiques quantités d'argent

sur cet échiquier, RibeiroSecco, DomCristalino, était un excellent joueur

– on ne vous a pas prévenu ? – lui lança, arrogante, une secrétaire

– de quoi ?

– tous les rendez-vous d'aujourd'hui ont été annulés, DomCristalino est très pris

– je comprends. il ne vous a pas dit quand l'interview pourrait se faire ?

– quelle interview ?

– celle qu'il allait me donner

– je viens de vous dire qu'elle a été annulée

– oui, mais il a peut-être prévu une autre date…

– ah, mais il s'agit alors d'une nouvelle interview, vous devrez attendre que nous vous contactions – conclut la secrétaire

en ce moment même, DomCristalino, dans sa luxueuse voiture, se dirigeait vers la réunion avec le Ministre et l'américain, où seraient abordées aussi les questions qui le concernaient, selon ce que lui avait dit le Ministre en personne, qui, pour une raison quelconque, avait considéré qu'il était intéressant de le convier à cette première rencontre

Cristalino était un homme de peu de mots, qui dans une occasion opportune avait décidé de se rapprocher de celui qui n'était pas encore Ministre, mais qui jouissait d'un avenir politique prometteur et de relations directes avec le grand Chef

ce rapprochement se révéla bénéfique pour tous les deux, ils eurent à plusieurs reprises l'occasion de se compléter l'un l'autre au cours de leurs carrières respectives : là où l'un était habile en ouverture de portes, l'autre était un expert en stratégie financière, et quand le premier s'installait petit à petit dans les méandres de la politique nationale, l'autre devenait un fin connaisseur des problèmes économiques de la nation

il y avait bien longtemps que DomCristalino avait compris que le succès professionnel de toutes les personnalités angolaises du post-SocialismeSchématique tenait surtout à la manipulation des capitaux sociaux

"la différence entre un simple malin et un malin éclairé", se disait PauloPausado, "c'est que le premier a des manies inutiles et parle de ce qu'il ne comprend pas, alors que le second choisit les manies qu'il va avoir et parle très peu de ce qu'il a compris… le reste n'est que menu fretin !"

perdu dans ses pensées, PauloPausado marchait dans la rue en contrôlant sa respiration de façon à ne pas penser à l'intense chaleur qui l'accablait

par bonheur, il n'était pas loin du BarcaDoNoé

il adorait cet endroit qui était, selon lui, l'un des bars les plus suspects de Luanda, dans ce que le mot "suspect" peut avoir d'intéressant dans le parler luandais

le patron du bar, un vieux bonhomme d'un âge incalculable, barbe blanche, légère bosse et mains plus vieilles que le temps, répondait au nom de Noé

– bonjour monsieur Noé – salua le journaliste dont la voix enrouée signalait la présence d'une soif aggravée

– le camarade Noé, un vieux de la vieille est là. une bière bien fraîche pour tuer tous les microbes ?

– c'est ça – sourit Paulo

l'assistance, dite permanente, était constituée d'un ensemble d'individus aux couleurs et aux origines diluées. l'un de ces personnages, que depuis longtemps tout le monde appelait simplement "le Gauchiste", arrivait tôt au BarcaDoNoé, il buvait lentement une bière quelle qu'en soit la température et transportait toujours un attaché-case usé, dont il extirpait d'innombrables feuillets écrits à la main

– c'est un livre genre bible ou c'est un manuel d'installation pour un ordinateur ? – raillait l'entourage, riant à gorge déployée devant son expression à la fois timide et irritée

– vous le saurez en temps voulu... – répondait le Gauchiste très sérieux

la bière chez Noé était l'une des plus fraîches de la ville et le secret, connu et public, résidait dans l'énorme coffre frigorifique qui n'avait jamais été débranché – c'est ce qui se disait – depuis le onze novembre mille neuf cent soixante-quinze*, le fil qui l'alimentait, prétendait la vox populi, était très long et relié à une certaine maison où l'électricité ne manquait jamais

– beaucoup de gens aimeraient savoir comment ça se fait... et en bénéficier. mais ce n'est pas pour tout le monde ! n'oubliez pas, mes amis – disait-il la voix baignée de fierté – que c'est de ce frigo que sont sorties les bières de la célébration du jour national de l'indépendance, y compris les bouteilles de whisky et de champagne que le regretté camarade Président Neto avait fait stocker ici, quelques heures avant l'annonce de l'indépendance !...

il fit une pause à la recherche de détails et poursuivit

– ce n'est pas de la publicité, même les cubains quand ils sont arrivés au port de Luanda sont passés par ici avant

* Date de la déclaration d'indépendance de l'Angola.

d'aller à Kifangondo, ce bar fait partie de l'histoire, mes amis…

les yeux du Gauchiste brillaient et il hochait la tête comme pour confirmer

PauloPausado, après avoir apaisé sa soif avec une nocal bien glacée, demanda à Noé de monter le son, la télévision retransmettait en direct une déclaration du Président en personne

– un peu de silence, s'il vous plaît – demanda le Gauchiste

il fut donc confirmé officiellement et par le commandant en chef des forces armées, Président de la république, chef du gouvernement, Président du conseil des ministres et du conseil de la république et du mpla, et patron de la FESA, lui-même, que ce qu'avait entendu PauloPausado quelques jours auparavant de la bouche de son ami ManRiscas était vrai, à savoir la fonction de la commission aujourd'hui installée répondant à l'appellation de CIPEL

le Président ajouta que la population devait se tenir à disposition et faire preuve de patience afin de collaborer avec tous les travailleurs impliqués dans le projet, car la Commission Installatrice du Pétrole Exploitable à Luanda œuvrait pour le bien-être de la ville et du pays, de plus ce projet inaugurait une nouvelle phase dans l'exploitation du pétrole "on shore" et même, ajouta le Président "under city", des mots techniques qui seraient expliqués par la suite

l'idée était très claire, il s'agissait de creuser de multiples et diverses tranchées à l'intérieur du vaste périmètre de la ville de Luanda qui avait comme épicentre le LargoDaMaianga elle-même, que les travaux s'étendraient plus tard au-delà du marché RoqueSanteiro et, au sud, bien au-delà du dénommé FutungoDeBelas, lieu de l'ex-maison du chef d'état de la nation

– mais il s'agit seulement de creuser ? je connais déjà la "problématique des trous" – déclara l'un des permanents, laissant sa bière se morfondre par manque d'utilisation – creuser c'est rien, mais je voudrais bien voir qui va venir après reboucher tout ce merdier... dans ma rue il y a un trou plus vieux que mon fils

– chut !, taisez-vous, camarade, le Président n'a pas fini

de son ton solennel le Président reprit ses explications, présenta la méthodologie du travail, les recherches qui avaient été faites sans divulgation publique, justement parce que l'on ne savait pas tout à fait si les forages et l'exploitation pétrolifère seraient possibles, mais aujourd'hui c'était devenu une réalité en cours, et la ville de Luanda, capitale du pays, qui avait accueilli toutes les révolutions mais aussi les populations venues de tous les coins du pays quand la guerre éclatait en d'autres provinces, se mettait maintenant, comme la province de Zaïre ou Cabinda, à contribuer à l'expansion du jaillissement pétrolifère national

la première phase étant arrivée à sa fin, celle de la confirmation des soupçons scientifiques quant aux possibilités dont il était question, on allait passer très vite et avec la collaboration de la population civile mais aussi policière et militaire, à des forages accélérés qui conduiraient à une exploitation imminente de ce qu'on appelait vulgairement l'or noir

de plus amples détails seraient fournis à la population par le biais des canaux de la communication officielle, mais les travaux, disait le chef de l'état, seraient exécutés en accord avec des directives scientifiques et technologiques extrêmement avancées, en comptant avec la collaboration de pays comme les ÉtatsUnis, la Russie, la France, l'Inde et le Brésil

– alors les *tugas* ne biberonneront pas cette fois-ci ? – ricana quelqu'un

PauloPausado transpirait en regardant sur l'écran le plan de remplacement d'innombrables voies et leurs respectives tuyauteries, de la canalisation de l'eau et l'installation des énormes tuyaux qui allaient servir à l'acheminement du pétrole et du gaz

il but une deuxième bière tandis que le direct se terminait et que les convives retournaient à leurs places, lui resta encore un moment devant l'écran, dans l'attente peut-être d'éventuels commentaires ou réactions

– ce qui veut dire – le Gauchiste retournait à ses notes et parlait dans le vide – qu'avec tout ça nous pourrions atteindre le statut de pays du tiers-monde

– comment ça ? – s'indigna quelqu'un. nous sommes déjà dans le tiers-monde !

– c'est ce que tu voudrais – sourit le Communiste –, tu voudrais et moi aussi. mais en fait nous sommes dans le cinquième monde ou pire… !

CienteDoGrã se réveilla le corps trempé de sueur et la vision trouble, il bougea avec difficulté à cause de l'énorme pansement sur son *matako*, il avait aussi mal à la tête et les pieds gonflés,

il se traîna jusqu'à la cuisine, but de l'eau à la bouteille, prit un fruit et s'apprêtait à sortir quand il croisa GrandMère-Kunjikise dans le couloir

– *seul celui qui doit fuir fuit…*

– fermez-la avec cette langue de merde que personne comprend, vous ne savez même pas dire bonjour en portugais !

– *chacun parle la langue qu'on lui a apprise !*

le garçon se dépêcha de sortir et tranquillement Grand-MèreKunjikise rangea la bouteille d'eau dans le frigo et disposa les fruits dans leur panier selon un critère de couleurs qui lui appartenait

CienteDoGrã descendit les escaliers en essayant de ne pas se faire voir, il sentait que les forces lui manquaient et qu'il était plombé par une fièvre terrassante, mais il avait de l'espoir et son cœur se réjouit quand il arriva au premier étage, la fraîcheur de l'eau lui fit du bien

– mais tu vas où ? – Paizinho, deux seaux d'eau bien remplis au bout des bras, montait l'escalier

– ta gueule, connard, tu penses que je suis comme mon père qui te laisse vivre ici en échange de tes seaux d'eau que tu transportes avec cet air de malheureux ? – Ciente tituba et dut s'accrocher à la rampe, les forces lui manquaient

– tu es malade, Ciente, et en plus avec le *matako* défoncé…

– espèce de fils de pute, tu as de la chance que je n'aie pas la force… qui tu es pour me parler de mon *matako* ? monte avec tes seaux de merde et si tu ouvres la bouche – Ciente parlait sur un ton pour faire peur – il risque de t'arriver deux choses : ou je te flingue ou, si je clamse avant, je reviens te chercher du fond de l'enfer et je te noie dans un de tes seaux, tu entends ?

Paizinho s'attrista

– excuse-moi alors – il baissa la tête –, tu as un message pour ta famille ?

– ta gueule – cria CienteDoGrã en trébuchant dans les escaliers – parler de mon *matako* à cette heure-ci, on dirait que je lui ai donné l'autorisation… fils de pute, con de sa mère…

dehors, le soleil le cravacha d'une vague violente de chaleur et de faiblesse, les jambes lui manquèrent, sa blessure le brûlait, la tête lui tournait

MariaComForça ne put rien faire d'autre qu'assister à la scène

un groupe de six policiers, après avoir flanqué des coups de pied dans ses marchandises et s'être empiffrés, à grands éclats de rire, avec ses grillades

s'approchèrent du corps du garçon évanoui juste pour voir ce que c'était, l'un d'eux s'écria “ça doit encore être un drogué, donne-lui quelques baffes pour qu'il apprenne”, l'autre, plus attentif, observa que les linges accrochés à sa taille pouvaient cacher quelque chose qui valait la peine d'être examiné

– vous connaissez cet individu ? – demanda le policier responsable du groupe

MariaComForça fit une moue qui pouvait signifier n'importe quoi

– tu as perdu ta langue ? alors tu vas nous accompagner au commissariat pour voir si ça te donne envie de parler

Edú, qui à cause des circonstances dues à son énorme *mbumbi* passait beaucoup de temps à sa fenêtre, comprit ce qui se passait

les policiers embarquèrent Ciente dans le fourgon

après discussion et pleurs de MariaComForça, ils décidèrent de ne pas l'emmener, car il y avait des chances qu'elle ne résiste pas à la tentation de raconter à leur chef tout ce qu'ils avaient fait avant de capturer l'individu avec son pansement au *matako*

– vous êtes chargée de prévenir la famille

– ce petit est blessé

– d'abord il n'est pas aussi petit que ça, ensuite la situation va être examinée et nous agirons en accord avec les faits conclusifs… – conclut le policier en faisant signe au conducteur de démarrer.

l'américain était presque soûl quand on arriva à la fin des toasts

on le persuada, surtout monsieur l'Assesseur, qu'il serait tout à fait indélicat, culturellement même, de refuser le bon whisky qu'on lui offrait à boire, parce que la réunion avait été un succès et que des avancées significatives avaient été obtenues en ce qui concernait la question cipeline

avant de quitter la salle, Raago fut prévenu, en portugais et en anglais, qu'il ne devait en aucune façon avoir de contacts avec la presse, nationale ou privée, sans l'autorisation préalable du Ministre qui l'avait engagé

– on va déjeuner ?

– je voudrais aller à mon hôtel, j'ai passé une mauvaise nuit… – tenta l'américain

– non, nous allons déjeuner dans un resto de première, naïce pléice, very good, vous aimerez, du poisson grilléited, avec des haricots… comment dit-on haricots ?

– what ?

– haricots, avec de l'huile de palme

– palme ?

– palme ! *mufete, mu-fe-te,* tu vas voir, lets go

DomCristalino signa quelques papiers et expliqua être pressé, un rendez-vous…

– alors nous nous verrons plus tard pour mettre au point quelques détails – dit le Ministre

– bien sûr

en sortant du Ministère, Cristalino vit que son chauffeur était en train de manœuvrer la voiture, il attendit à l'ombre

le Facteur s'approcha de lui

– camarade monsieur Cristalino, veuillez excuser cette interruption, je vous connais car je vous ai vu à la télévision

– écoute, je n'ai pas le temps de bavarder, prends ces mille balles et va t'acheter une bière – DomCristalino mit la main dans la poche intérieure de la veste de son impeccable costume

– pardonnez-moi, camarade Cristalissime, mais il ne s'agit pas de cela, je n'ai pas besoin d'argent, je vous remercie infiniment

– alors quoi ?

– je viens seulement vous laisser dans la considération d'une missive

– quoi ? putain, c'est quoi ce portugais…

le Facteur retira de son sac une longue enveloppe qu'il tendit à l'homme d'affaires

– c'est une lettre, écrite sur une feuille de vingt-cinq lignes, comme avant

– une lettre ?

– une demande de véhicule

– mais je ne distribue pas de véhicules, mon ami

– mais votre contribution peut être essentielle. je ne prétends pas à un véhicule genre ceux à quatre roues. je voudrais seulement une mobylette, qui pourrait être même une simson d'il y a des années, ou de préférence une suzuki qui met plus de temps à s'abîmer… je suis un camarade Facteur

la voiture de Cristalino s'approcha, le chauffeur fit le tour de la voiture pour ouvrir la porte, mais Cristalino, ébahi par l'initiative, avait ouvert l'enveloppe et commençait à lire la lettre

– belle écriture – dit-il admiratif

– merci beaucoup

– et que voulez-vous que je fasse avec ?

– si vous pouviez la transmettre à un Ministre de ceux qui s'occupent de la poste, je vous serais infiniment reconnaissant

– ce ne serait pas plus facile que je vous donne l'argent pour vous acheter une bicyclette ?

– camarade Cristalino, je vous remercie, si vous voulez offrir une bicyclette à mon fils je vous remercierais encore plus. mais pour les effets de ma profession, compte tenu des collines de notre ville, en plus des *alvalades* et des *miramares**, je me dis qu'il faudrait que ce soit un véhicule motorisé, même s'il ne compte que deux roues. mais je pense que c'est le MinistèreDesTransports ou autre qui doit m'octroyer mon moyen de transport.

– très bien. bonne chance, alors, et prenez ces mille balles pour boire quelque chose.

quand il apprit ce qui s'était passé, Odonato demeura de longues minutes sans pouvoir faire un geste, ce n'était pas son corps qui ne répondait pas, mais son esprit, ce qu'on appelait l'âme, ce souffle intérieur

– *les malheurs commencent... j'espère que dieu n'est pas en train de dormir* – murmura GrandMèreKunjikise

Odonato semblait absorbé, il regardait par la fenêtre comme à la recherche d'un endroit dans le temps

– je crois que je souffre de la maladie du mal-être national – dit-il à sa femme, avec un petit sourire

---

* Alvalade et Miramar, beaux quartiers de Luanda.

– que veux-tu dire ? – demanda Xilisbaba sans regarder son mari

– le pays me fait mal… la guerre, les désaccords politiques, tous nos désaccords, ceux de l'intérieur et ceux provoqués par ceux du dehors…

ses yeux et son corps ressentaient la nostalgie profonde des promenades du dimanche en famille, au bord de la mer, dans ce qu'on appelait le BairroDaIlha, le quartier de l'île, même quand les *calemas* étaient réveillées et que leurs visages étaient baignés et léchés par les vagues froides de la mer du mois d'août,

Luanda était alors, comparée à l'actualité, un presque désert urbain où la nourriture manquait, où les vêtements et les médicaments manquaient, où il n'y avait ni eau ni électricité, où on était très souvent à court de bière ou de vin, les repas se limitaient au fameux poisson frit au riz avec une presque sauce tomate, il n'y avait pas de conserves mais il y avait les fruits venus du Sud et de l'intérieur, il n'y avait pas de whisky mais il y avait le poisson séché, il n'y avait pas de lignes téléphoniques stables mais les conversations étaient bénies par la brise du petit matin, les chaussures étaient éculées mais les jambes dansaient heureuses dans le bonheur d'infatigables nuits de *kizomba*, il y avait le couvre-feu et pour cette raison même les fêtes se remplissaient, pleines de sourires et d'animation, jusqu'à cinq heures du matin, il n'y avait pas de cédés ni d'ème-pé-trois mais les tourne-disques transpiraient et les amplificateurs étaient rafraîchis par les ventilateurs pour ne pas compromettre la bonne humeur musicale, on ne connaissait pas les maladies sexuellement transmissibles et encore moins l'habitude récente de se couvrir le membre avec des bouts de plastique, mais les plages, les buissons et les vieilles voitures brinquebalantes savaient tout des corps repus par l'acte festif de l'amour, des enfants naissaient, des enfants mouraient, d'autres enfants naissaient, les pauvres organisaient des fêtes plus pour revoir les amis, les parents et les voisins, que pour manger ou commettre des exhibitionnismes de nouveaurichisme, la mer était plus généreuse en poisson

et même les gens étaient plus doux,

Odonato se mit à pleurer doucement, GrandMèreKunjikise sortit de la cuisine pour le laisser seul avec Xilisbaba qui s'approcha tendrement de lui

l'homme, sa femme le savait, était irrésistiblement amoureux d'une autre époque

– Nato – dit-elle si bas que son mari dut essuyer ses larmes pour l'entendre –, courage, camar..., chéri !... va chercher ton fils

– j'y vais – dit-il en refermant la fenêtre

– on ne choisit pas ceux de notre sang qui viennent au monde...

Odonato était à la porte quand sa femme lui rappela qu'il devait prendre un peu d'argent, parce que, aujourd'hui, même les informations se payaient

– tu sais bien que je n'ai pas d'argent

– je sais, c'est bien pour ça que je pense que tu dois demander à JoãoDevagar ou au CamaradeMuet

– je pense que ce n'est pas la peine, il doit bien encore y avoir des gens qui savent parler sans argent dans les mains

Xilisbaba sourit doucement

l'innocence exotique de son mari l'inquiétait.

Odonato passa sa main sur son front, protégeant un peu ses yeux du soleil implacable, et se dit qu'il y avait un certain temps qu'il n'était pas sorti de chez lui, un ensemble contradictoire de sensations s'opposaient en lui, il faisait chaud mais il se sentait frais, il aurait dû être absorbé par l'apréhension de rencontrer son fils, mais il fut envahi par une torpeur paisible qu'il aurait bien souhaité garder

– *le temps est un endroit qui peut aussi s'arrêter* – disait GrandMèreKunjikise

Odonato ne savait pas par où commencer mais il savait depuis toujours que marcher était une façon de résoudre ce qui n'avait pas encore de solution

il voulut imaginer que la ville était un désert ouvert et, bien qu'il fût entouré de bruits et de tant d'immeubles, l'idée lui parut avoir un sens, un sens très clair

qu'est-ce que, après tout, un endroit rempli d'êtres humains si peu concernés les uns par les autres ? qu'est-ce qu'un endroit plein de voitures conduites par des gens seuls cherchant à bousculer le temps et à maltraiter les autres pour arriver plus vite chez eux et n'y retrouver que leur propre solitude ? qu'est-ce qu'un endroit plein d'effervescence et de festivités et d'enterrements regorgeant de nourriture, si on ne peut plus frapper à la porte de quelqu'un pour demander un verre d'eau ou la permission de se reposer un instant sous l'ombre fraîche d'un figuier ?

"cette ville est un désert", pensa-t-il

et marchant

il avança d'ombre en ombre, il longea le lycée MutuYa-Kevela, il observa le sourire joyeux des enfants en blouse sale et les ballons de foot qui dansaient en direction de la rue, il vit les policiers souriant parce qu'ils avaient extorqué de l'argent à l'étranger qui avait fait une manœuvre interdite, et il sentit la saudade transpercer son cœur quand il arriva au LargoDoKinaxixi, place du Kinaxixi

Odonato ressentait dans sa poitrine les tumultes de la saudade d'une Luanda qui était là sans plus y être, peut-être le temps d'avant se superposait-il à celui d'aujourd'hui histoire de le faire souffrir, les oiseaux d'un Kinaxixi de jadis chantaient invisibles à son oreille à demi transparente,

était-ce lui qui parlait à la ville ou la ville de Loanda, Luanda, Luuanda, qui s'amusait à flirter avec lui ?

un klaxon le ramena à la réalité, il pressa le pas et arriva sur la place, mais le klaxon insistait et la voiture s'arrêta à sa hauteur

– *mô* Odonato, comment va ?

il chercha à voir qui parlait

– alors, on se promène ? avec cette chaleur, comme ça sans regarder personne ? – l'homme parlait joyeusement de l'intérieur d'une très vieille voiture. – tu ne me reconnais pas ? c'est moi, le SurintendantGadinho

– oh… Gadinho, grand homme, tout va bien ?

d'autres voitures s'empressèrent de klaxonner afin que le dialogue ne s'éternise pas

– entre, entre, on va bavarder, on ne peut pas s'arrêter ici

et ils démarrèrent, remontant la rue Makulusu, dans la lenteur imposée par la circulation

– alors, et la famille ?

– tout le monde va bien – commença Odonato – je veux dire presque tout le monde

– alors ?

– Ciente comme d'habitude, avec ses problèmes, qui finissent toujours par devenir mes problèmes

– quelque chose de grave ?

– cette fois-ci je crois bien que oui, le petit s'est fait tirer dessus, puis il a été arrêté et je ne sais même pas où il est…

– ouais, ça c'est une putain d'emmerde… et ces types de la police sont de plus en plus sévères. mais comment lui a-t-on tiré dessus ?

– le problème ce n'est pas "comment", mais "où"

– comment ça ?

– on lui a tiré dans le *matako*

– oh putain… dans le *matako* ? mais le *matako* vraiment ? dans le derrière ?

– dans le derrière !, comme on dit aujourd'hui

– putain… mais à quelle occasion ?

– un hold-up

– il été attaqué ? cette ville est terrible

– non, c'est lui qui faisait le hold-up

– ça alors… alors là, c'est plus compliqué

– eh oui

– et maintenant ?

– maintenant je ne sais pas. j'ai juste besoin de savoir où il se trouve, pour me rendre compte de la gravité de la chose, parce qu'ils l'ont embarqué tout blessé qu'il était

– merde, alors… eh ben, il vaut mieux qu'on s'arrête quelque part pour siroter quelques bières, on réfléchira mieux à la situation, j'achète du crédit et je donne quelques coups de fil à des connaissances pour tenter de localiser ton gamin

– une bière à cette heure-ci ?

– il n'y a pas d'heure pour une bière, Odonato, et en plus avec cette chaleur, c'est ce qu'il nous faut – l'idée réjouissait Gadinho.

l'après-midi touchait presque à sa fin

le MarchandDeCoquillages insista auprès de l'Aveugle pour qu'ils se rendent à l'immeuble dont l'entrée était si fraîche, c'était devenu un rituel de fin de journée, passer là-bas, bavarder un peu, rafraîchir leur corps dans les eaux perdues du premier étage de l'endroit où habitait Odonato et Amarelinha

– tu veux aller là-bas pour voir la gamine… – dit l'Aveugle

– mais quelle gamine, l'ancien ? il n'y a qu'une gamine qui habite l'immeuble ? vous qui ne voyez rien vous avez vu tout ça ?

– alors c'est que je vois mal…, hein ?

l'immeuble avait ce don d'accueillir ceux qu'il avait décidé d'accueillir, ils se baignèrent comme s'ils étaient les derniers citoyens du monde

les eaux mystérieusement impossibles à maîtriser jaillissaient, parfois avec force parfois doucement, rafraîchissant leurs corps nus, l'Aveugle entonna une belle mélodie en umbundu qui arriva là-haut jusqu'aux oreilles de GrandMèreKunjkise

elle sourit toute seule en revoyant des images qui venaient d'un temps si ancien qu'elle commençait à douter qu'il eût existé – le temps de la vieille Mimi dansant, pour la première fois de sa vie, le jour de l'enterrement de son mari, mort à la guerre, de la guerre, non pas des mains de quelqu'un, parce que après tout ce n'est pas cela qui compte quand quelqu'un meurt, mais mort des mains de la vie

– quelle jolie chanson – le MarchandDeCoquillages passait sa main sur son corps imitant le geste glissant de qui aurait un vrai savon

– umbundu, belle langue de notre Sud... – l'Aveugle riait sans retenue, fort, comme s'il cherchait à couvrir le bruit de l'eau – je ne sais même pas si je chante comme il faut ou non

– c'est beau de toute façon

– c'est une chanson de deuil... on dit que c'est la chanson qu'une vieille femme a chantée le jour de la mort de son mari

– c'était ici, à Luanda ?

– non... ça s'est passé au Bailundo... il y a très longtemps...

l'après-midi se laissait vaincre par la pénombre venue de la mer, les motos hurlaient dans l'urgence de ceux qui les conduisaient, c'étaient de jeunes hommes qui allaient chercher leurs petites amies pour le rendez-vous du soir, des gens qui revenaient chez eux affamés, c'était le bruit assourdissant des avertisseurs et des voix par-dessus les avertisseurs et d'autres voix

Odonato retourna chez lui les pieds et la gorge pleins de poussière, il avait soif et chaud, des bruits venant du premier étage, de l'autre côté de l'obscurité, là où il y avait eu un jour un ascenseur, attirèrent son attention

– vous êtes là ? tout nu ?

– excusez-nous, l'ancien, nous venons de traverser la chaleur et cette eau ici est très catégorique dans son jaillissement sans fin – le MarchandDeCoquillages esquissa un mouvement vers ses vêtements mais n'y arriva pas

– tout va bien, moi aussi je n'en peux plus de chaleur, je crois que je vais me baigner. vous permettez ?

– mais vous êtes ici chez vous, c'est nous qui demandons la permission – répondit l'Aveugle

de sombres éclats, des éclairs d'une couleur qui imitait un gris vif, quelques fulgurances d'un jaune mat et même quelques petites touches de rouge jouaient sur le corps maigre d'Odonato, le MarchandDeCoquillages se frotta le visage de ses mains et son étonnement était si évident que l'Aveugle perçut aux battements de son cœur que le garçon voyait quelque chose d'important

le corps d'Odonato était un mélange de masse humaine et d'aération visuelle, en plus de ses veines on pouvait maintenant apercevoir les os les plus proches de sa peau, ses ongles avaient acquis un nouveau contour parce que la transparence suggérait une autre géométrie à son corps, on distinguait les petits os de ses pieds, sur ses flancs on commençait à deviner les extrémités du bassin et quelques couleurs incertaines dansaient dans la zone abdominale

il détourna les yeux, parce qu'une peur profonde l'avait saisi à l'idée qu'il pouvait avoir accès à n'importe quel moment non pas au corps mais à l'âme d'Odonato

– n'ayez pas peur, c'est une condition naturelle qui est en train de m'arriver

– si les autres voyaient ça ils diraient que c'est de la sorcellerie

– tout ce qui nous arrive est une sorte de sorcellerie...

l'Aveugle renifla brusquement, comme s'il voyait à travers l'odorat la transparence d'Odonato.

Cristalino arriva à l'heure chez le Ministre, bien que la circulation fût chaotique et qu'il ne disposât pas d'une voiture avec sirène,

Pomposa avait été prévenue et avait tout préparé à sa façon démesurée, elle avait sorti des placards un nombre impressionnant de bouteilles de whisky choisies en fonction de leurs étiquettes, des bouteilles de vins portugais et sud-africains, du champagne français, la table se partageait entre les entrées achetées dans les magasins de produits européens et les mets préparés à la maison qu'elle avait commandés à sa cuisinière, *kitaba*, *gengibre*, *quitetas* à la sauce de *jindungo* et citron, *kizaca* aux crevettes, rien ne manquait

– monsieur Cristalito, soyez le bienvenu

– Cristalino, madame

– pardon… entrez, veuillez vous asseoir, le Ministre arrive, il vous prie de l'excuser pour son retard

– je suis peut-être arrivé trop tôt

– non…, vous êtes arrivé à l'heure prévue, c'est que le Ministre est encore dans les embouteillages

– sa voiture a une sirène, n'est-ce pas ?

– oui, bien sûr

– et malgré cela…

– et malgré cela… ! si je vous disais que je ne peux jamais compter sur le Ministre – Pomposa remonta son soutien-gorge comme si elle voulait soupeser ses seins –, jamais

– vous parlez toujours de votre mari en disant "le Ministre", madame ?

– ne dites pas madame…

– je dois dire "épouse du Ministre" ?

– Pomposa, seulement Pomposa

– je comprends

– et que désirez-vous boire ?

– un whisky

– avec beaucoup de glaçons ?

– sans glaçons

– mon grand-père disait que les vrais hommes boivent leur whisky sans glaçons

– ça existe, des hommes qui ne sont pas de vrais hommes ?

– bien sûr que cela existe, ce sont les pédés

une blatte fit trois fois le tour du salon avant de venir se poser sur la table basse, une blatte volante, pas du tout discrète, aux longues antennes et au regard curieux, mais surtout d'une coloration différente, ou plutôt une décoloration : c'était une blatte albinos, blanchâtre mais pas transparente, aplatie mais pas allongée

– oh mon dieu – s'écria Pomposa tremblante et pétrifiée – serait-ce une blatte sorcière ?

Cristalino but le reste de son whisky, posa le verre près de lui et, lentement, de son pied gauche enleva sa chaussure droite, sans quitter l'insecte des yeux

– il pourrait s'agir éventuellement d'un insecte sorcier... mais ce sont des croyances pas très scientifiques – il bougea un peu, pour attirer l'attention de la blatte –, en zoologie, dona Pomposa, on appelle ce processus la "mue"

il se pencha, caressa son soulier et poursuivit en regardant alternativement la table et les yeux écarquillés de Pomposa

– le processus de la mue est contrôlé par une hormone appelée ecdysone...

– mais c'est une blatte albinos... et en plus volante !

– calmez-vous...

la blatte albinos remua ses antennes en direction de Cristalino dans un geste qui pouvait être d'approbation, de désapprobation ou simplement d'attention

– cette "mue" peut être un simple stade intermédiaire, de croissance. c'est pendant ce processus que l'animal devient blanc, mais au bout de quelques jours il reprendra sa couleur normale. bien sûr, d'après nos témoins nationaux, il y a des blattes qui passent toute leur vie avec ce type de coloration...

– je crois qu'elle va s'envoler

d'un geste rapide, le soulier italien de Cristalino survola son verre et arriva sur la table avant même que Pomposa eût le temps d'avoir peur et la femme fut prise d'une sorte de fascination

le regard presque humble, le Ministre fit son entrée

– excusez mon retard, le trafic...

– malgré les sirènes... – Cristalino le fixait –, nous avons commencé à abuser de votre whisky

– voyons… cette boisson appartient au domaine public
– plus pour les uns que pour les autres
– ce sont les règles de notre jeu…
– le dîner est prêt, Pomposa ?
– tout est prêt
– parlons plutôt maintenant, je ne reste pas dîner – prévint Cristalino
– vraiment ? quel dommage – soupira Pomposa
– va voir si le dîner est prêt
– mais si notre ami ne reste pas dîner
– c'est une façon de parler, chérie, nous allons parler politique

Pomposa recula vers la cuisine en transportant hors du salon ses seins volumineux

– tout est réglé, mon cher, tout est réglé. le Chef a dit que le projet devait aller de l'avant
– sérieusement ? le Chef ?
– oui, j'ai parlé avec lui, après le dernier conseil des ministres, mais il y a une question qui est restée en suspens
– oui ? – demanda Cristalino, curieux
– l'extraction du pétrole va se faire, de cela personne ne doute. mais le Chef est très préoccupé par certains problèmes techniques dont on parle beaucoup
– lesquels ?
– le sous-sol de Luanda, ces couches de je ne sais quoi… le Chef veut avoir plusieurs avis. j'ai pensé à ce garçon déjanté, ce scientifique angolais
– vous plaisantez, Ministre… alors que nous avons ici un spécialiste américain, avec son nom de *matako*, qui vient certifier les recherches… le yankee arrive ici, séjourne avec nous, reçoit un paquet d'argent, certifie, retourne dans son pays, et au bout du compte c'est un scientifique angolais qui va parler ? il n'en est pas question
– je ne sais pas, Cristalino… les voix de l'opposition, les propres préoccupations du Président… tout cela est une question de sécurité nationale. la capitale…

– la capitale est à nous, à nous tous… et nous allons avancer, oui. c'est justement de cela que je veux vous parler… et dont vous voudrez bien parler au Président un de ces jours

– de quoi ? les licitations ? tout a été réglé

– non… tout n'est pas réglé. peut-être pour vous et vos amis qui vous proposaient pour gérer l'exploitation du pétrole, mais la vraie question de la sécurité passe par les tranchées et les conduites

– les conduites ?

– les conduites, pour l'acheminement du pétrole aussi bien que celui de l'eau. on va aller chercher les canalisations qui existent, les retirer, et les remplacer… ce genre de choses ne doit pas être laissé entre les mains de n'importe qui. et moi, je suis prêt pour l'avenir

– l'avenir ? – le Ministre but un grand coup de son whisky pour mieux comprendre

– l'avenir !

– mais comment ça ?

– comme ça. quand les tranchées seront terminées vous vous occuperez du pétrole, moi je veux l'eau

– ça, le Chef ne le permettra jamais

– le Chef ne sait pas encore qu'il va le permettre

– chut, parlez plus bas

– écoutez bien, parce qu'il arrive qu'en écoutant on s'enrichisse

– je vous écoute, Cristalino

– je ne veux pas l'eau. l'eau c'est comme votre whisky, c'est un produit national, un bien public

– vous voulez quoi, alors ?

– je veux transporter l'eau. toute la canalisation du sous-sol de Luanda ! privatisée, peu chère, fonctionnant correctement

– ahan…

– vous voyez comme cela vaut la peine d'écouter ? – Cristalino se versa une rasade de whisky – écoutez, monsieur le Ministre… avec tous ces tuyaux neufs qui vont être installés et tous ceux qui vont être enlevés, on va installer dans le sous-sol de Luanda un labyrinthe de tuyauterie pour le pétrole, pour le gaz et pour l'eau… nous ne pouvons pas courir le risque de laisser cette canalisation dans le service public ! n'oubliez pas, celui qui déterminera le prix du transport de l'eau déterminera le prix de l'eau…

Cristalino but son whisky d'une seule traite et attendit, impatient, que ses réflexions fissent leur chemin dans le cerveau du Ministre

– j'ai compris !… trinquons – proposa le Ministre

– avec de l'eau, s'il vous plaît !

quand Odonato arriva à la maison, l'épisode quotidien de la télénovela brésilienne était fini

Amarelinha était dans la cuisine avec GrandMèreKunjikise, elle lui expliquait certains détails des dialogues que sa grand-mère n'arrivait pas toujours à suivre, et elle inventait d'autres possibilités pour des dialogues non encore diffusés. c'était une post-fiction, parallèle à la télénovela, une habitude des deux qui durait depuis des années

– Nato, tu vas bien ? tes cheveux sont tout mouillés… – Xilisbaba l'accueillit à la porte

– j'ai pris un bain au premier… Gadinho a téléphoné ?

– pas encore

– il va essayer de se renseigner pour savoir où est Ciente

– tu veux manger quelque chose ?

– non, merci, tout va bien – il entra dans la cuisine, se versa un verre d'eau et écouta la conversation des deux femmes. – les deux commères !… – observa-t-il avec tendresse

– ah père… – Amarelinha avait l'air toute joyeuse

– tu as encore acheté des coquillages ? j'ai vu ton ami le MarchandDeCoquillages, en bas, au premier… – dit Odonato en riant

– aujourd'hui je n'en ai pas acheté, il m'en a offert quelques-uns

– hum… – soupira Odonato
– hum… – soupira GrandMèreKunjikise
– allez, on arrête les cancans… je vais chercher une servictte pour que tu te sèches la tête – Xilisbaba sortit de la cuisine en direction de la chambre
– ce n'est pas la peine… je vais monter sur la terrasse, mes cheveux sècheront et mes idées s'aèreront
sur la terrasse, Odonato trouva une nouvelle configuration, les chaises alignées, les antennes abandonnées regroupées en une intéressante installation décorative, quelques caisses, de petits monticules d'ordures que quelqu'un avait balayées, et quelques personnes apparemment absorbées dans une activité solennelle
Odonato se sentit soudain triste, très triste
un sourire se creusa sur le coin de ses lèvres, tout change, la vie est ainsi faite, avec ses rythmes et ses règles
celui qui reste, avec son cœur et sa mémoire, dans ce lieu désertique qu'on appelle passé, "sa" terrasse, "sa" décoration, tout avait été changé – et c'est toujours de cette façon que cela arrive quand nous plantons les racines de notre intimité singulière sur un terrain collectif
– asseyez-vous, voisin, nous sommes dans le champ de l'expérience théatralogique, cinématographale et performatique…
il y avait là, une expression grave sur le visage, Paizinho, JoãoDevagar, le MarchandDeCoquillages, le CamaradeMuet et même l'Aveugle
– asseyez-vous, nous allons démarrer une séance expérimentale de théâtre humain – JoãoDevagar déplaçait sa chaise sur le côté, l'époussetait et s'écriait, enthousiaste – on va en parler dans les brodwês !
le CamaradeMuet consentit à être le premier à prendre la parole
– à force qu'on m'appelle le CamaradeMuet, j'ai fini par oublier mon nom. à vrai dire, chaque jour je me contente d'attendre le jour d'après. ce que j'aime, c'est la musique. ce que j'épluche, ce sont les pommes de terre, ou les oignons,

des fruits comme les noix de coco ou d'autres, ou encore des choses qui demandent de la patience

– très bien, CamaradeMuet… – JoãoDevagar regardait la scène, comme s'il essayait du regard de corriger quelque détail – vous voyez, voisin Odonato, ceci est le théâtre de la confession… chacun se met là et parle de quelque chose du dedans… il faut que ce soit vraiment quelque chose du dedans, des temps présents ou passés, la vie de chacun… ah, les charmes du théâtre… !

Odonato remarqua qu'il n'y avait là que des hommes, chose rare dans la ville et dans l'immeuble, être là, dans l'acceptation d'un jeu proposé à l'improviste et par la volonté mystérieuse de JoãoDevagar

un jeu de parole, de confession, comme disait l'auteur de la scène, un jeu de jouer à dire aux autres, même pendant seulement quelques petites minutes, une vérité profonde qui remplirait la bouche, une vérité des vérités d'avant ou d'aujourd'hui

une vérité unique

une presque célébration humaine et, chose exceptionnelle, les présents prenaient le jeu au sérieux

– c'est quelque chose de maintenant, quelque chose de spécial ?

– bon, parler comme ça juste un petit peu plus… pour parler… – le CamaradeMuet espérait que ses paroles entraîneraient d'autres paroles pour dire ce qui à l'intérieur de lui devait être dit – c'est que… ces derniers jours… ce camarade Facteur qui vient nous voir avec ses lettres… il m'apporte des lettres qui ne sont pas pour moi, mais c'est lui qui dit qu'elles doivent être pour moi… et il me les lit… c'est ça que je viens dire

le CamaradeMuet retourna s'asseoir et l'Aveugle sentit l'odeur de sa transpiration nerveuse, une sueur fine qui sourdait entre les doigts de sa main et se mélangeait aux innombrables autres odeurs accumulées dans les épluchages de ce que les autres n'avaient pas la patience d'éplucher

– l'ancien peut venir maintenant

l'Aveugle fit un geste léger, pour montrer qu'il n'avait pas besoin d'aide, il avait lu entre les lignes du son les coordonnées du lieu et il s'avança, sans s'approcher du bord comme le craignait le MarchandDeCoquillages, et ne s'égara pas lors du chemin pour arriver à la chaise de l'acteur qui parlerait

– moi, pour tout vous dire, je parle de ce que je vois... qui est quelque chose que les autres n'ont jamais compris, parce qu'il n'y a que nous qui savons. pourquoi je marche en compagnie de ce jeune ? c'est que les jeunes ont des vieux à l'intérieur d'eux... des vieux de temps très anciens qui sont finis depuis longtemps. quand vous naissez, ce temps tombe en vous... et vous, dans la vie, comme dans les temps de l'enfance, vous n'êtes jamais seuls... si je marche avec ce jeune, c'est parce que c'est un garçon bien, qui s'occupe bien de moi, ce garçon qui est presque mon neveu ou même qui pourrait être mon fils, et dans l'odeur des coquillages qu'il pêche et qu'il vend, car j'ai du respect pour la façon qu'il a de faire son métier en demandant à la mer et à Kianda* la permission de ramasser ces coquillages... qui sont comme les jouets de Kianda... mais en parlant comme ça, je parle de voir... je veux dire, d'entendre et de sentir les choses... aujourd'hui même, j'ai vu ce cinéma avec la disposition des chaises et je l'apprécie beaucoup... ne serait-ce que parce que...

l'Aveugle éclata d'un rire si minuscule qu'on aurait dit vraiment la contre-performance d'un acteur professionnel, un rire joli et muet, comme une silhouette ou une ombre dispensée par un soleil absent

– ... moi, je n'ai même pas vu ces films malpolis qui vont passer ici avec ces étrangères qui crient et tout ça... j'ai déjà entendu cela dans un quartier loin d'ici... mais de là à dire que j'ai vu, non je n'ai pas vu !

l'Aveugle retourna à sa place, hochant la tête d'un côté et de l'autre, l'air satisfait, encore incrédule des mots qu'il

---

* Kianda : déesse de la mer.

avait prononcés, les autres, pleins d'une grande déférence, le regardaient passer, et le MarchandDeCoquillages l'aida à se rasseoir lorsqu'il arriva

– Paizinho – JoãoDevagar parla d'une voix forte – monte sur scène !

– moi, oncle João ?

– allez, ici il n'y a pas de discrimination envers les plus jeunes !

il lâcha ses chiffons et sentit clairement qu'il ne savait pas quoi faire de ses mains, il essaya de ne pas rester debout, voulut s'asseoir, ses yeux lui piquaient si fort qu'il chercha le ciel, il leva les yeux, allongea la pause de son silence lourd et, quand à la fin il fixa l'assistance, il était devenu quelqu'un d'autre :

– s'il faut parler – sa voix avait changé – alors ça ne pourra être qu'à propos de la guerre et de ma mère... car la guerre quand elle m'a rattrapé au point de me faire tomber de peur, je courais déjà – dans l'air les bruits dansaient – et moi, qui n'ai même pas pu retourner à la maison pour voir si mes frères avaient de quoi... – sa voix, qui était différente, trébucha –, qui courais avec la faim et la soif et les blessures aux pieds, on s'est retrouvés avec un commandant et aujourd'hui encore je ne me souviens pas de combien de kilomètres on a marché, je sais seulement qu'en jours, ça faisait beaucoup...

le ton qui était inconnu devenait trop proche

– et pour dire la vérité la nuit je rêve toujours de ces jours-là et de quelque chose qui se répète dans mon rêve, quand je rêve la nuit... – dans l'air, les bruits avaient cessé leur danse – et que c'est... parler comme ça avec des mots... cette chose que je ne suis pas arrivé à crier... je ne suis pas arrivé à crier le nom de ma mère... qu'aujourd'hui encore je continue à chercher...

il prit son chiffon à essuyer les choses, et partit s'asseoir là-bas au fond, en essayant de retrouver son souffle, revenant de l'endroit d'où il n'avait pas encore réussi à revenir

– moi, on m'appelle seulement le MarchandDeCoquillages, pour parler ici, parler pour de bon, je dis que ce n'est pas exagéré et que ce n'est pas parler pour ne rien dire... c'est que j'apprends beaucoup en compagnie du vieil Aveugle. une personne, je veux dire... on ne s'aide jamais tout seul, si on a quelqu'un à ses côtés. une personne souvent n'est pas seulement quelqu'un qu'on doit aider, c'est aussi que ça fait du bien au cœur d'aider l'autre, ce n'est pas ma bouche qui parle, je parle des choses que le vieil Aveugle m'a dites, c'est que parfois lui aussi ne sait pas qu'il parle la nuit, dans son sommeil... alors la ville de Luanda c'est cela, on se défonce à vendre des coquillages, à poursuivre les madames pleines d'argent, s'il n'y a pas d'argent on peut s'arranger et faire du troc... et les jolies filles, on leur offre... mais la personne... ce qui compte vraiment c'est de se sentir bien, d'être heureux, et ce que je sais depuis le début c'est que j'aime plonger et vendre des coquillages... et que Kianda me protège...

Odonato sentit qu'il allait devoir parler

il se leva lentement en regardant ses mains et se déplaça avec la lente rapidité d'un condamné timide, il avait compris et assimilé les règles du jeu, et pendant le court trajet il s'appliqua à chasser de son esprit la profonde appréhension qu'il ressentait en pensant à son fils

il prit place sur la chaise et continua de regarder ses mains, amenant l'assistance à faire de même

il les leva toutes les deux, les tourna vers le public comme s'il exhibait une partie de son intimité, une brise légère fit danser les antennes les plus vieilles et réveilla le coq borgne de l'autre immeuble

– chhh... allez dors, ce n'est pas encore le matin, le voisin, veuillez excuser les interventions de GaloCamões, notre mascotte cinématographique – et JoãoDevagar se tut

– ça a commencé par les mains, le bout des doigts... ce n'est pas qu'elles devenaient transparentes comme je suis en train de le devenir, ce qui se voit... au début, mes mains sont devenues plus légères et les douleurs dans l'estomac ont disparu…

Odonato tourna ses mains vers lui et il parla sans les quitter des yeux

– l'homme, pour parler de lui-même, parle des choses du début… comme l'enfance et les jeux, les écoles et les filles, la présence des *tugas* et les indépendances… et après, c'est ce qui s'est passé il y a peu, le chômage et la recherche, tant de recherches pour ne plus jamais trouver de travail… l'homme cesse de chercher et reste chez lui pour penser à la vie et à sa famille, penser à nourrir sa famille et, pour ne pas trop dépenser, il se met à moins manger… l'homme mange moins pour donner à manger à ses enfants, comme si c'était de petits oiseaux… et j'ai commencé à avoir mal à l'estomac… les douleurs dans le ventre, qu'on ressent en constatant que dans la cruauté des jours, s'il n'y a pas d'argent, il n'y a pas comment manger ou emmener un de ses enfants à l'hôpital… mes doigts se sont mis à devenir transparents… et les veines, et les mains, les pieds, les genoux… et puis la faim a disparu : c'est comme ça que j'ai commencé à accepter ma transparence… j'ai cessé d'avoir faim et je me sens chaque jour plus léger… c'est ce que sont mes jours…

et il regarda chacun dans les yeux, y compris l'Aveugle

– et c'est ce corps qui est le mien à présent – il se leva pour retourner à sa place

le silence se faisait intense

– mes amis – JoãoDevagar n'arrivait pas à cacher son émotion – je ne sais comment vous remercier… pas de l'aide que vous êtes venus apporter ici pour installer notre cinéma du huitième art… mais de votre contribution de personnes humaines, le monde saura qu'ici, sur cette terrasse de notre cher immeuble, à Luanda, aujourd'hui, à cette heure, un groupe d'hommes avec un coq borgne comme témoin… aujourd'hui, ce groupe d'hommes a fait du théâtre ! parce que… seuls les grands hommes pleurent dans la compagnie solitaire d'autres hommes – il croisa ses mains sur sa poitrine –, fin de citation, mes amis, bonne nuit et soyez heureux !

sans rien toucher de la géographie des chaises ou des antennes, Odonato demeura des heures au bord de la terrasse observant la précipitation des voitures qui circulaient le long des larges artères ou des rues étroites de la ville de Luanda

une lueur de saudade illumina son cœur et il céda à la tentation d'ouvrir sa chemise pour regarder maladroitement son torse, mais la transparence ne permettait pas encore à Odonato d'observer avec ses yeux ce qui courait dans ses veines

– Nato ? qu'est-ce que tu fais ? – Xilisbaba s'inquiéta

– quoi qu'est-ce que je fais ? – Odonato reboutonna sa chemise

– tu as mal à la poitrine ?

– j'ai mal au cœur

– c'est grave ?

– des douleurs dans mon cœur sensible. laisse, femme, les médecins me l'ont dit, je souffre de trop de saudades accumulées

Xilisbaba sourit et, comme elle le faisait depuis des années, éloigna son mari du bord de la terrasse

– je souffre d'une désorganisation des saudades

– ne me fais pas rire, Nato

– c'est la vérité, j'ai compris ça aujourd'hui. j'ai de la saudade dans toutes les directions, pas seulement du passé. je ressens de la saudade de choses qui ne sont pas encore arrivées

– on dirait ma mère

– oui, je suis comme ta mère... mais que voulais-tu me dire ?

– Gadinho a téléphoné

– et alors ?

– il a pu localiser Ciente dans un commissariat, il a laissé des indications, mais...

– dis

– il a dit que c'était un commissariat très compliqué et qu'il a déjà eu des embrouilles avec son commissaire, il ne peut pas t'aider

– bon, au moins on sait où se trouve Ciente, est-ce qu'il a dit autre chose ?

– il a dit qu'il a réussi à parler avec un des gardes qui dort sur place

– et alors, ils veulent de l'argent ?

– non, apparemment non

– qu'est-ce qu'ils veulent alors ?

– demain j'irai voir MariaComForça pour qu'elle te prépare un panier

– mais les gardes, ils veulent quoi ?

– des steaks avec des frites ! ils ont dit que si tu en apportais plus ils donneraient le reste à ton fils

– les fils de pute !

– c'est la vie… ! encore heureux, parce que des steaks et des pommes de terre frites, je pourrai toujours en trouver, s'ils avaient demandé de l'argent ce serait bien pire

– tu as raison

Odonato appuya son corps contre celui de Xilisbaba

elle se sentit plus elle-même que lui

– tu es plus léger ?

– oui

– Nato… tu dois manger, mon amour – Xilisbaba suppliait

– je ne veux pas manger, Baba… ne pas manger ne m'a fait que du bien, je te l'ai déjà expliqué. j'ai cessé d'avoir mal à l'estomac, je me sens mieux, je pense mieux, peut-être que vous aussi vous pourriez essayer

– on a déjà parlé de ça, Nato, nous tous peut-être, mais pas les enfants

– d'accord

Odonato retourna au bord de la terrasse, il regarda le ciel de Luanda, il vit le coq se cacher, puis il resta immobile, son corps luisant de sueur tout droit, telle une statue bien sculptée

– la vérité est bien plus triste, Baba ; nous ne sommes pas transparents parce que nous ne mangeons pas… nous sommes transparents parce que nous sommes pauvres.

quand il ouvrit la boîte, ses mains dansaient dans la lumière de la pièce

c'étaient des mains délicates qui, pour le moment, feuilletaient des pages, remuaient des feuillets, vérifiaient de petits sacs plastique.

les doigts affinaient l'intensité de la lumière. puis ils cherchaient le verre. le verre contre les lèvres, le souffle du whisky sec, le petit bruit du verre posé.

le silence intense

cela venait de loin, encore plus loin que les limites de la ville. un silence étrange, qui invitait à encore plus de silence.

les doigts n'accusaient pas les jours d'attente. la dernière boîte était arrivée enfin... comme un puzzle partagé en plusieurs parties. il avait décidé depuis longtemps de ne monter l'arme que lorsque serait arrivée la dernière partie de son secret.

les doigts propres, fermes, n'accusaient pas l'impatience du geste ou l'anxiété de l'attente. douze boîtes. à présent il ne pouvait plus échapper à son destin.

...

un homme est fait de ses projets et de ce qu'il ressent au fur et à mesure. des chaînes qui le lient à la terre et des courants d'air qui traversent son corps dans des échos de poésie.

vérité et urgence.

[d'après les notes de l'auteur]

depuis des années PauloPausado, le journaliste, avait l'habitude de passer des matinées seul, à relire d'anciennes notes, relire et découper des articles dans des revues et des journaux de tous les coins du monde, écouter de la musique, se laissant aller, des heures durant, à la fenêtre de son appartement à regarder la ville

sa compagne partait tôt, parce qu'elle allait travailler ou parce qu'elle allait à ses rendez-vous réguliers avec son emmerdeuse de mère ou parce que Paulo était, ces matins-là, une autre personne

absorbé dans la densité fragile de ses silences, les mains avides de retrouver les ciseaux qui violeraient les innombrables pages que ses yeux avaient parcourues des jours ou des mois auparavant

et sa compagne pensait que

à l'exception de sa mère et d'elle-même, tous les angolais développaient une paranoïa autour des armes ou armements, tous avaient une histoire à raconter qui comportait une arme, un pistolet, une grenade ou au moins une bonne histoire qui parlerait d'un tir, ou d'une rafale de tirs, quelques-uns avaient des cicatrices sur le corps, d'autres attribuaient à des cicatrices diverses d'impressionnantes aventures qu'ils inventaient parce qu'ils en avaient intensément besoin,

une façon, disons, collective de revivre la guerre et ses épisodes, les combats et leurs conséquences, même si ce n'était que par ouï-dire, ou à travers ce qu'on avait entendu à la radio, jadis, du temps où la guerre était en fait un élément cruel mais banal de la réalité et, aujourd'hui encore, dissocier la guerre du quotidien était presque un péché

et d'arme en arme, de tir en tir, de conversation violente en description brutale, le fantôme de la guerre circulait librement dans chaque recoin d'Angola, et il y avait toujours un moment, même aux premières heures des matins clairs, où quelqu'un était prêt à sacrifier son silence pour parler, même implicitement, d'une guerre quelconque, la sienne ou celle du voisin, de sa famille ou du beau-fils arrivé d'une province plus éprouvée, injectant dans les mariages, les funérailles, les heures de travail, la danse, les arts et même dans l'amour, une éloquence innée pour parler de ce monstrueux sujet comme qui, doucement et sans crainte, caresserait le dos d'un monstre furieux et tourmenté par une fausse paix sous une apparence d'épuisement

et comme ça, dans la façon d'agir, de réagir, de recevoir les autres et de sortir raconter de toutes les façons possibles la blessure nationale, l'angolais investissait une grande partie de son imagination dans des souvenirs qui la plupart du temps n'étaient pas les siens, ou projetant dans le passé ce qui aurait pu arriver, ou faisant de très claires allusions à un avenir qui par chance n'arriverait pas et, tout bien considéré, finalement, s'agissant d'une telle cicatrice sociale, la vérité était que chacun, sans demander leur autorisation aux autres, pouvait, de fait, avoir accès à la clé magique de la parole pour ouvrir le gigantesque coffre où le monstre avait décidé de se terrer

"la guerre", disait-on, "est une blessure qui saigne encore, et à n'importe quel moment, tu ouvres la bouche ou tu fais un geste, et ce qui en sort est une trace sanglante de choses que tu ne savais pas que tu savais"

tous les angolais souffraient alors d'une paranoïa concernant les armes ou les armements, tous avaient une histoire à raconter ou un événement à inventer

– je sors, mon amour – dit la jeune femme sur le point de sortir

le journaliste avait les ciseaux à la main et les divans du salon étaient recouverts d'une multitude de magazines, la sonnette retentit d'une façon impérieuse, l'immobilisant sur place comme s'il avait été pris en flagrant délit d'une activité illicite

– ouvre cette porte ou je défonce cette merde

suivi du rire grave et tonitruant du colonel Hoffman

– ce n'est pas un peu tôt pour une visite, mon colonel ?

– il n'existe pas de trop tôt quand la vie est pressée, mec ! tu ne te souviens pas de ce que disait ce vieux brésilien ? le temps n'arrête pas de passer… il faut célébrer quand il est encore temps

– et qu'est-ce que nous allons célébrer ? – le journaliste se dirigeait vers le frigo

– nous allons célébrer, c'est tout !… c'est-à-dire, la vie. demain, on ne sait pas qui sera encore de ce monde, mon gars… que viennent les bières bénies des dieux et le malheureux whisky… aujourd'hui est aujourd'hui !

c'était une de ces journées où la ville s'était réveillée plus agitée que d'habitude, des hommes en uniforme et dûment équipés avaient commencé très tôt à faire des trous dans les rues et les ruelles de Luanda et peu d'endroits échappaient à la trépidation hurlante des machines entourées de palissades improvisées dans certains cas, mais pas toujours, de façon à ce que tout soit fait au vu et au su de la population, "il n'y a pas de secrets !", annonçait un journal, "la modernité débarque dans la capitale avec les tranchées", annonçait un autre, et c'était cela, cette efficacité absurde et soudaine qui avait interpellé ManRiscas, ou le colonel Hoffman, au point qu'il était venu voir son ami à cette heure matinale

– c'est la fin du monde qui arrive pour les uns… et le début du paradis pour d'autres… que s'ouvrent les comptes bancaires pour canaliser les fleuves de pognon qui vont couler ! – le colonel ouvrit deux bières bien glacées et du regard suggéra à PauloPausado d'aller lui préparer une omelette comme il aimait, trois œufs battus avec du chorizo en petits morceaux, beaucoup d'oignons, une pincée de poudre de curry noir et du gingembre en tranches fines mais visibles –, celui qui survivra s'enrichira !, ah ah ah !

– tu sais toi qui n'est pas mêlé à cette histoire ?

– mon gars, la vie est comme ça depuis que JésusChrist a été accroché à sa croix : celui qui peut, peut, celui qui ne peut pas se secoue et continue droit devant lui, si on le lui permet

– alors les "cipelins" ont commencé fort ?

– c'est Kinaxixi, c'est le BairroOperário, c'est Alvalade, c'est Maianga, personne n'y a échappé, on creuse, on creuse ! regarde ça – Hoffman avait apporté le JornalDeAngola tout frais et odorant –, tu peux lire à voix haute parce que comme ça j'économise mes yeux et ma voix

– les titres ?

– quels titres !, les titres c'est pour endormir les bœufs, les vraies nouvelles sont petites et discrètes, regarde page sept...

un texte court, solennel et concis, parlait ouvertement des fonctions de la compagnie ÁguasCristalinas (EauxCristallines), responsable, également, de quelques zones de distribution des eaux potables, mais surtout, dans une brève discrète, presque à la fin, le document signé par des membres du gouvernement et du Parti cédait à cette nouvelle compagnie très anonyme le droit, et le devoir, d'assurer l'installation d'un nouveau réseau de conduites, "de qualité et aux normes internationales", pour le transport et la distribution d'eau potable à Luanda,

droit validé par un décret ministériel et l'approbation du plus haut membre du gouvernement angolais, surtout dans la phase d'intenses excavations annexes au projet CIPEL, mais avec la possibilité de conserver "pour quelques années" l'autorisation citée plus haut, répétait le document, qui permettrait le transport et la distribution d'eau potable à une large majorité de la population résidant dans la capitale

– ça, ça me paraît inédit

– inédit ? ce n'est rien ça… j'en avais déjà entendu parler… et le nom de la société ? tu vois ?

– notre ami Cristalino !

– rien que ça

– alors là c'est vraiment foutu – le journaliste s'assit pour se détendre, respirer profondément et refuser l'offre d'un dernier petit morceau d'omelette

– ce ne serait pas très délicat que tu acceptes ce dernier petit morceau… d'autant plus que tu es chez toi et moi je suis ton invité de longue date…

– c'est vrai – répondit le journaliste avec un petit sourire un peu mélancolique

– ne te laisse pas aller, camarade – Hoffman lui donna une grande claque dans le dos – action… réaction !

– quelle réaction…

– attendre, observer, puis agir

– il y a un excès de calme qui m'angoisse

– il te reste des œufs ?

– en réalité, c'est de l'apathie… au lieu d'attaquer l'ennemi, on cherche un trou dans le sol… ou un ciel imaginaire…

– arrête avec ta poésie, c'est bien trop tôt, et sers-nous un whisky pour nous aider en ce moment d'intense réflexion et ferme ce journal, je me repens déjà de t'avoir montré cette saloperie

– ok, du calme, du calme… – Paulo remporta l'assiette dans la cuisine et rangea les coupures de journaux éparpillées sur la table de la véranda

la rumeur des broyeuses accompagnée de divers propos techniques braillés en portugais, anglais et chinois arrivait à sa fenêtre

il regarda

le Facteur essayait de remettre ses lettres à l'entrée d'une clinique privée, importunant les médecins qui arrivaient dans leurs 4 x 4

– va travailler – répondit un médecin, mal disposé

– mais c'est bien ça que je veux, monsieur le docteur, c'est bien ça… travailler avec compétence, remettre toutes les lettres, toutes, celles de maintenant et celles en retard, mais le faire et arriver à la fin de la journée content de ma profession et des bonnes conditions de mon travail…

– laisse-moi passer, je n'ai pas d'argent à te donner

– vous vous trompez, docteur

– ah bon ?

– vous vous trompez car je ne vous ai pas demandé de l'argent, n'est-ce pas ?

– oui, mais alors…

– alors je demande deux choses différentes, et comme tout le monde est habitué à ce qu'on demande de l'argent, les gens ne comprennent pas ma réquisition d'attention… excusez le vocabulaire simple d'un pauvre facteur

– mon ami, je ne peux pas vous aider

– mais si vous ne pouvez pas m'aider, vous pouvez au moins comprendre, n'est-ce pas ? je demande deux choses très simples, l'une c'est de l'attention, c'est-à-dire la compréhension. l'autre, c'est que chacun fasse un petit effort, une seule fois, comme je le fais chaque jour de ma vie : transmettre une de mes lettres, monsieur le docteur ! une !

– c'est tout ? une lettre ? mais ce n'est pas votre travail ?

– oui, c'est mon travail, je suis un transporteur, et à pied en plus, mais n'importe qui dans cette vie peut être sollicité afin d'acheminer une lettre, vous comprenez, monsieur le docteur ?

– je crois

– je vous demande donc quelque chose de très simple, remettez cette lettre – il tendit la lettre – à qui vous pouvez. j'ai besoin de me déplacer motorisairement, monsieur le docteur. chacun possède les outils de sa profession, vous avez cet écouteur de cœur, votre voiture, votre clinique – le sérieux du facteur était parfaitement convaincant. – en tout cas, serait-ce trop vous demander ?

le médecin glissa la lettre dans sa mallette

les gardes s'approchaient, se demandant si le docteur avait besoin d'aide, s'il s'agissait d'un fou déguisé en facteur ou d'un ivrogne insistant, mais ils reconnurent le Facteur et s'éloignèrent en souriant

– la vie est faite de compréhension, camarades, chacun son travail, je pars faire ma distribution

n'étant pas loin, il décida de faire un saut jusqu'à l'immeuble

il accomplit les rituels des sourires, salua MariaComForça qui avait déjà écoulé plus de quarante et quelques sandwichs motorola, appellation sous laquelle étaient connus les oblongs morceaux de pain fourrés de chorizo, rappelant par leur forme les premiers modèles de téléphones portables vus en Angola

– vous voulez un motorola, camarade Facteur ?

– j'ai déjà pris mon petit-déjeuner ce matin, dona MariaComForça, mais je vous remercie

– de rien…

– je vais monter alors

– rendez-moi un service s'il vous plaît, camarade Facteur

– dites-moi

– prévenez le CamaradeMuet qu'il peut commencer à tout éplucher, car nous allons avoir une séance spéciale à l'heure du déjeuner

– "séance" ?

– ah, vous ne savez pas ? alors je vous invite, si vous êtes dans le coin, montez dans un moment sur notre terrasse, mon mari organise un cinéma très nouveau

– vraiment ?

– oui

– merci

lentement, le Facteur commença à monter

il s'arrêta

là, auprès de cette étrange étendue d'eau, son corps inventait, à l'intérieur de lui, une danse à la saveur oubliée

– je dis que cet immeuble est ensorcelé…

ses pieds bougeaient comme les notes d'un piano épileptique, ses genoux tremblaient, les muscles de son cou se raidissaient et de façon claire et soudaine quelque chose dans son pantalon prenait du volume réclamant un exercice inadéquat à cette heure

le Facteur se laissa aller, dans la fraîcheur soudaine qui lui emplissait l'âme, ivre mais sobre, il ferma les yeux et se mit à écouter la symphonie des bruits légers qu'orchestrait l'immeuble

les voix de ceux qui se réveillaient, les pieds qui traînaient dans les étages supérieurs, des phrases éparses en umbundu descendant lentement le long du couloir vertical qui avait jadis été utilisé par un ascenseur, le vacarme de l'eau s'écrasant au sol, le cliquetis du bec d'un coq picorant le sol de l'immeuble voisin, l'abrasif et doux froufrou des arbres de la Maianga, le grincement des seaux de Paizinho au troisième étage, la voix de NgaNelucha se fâchant avec son mari Edú pour que celui-ci ne se serve pas toujours de l'excuse de son gigantesque *mbumbi* pour échapper à la douche

le Facteur ouvrit les yeux et prit les escaliers pour monter au cinquième étage où un disque vinyle diffusait la voix de RuyMingas chantant d'une voix dolente une chanson que le Facteur n'avait pas entendue depuis des années

ma mère, tu m'as appris à attendre, comme tu as attendu patiemment, aux heures difficiles

Paizinho regarda le Facteur hypnotisé passer devant lui sans le saluer et il sentit lui aussi l'appel de la musique, mais il était trop tôt pour aller là-haut et trop tard pour le retard qu'il avait accumulé dans la remise des seaux d'eau et de lavage des voitures,

mais en moi, la vie a tué cette espérance mystique, je n'attends pas... je suis celui que l'on attend...

au quatrième, NgaNelucha sortait de chez elle habillée comme pour un concours de miss et, même en évitant de la regarder, le Facteur ne put s'empêcher de remarquer les souliers violets, la jupe ajustée, le soutien-gorge trop petit pour les seins pigeonnants, le parfum capiteux et la façon dont ce corps se servait du terrain accidenté des escaliers pour stimuler de petites oscillations dansantes dans l'opulence de ses cuisses puissantes

nous les enfants nus… les gamins sans école, jouant au ballon en chiffon…

au cinquième étage, le CamaradeMuet souriait doucement, presque intérieurement, détenteur des secrets de sa musique sur vinyle, bande sonore constante – même quand elle était presque inaudible – de cet immeuble mystérieux, décati, pauvre, à travers lequel la vie promenait sa célébration

sur les plages à midi, nous-mêmes, les travailleurs…

le couteau aiguisé oscillait en de rapides petits mouvements, les épluchures tombaient à ses pieds comme des sourires, la porte ouverte dansait dans le vent léger, l'aiguille de la platine lisait le disque de la voix d'un oracle lisant la vie

nous sommes tes fils, ceux des quartiers pauvres, nous avons faim et soif,

honte de t'appeler mère,

nous avons peur de traverser les rues, peur des hommes

nous sommes, l'espérance à la recherche de la vie…

le Facteur réussit à s'approcher discrètement du CamaradeMuet, celui-ci écarta son couteau de la pomme de terre humide laissant les gouttes glisser de ses gros doigts dans le silence du matin quand la musique s'arrêta

– pardonnez-moi, l'ancien, mais cette musique est trop… – le Facteur essuya ses larmes, embarrassé

– ne vous en faites pas, mon fils, je pleure moi-même souvent… c'est qu'on est plutôt habitués à pleurer tout seuls… tu connaissais cette chanson, pas vrai ?

– je la connaissais, mais je ne l'avais pas entendue depuis très longtemps

– hum…, les chansons nous poursuivent – le CamaradeMuet se remit à éplucher le tas sans fin de pommes de terre, invitant, d'un geste discret, le Facteur à entrer, qu'il se serve un verre d'eau et pose sur la platine la face b du disque.

là-haut, inventant de nouveaux aménagements, JoãoDevagar exerçait sa nervosité contrôlée pour l'événement prévu, en cette journée splendide, à l'heure du déjeuner : la séance inaugurale, spéciale, des mystérieuses performances du cinéma GaloCamões, installé sur le toit de son immeuble, ici, dans le quartier plein de trous de la Maianga, au cœur de sa ville bien-aimée

– sans cette lumière trop forte, nous pourrions avoir aujourd'hui une belle séance !

JoãoDevagar avait déjà fait courir la nouvelle, se moquant de la réalité lumineuse dans la précipitation de son manque de préparation professionnelle

il était évident que pour les professionnels du cinéma en plein air, l'heure du déjeuner n'était pas vraiment le moment indiqué pour lancer l'inauguration d'un projet de cette nature. mais si JoãoDevagar avait souvent été brouillon dans ses idées, la vérité était qu'il était aussi très bon dans l'art de l'improvisation sociale. il avait demandé à sa femme de cuisiner quelques plats et de renforcer les doses de boissons, il avait invité les voisins et les personnes qui comptaient dans le monde de l'oisiveté luandaise, ce qui incluait quelques amis de quartiers plus éloignés et même quelques professionnels du champ journalistique, imprimant ainsi à l'événement une couverture audiovisuelle méritée. même le journaliste PauloPausado avait reçu une invitation transmise par l'intermédiaire de son voisin du troisième étage, celui qui faisait régulièrement griller du poisson dans le couloir de l'immeuble, et comme le journaliste était en grande conversation avec le colonel Hoffman, celui-ci finirait, ne serait-ce qu'à cause de la quantité de whisky qu'il avait ingurgitée, par adhérer à l'événement

la foule fut conduite sur la grande terrasse par Paizinho qui, ce matin-là, ne put s'acquitter de ses nombreux services aquatiques, tant le nombre des implications que sa nouvelle fonction exigeait était important, porter les chaises, nettoyer les grils pour les brochettes que MariaComForça y ferait cuire avec du citron et du *jindungo* pour les plus costauds et avec de la moutarde ou de l'huile de palme pour ceux qui souffraient d'aigreurs d'estomac,

comme cela arrive souvent à Luanda, beaucoup de ceux qui étaient là avaient rejoint des groupes formés spontanément sans connaître la raison de cette réunion sociale, mais parce que les gens avaient appris qu'il y aurait à boire et à manger, à l'heure du déjeuner, dans un local improvisé et privé sur la terrasse aérée d'un célèbre immeuble de Luanda, sur lequel courait une quantité d'histoires à propos d'un premier étage envahi par une eau mystérieuse et fraîche, comme le confirmaient ceux qui avaient eu l'occasion d'y pénétrer, une eau qui donnait au corps et à l'âme une énergie singulière et vivifiante, ce qui se révélait, on le savait maintenant, très difficile à expliquer à ceux qui n'y étaient jamais entrés

parmi les invités il y avait les habitués du BarcaDoNoé, y compris le gros Noé lui-même, qui s'était fait accompagner, pour ne pas se sentir déplacé, par son ami le Gauchiste, celui-ci ne lâchant pas la vieille mallette qui renfermait ses notes, on avait autorisé l'entrée à un groupe de jeunes curieux, le chanteur PauloFlores qui passait par hasard par la Maianga fut reçu avec une ovation générale, ceux de l'immeuble vinrent aussi, Edú, aidé par Paizinho, apporta son petit banc et prit place dans un endroit stratégique d'où il pouvait observer, alternativement, la souriante assemblée, les gesticulations verbales et gestuelles de JoãoDevagar et même les oscillations de tête, verticales ou horizontales, du coq de l'immeuble d'à côté, comme si celui-ci cherchait à participer alors qu'il n'était pas invité, en écoutant les bribes de voix et de musique qui lui arrivaient aux oreilles

près de la table des mets qui disparaissaient à un rythme soutenu, de gros baquets en plastique remplis de glace contenaient des bières de toutes tailles et marques, Maria-ComForça souriait heureuse du rythme des ventes et demandait constamment à Paizinho de renouveler le stock, Amarelinha, la fille d'Odonato, avait installé un banc dans l'entrée pour vendre ses colliers et bracelets de verroterie ornés de petits morceaux de bois ou de coquillages achetés au MarchandDeCoquillages qui, à cet instant, effrayé par le nombre de gens, arrivait accompagné de son vieil ami, l'Aveugle

– Amarelinha… tu es ici ? – le MarchandDeCoquillages ne savait pas quels mots employer pour parler à la jeune fille

– oui… il y a beaucoup de gens et je suis venue pour vendre, je ne sais pas si ça va être comme ça tous les jours

– et ton père, il est là ? il ne vient pas ?

– mon père est sorti, il est à la recherche de Ciente, on n'a pas de nouvelles de lui

– ahan, c'est bien. et ta grand-mère va bien ?

– bien, merci

JoãoDevagar demanda à l'assemblée une minute d'attention, quelqu'un cria "ça risque pas d'être une minute !", on riait, on buvait, mais on laissa quand même le silence s'instaurer lentement

la pause stratégique de JoãoDevagar attira l'attention des présents, aux haleines de bière se mêlaient les fumées odorantes venues des grils, le tintement des verres qu'on posait sur les murettes bordant la terrasse, le bruit des pieds traînants de l'Aveugle qui alla s'asseoir près d'Edú, celui peu discret de la main d'Edú grattant frénétiquement son gigantesque testicule de compagnie, plus l'odeur presque unifiée de ce qu'on pourrait appeler la puanteur collective

JoãoDevagar savait se servir de ces éléments dans l'allocution qu'il adressait à la foule

il attendit, prolongeant la pause, et, quand elle devint intolérable, il étendit le bras, vers l'avenir, pensèrent quelques-uns, mais en direction du coq borgne, comprit l'Aveugle qui, c'est bien cela, était quelqu'un qui, ne voyant pas les choses concrètement comme les autres, les voyait à sa façon, avant ceux qui pouvaient les voir en vrai

– parfois les affaires... le loisir... et nos obligations sociales sont trop près de nous – toussa JoãoDevagar, intentionnellement – l'air pur de cette ville, le merveilleux climat de notre pays, et ici dans notre cité, cette proximité avec la mer et avec la modernité du pays, et la vision modeste d'un coq

la foule aperçut enfin le coq, et le coq, gêné par le poids de tant de regards, baissa la tête, se glissa dans un coin reculé, et la foule rit

– oui, disons, un coq performatique et courageux, porteur d'une esthétique digne d'un des plus grands noms de la littérature de langue portugaise... presque un acteur, mais de l'autre côté du mur... c'est un coq qui m'a inspiré cette idée, mesdames et messieurs

on applaudit, on siffla, le colonel Hoffman demanda encore une bière, et les contrôleurs DestaVez et DaOutra firent leur entrée sournoise dans le local, accompagnés d'une jeune femme aux cheveux blonds et aux lunettes noires

JoãoDevagar ne se laissa pas perturber

– c'est dans ce contexte culturel... gastronomique – il fit un geste du côté où MariaComForça écoutait ses paroles en souriant – que l'on inaugure à Luanda un nouveau lieu, disons, un lieu culturel... nous avons le plaisir de compter parmi les présents quelques-uns des membres de notre communauté artistique... journalistique et socialistique... des gens de notre quartier et d'autres quartiers et aussi des personnes issues du forum international, de l'onu et des oènegés – il sourit en direction de la jeune femme étrangère qui n'avait pas compris l'allusion à sa personne – cependant il est important de souligner deux points... cet espace culturel va recevoir le nom très digne de "GaloCamões" – le public soupira à l'unisson –, le plus grand respect sera demandé vis-à-vis de notre petite mascotte qui se trouve à l'abri dans un voisinage prudent... car par les temps qui courent… dans une soudaine émergence d'appétit, nous savons que quelques éléments de notre société – JoãoDevagar regardait Paizinho qui tentait de se dissimuler – seraient susceptibles d'attitudes rôtisseuses face au moindre animal qui circulerait dans les alentours…

– arrête de jacter, mec, la bière réchauffe ! – cria quelqu'un

JoãoDevagar n'apprécia pas, mais comme tout le monde avait éclaté de rire, il pensa qu'il valait mieux s'accorder avec la protestation

– vous avez raison, impatient et éthylique ami… nous allons passer aux conclusions

– vive Odorico ! – brailla le même individu provoquant un fou rire général

– ayez la bonté, camarade – dit JoãoDevagar agacé –, d'attendre votre tour pour parler sans oublier de vous inscrire auparavant si vous désirez faire un discours… un peu de respect, il s'agit ici d'une séance solennelle, nous avons parmi les présents des anciens – il indiqua l'Aveugle –, sans compter des personnes que nous avons tous eu l'occasion de voir à la télévision pour des raisons physiologiques des plus extraordinaires – il montra Edú –, voire même des ambassadeurs des bonnes volontés et l'une des grandes voix de la communauté musicale de notre pays – il désigna PauloFlores, que l'assistance ovationna à nouveau

la jeune journaliste souriait et prenait des photos, sans s'apercevoir d'au moins deux choses que les angolais n'aiment pas beaucoup, l'une – qui n'a rien à voir avec la situation présente – est qu'une femme invitée à une fête ne danse avec personne, et l'autre, celle-ci oui, plus pertinente en l'occurrence, est que quelqu'un prenne des photos sans s'être présenté au préalable et sans expliquer le but de ces tirs focaux

– de telle sorte que la culture, ce vaste champ qui a toujours sa place dans le quotidien des luandais… et même, selon ce que j'ai entendu dire, des *malanjinhos*… la culture n'a nul besoin d'horaires ni de grandes explications : je déclare ouvert et inauguré cet espace culturel, qui, comme nous allons le voir et l'entendre et nous asseoir et boire... accueillera les formats les plus divers dans le domaine du cinéma, aussi bien concernant les films que les capacités humaines, le théâtre très moderne des confessions improvisées, ainsi que d'autres formats culturels que nous n'allons pas dévoiler ici pour des raisons de stratégies culturelles de notre direction. fin de citation et j'ai parlé ! – JoãoDevagar leva sa bouteille de bière presque chaude et le public applaudit très fort entre commentaires et rires

– très bien – salua Hoffman de sa grosse voix

– vive Odorico ! – cria à nouveau l'ivrogne

les contrôleurs DestaVez et DaOutra acceptèrent, sans la payer, la bière que leur tendit MariaComForça, ils déambulèrent à travers la fête, observèrent de loin le coq recueilli, échangèrent quelques mots avec Edú et abordèrent la jeune journaliste

– mademoiselle, vous avez les autorisations ?

– comment ?

– êtes-vous munie des documents nécessaires ?

– comment ?

– nous sommes en Angola, mademoiselle, ici les accompagnements de la communication sociale exigent un certain nombre de documents

– je ne comprends pas

– mais vous allez comprendre – DestaVez sourit

– oui, vous allez comprendre – confirma DaOutra

– les autres journalistes aussi ont besoin de ces papiers ?

– les nationaux sont inhérents

– pardon ?

– les nationaux sont inhérents, madame, les autorisations pour les reportages, surtout à teneur photographique, ont un coût, j'espère que vous avez de quoi

– je ne sais pas si je comprends

– pour votre chance nous sommes des contrôleurs multifonctions, nous pouvons peut-être vous fournir quelques indications et même l'autorisation en question

– c'est vous qui fournissez ces documents ? – la jeune fille, sérieuse, cherchait à régler le problème pour continuer à prendre ses photos – je travaille pour la BBC, et j'ai une accréditation

– mais vous avez une accréditation pour cet événement ?

– pour cet événement, en particulier non… mais en général

– le général c'est une chose – dit, lentement, DestaVez

– le particulier, même conjoncturel… – dit DaOutra – c'est une autre histoire

– mais qui êtes-vous, messieurs ?

– nous sommes DestaVez et DaOutra, les contrôleurs

– les contrôleurs ? de quel Ministère ?

– de plusieurs

– plusieurs ? mais lesquels ?

– plusieurs, ça veut dire, ceux qui supposent ce genre d'autorisation

– je ne sais pas si je comprends bien

– ça, je me suis déjà rendu compte que vous avez des difficultés à comprendre… plus c'est difficile à comprendre, plus il est difficile de faire son boulot

– mais il faut vraiment une autorisation spéciale pour couvrir un événement ?

– oui, parce qu'il y a une différence entre comparaître et couvrir – annonça DestaVez

– oui, il y a une différence – confirma DaOutra

– mais normalement…

– ma chère madame, nous ne trouvons pas dans une situation normale, nous nous trouvons dans une inauguration culturelle à teneur parallèle…

– pardon ? – la jeune fille se dit que les contrôleurs étaient peut-être soûls

– voyez-vous, le problème c'est qu'il vous faut une autorisation. mais il n'y a que nous qui le savons… n'est-ce pas ?

– il me semble

– et il n'y a que vous qui sachiez que vous ne l'avez pas. alors pourquoi compliquer les choses ?

– c'est vous qui compliquez

– non, c'est vous qui ne nous facilitez pas la tâche. et si vous continuez à compliquer, ça va créer des complications

– et comment est-ce que je pourrais “ faciliter la tâche” ?

– par exemple, avec une demi-grande tête

– pardon ?

– une demi-grande tête – expliqua DaOutra – est un billet de banque, normalement de couleur verte, de cinquante dollars américains, pour éviter de faire payer en euros, et uniquement parce que dans le cas présent nous avons affaire à une madame journaliste

– et si j'étais un homme ?

– un homme ? – DaOutra se tourna vers DestaVez, pour que son frère exprime son avis sur la situation

– pour un homme ce serait cent euros ou plus

– et pour quoi ? – dit la journaliste qui commençait à s'énerver

– parce que les angolais sont plus sympathiques avec les dames

– et si c'est un angolais qui aime les hommes ?

– qui aime les hommes ? mais comment ça ? – DestaVez devenait nerveux

– les hommes, un contrôleur qui aimerait les hommes... vous voyez ? dans ce cas-là peut-être qu'il demanderait une demi-grande tête à un journaliste homme de la BBC... et il pourrait demander cent euros à une journaliste femme

– je n'ai jamais entendu parler d'un cas semblable – DaOutra lui aussi commençait à perdre pied

– moi, j'ai entendu dire que les contrôleurs ici à Luanda... ont l'habitude d'être plus sympathiques avec les journalistes hommes... je ne sais pas si c'est votre cas. d'ailleurs, je pensais justement écrire sur la question... je vois tellement d'hommes ici dans cette fête... vous-même, messieurs, qui êtes arrivés ensemble

– nous sommes frères issus d'un même père

– mais ça, à la BBC, personne ne le sait

– bon alors, nous allons essayer de résoudre les choses d'une autre façon… – DestaVez se racla la gorge – cette fois-ci vous pouvez continuer votre travail, et nous ne vous donnons qu'un avertissement verbal

– je vous remercie de cette attention, monsieur le contrôleur

– très bien – dit DestaVez

– oui, très bien – dit DaOutra

– alors allez en paix, comme on dit à l'église

– merci, monsieur le contrôleur

la foule commençait à se disperser, il n'y avait plus de boissons gratuites, à partir de la fin du discours tout était devenu payant, ce qui découragea quelques-uns des membres de l'assistance, surtout ceux notoirement connus comme pique-assiettes, un substrat social composé de ceux qui, joyeusement et pour ainsi dire dans un esprit de mission sociale, se consacraient depuis leur plus jeune âge à fréquenter les mariages, les funérailles, les baptêmes, les réunions sociales ou politiques, les anniversaires ou les événements associatifs avec l'intention de manger et boire sans rien payer, surtout conscients et fiers de n'avoir, ni directement ni indirectement, été invités

NgaNelucha, la femme d'Edú, vint le chercher sur la terrasse, pas seulement parce que son mari avait passé trop de temps exposé au soleil et aux imprévisions du contact social, voire journalistique, mais aussi parce que sa sœur, une célèbre agente culturelle luandaise, était chez eux, disposée à mettre au point une stratégie de commercialisation du problème anatomique et singulier d'Edú. avec l'aide de Paizinho, on le ramena chez lui, sans oublier le petit banc qui l'accompagnait depuis tant d'années

après avoir répondu à quelques questions, au cours desquelles JoãoDevagar évita de dévoiler concrètement à quel genre d'activités serait dédié cet espace, réitérant avec plus ou moins d'éloquence ce qu'il venait de dire dans son discours improvisé, le principal organisateur de l'événement vit s'approcher de lui les contrôleurs DestaVez et DaOutra

– vous êtes là ?

– nous n'avons pas reçu d'invitation officielle, malheureusement, mais l'information circule bien à Luanda

– j'en suis ravi

– alors comme ça vous n'avez pas encore résolu le problème de change ?

– le problème ? – s'étonna JoãoDevagar – je n'ai aucun problème de change, monsieur le contrôleur, vous devez faire erreur, comme vous êtes en train de boire en plein service – dit-il en indiquant la bouteille que tenait DestaVez

le contrôleur lui jeta un regard noir et avala le reste de sa bière en une seule gorgée, assumant et la bouteille et l'ingestion du liquide

– vous pensez que vous pouvez vous moquer de nous, monsieur joão très lent ?

– je ne pense rien, monsieur le contrôleur

– vous voulez que je fasse arrêter votre femme et ses copines qui font semblant de vendre du poisson et de la viande et autre *paracuca* de l'ancien temps, et qui cachent des dollars sous la nourriture ?

– vous devez comprendre… en fait je ne suis en aucun cas mêlé au moindre négoce illégal…

– et ce centre culturel ou je ne sais quoi, c'est quoi ? quelle est la combine ?

– nous avons démarré aujourd'hui, comme vous avez pu le voir

– et sans patente, j'imagine

– vous imaginez très bien – confirma JoãoDevagar

– évidemment, mais c'est bien ce qui est compliqué – commenta DestaVez

– très compliqué – acquiesça DaOutra

– ceci étant et vu comment cela se passe… d'après ce que nous avons pu remarquer au cours de cette séance inaugurale… avec autant de gens d'ici et même d'ailleurs – ils regardèrent la jeune journaliste qui leur fit un clin d'œil – le mieux c'est que vous preniez des mesures

– quelles mesures ?

– les mesures préventives, imaginez que vous receviez la visite-surprise d'une entité quelconque des services fiscaux

– quelle est votre proposition ?

– c'est ce que nous, nous voudrions savoir : quelle est votre proposition ?

– quoi ma proposition ?

– personne, à commencer par nous-mêmes, n'a rien compris… finalement, que va être cet endroit ?

– cet endroit va être un cinéma nouveau… dans un contexte de modernité, on ne sait pas bien encore

– arrêtez vos discours à la mords-moi le nœud et déballez votre projet

– ça peut être tout… nous allons proposer des séances pour adultes, le soir… nous pourrons organiser des matinées l'après-midi, avec bals ou projections de films, je ne sais pas bien encore

– mais les bénéfices gastronomiques de madame votre épouse, ses grillades et autres…

– oui, ça éventuellement

– mais c'est que nous inspectons également l'éventuel

– je comprends

– alors nous en resterons là… nous passerons de temps en temps, pour voir comment marche l'affaire, et vous nous passerez le *cumbú*, afin que nous n'inspections pas officiellement l'affaire…

– d'accord

– et nous ne paierons pas les billets des séances de projections pour adultes

– c'est d'accord

– encore une question

– je vous écoute, monsieur le contrôleur

– cette journaliste avec l'accent de la BBC ?

– je ne la connais pas

– je vous donne un conseil d'ami… méfiez-vous d'elle

– pourquoi ?

– elle dit n'importe quoi, et en plus nous courons le risque qu'elle aille écrire n'importe quoi à l'étranger sur nous, les angolais...

– vous croyez ?

– méfiez-vous, c'est tout ce que j'ai à vous dire

– c'est bon, je verrai ça. mais c'est quoi, elle roule pour l'opposition ?

– mon ami, vous savez... l'opposition dépend de qui vous soutenez, je ne sais si vous me comprenez...

la journaliste avait profité de l'occasion pour rencontrer d'autres personne de l'immeuble et elle ne tarda pas à lier conversation avec le MarchandDeCoquillages et l'Aveugle, à se présenter au silencieux CamaradeMuet, et descendit avec eux pour visiter les appartements et faire la connaissance de leurs habitants, fascinée par la diverse et singulière humanité qu'abritait l'immeuble et confrontée à la difficulté de comprendre, au milieu de tant de noms et d'occupations étranges, qui en étaient les habitants officiels

– et l'eau ? personne ne peut résoudre ce problème ?

– quel problème ?

– l'eau en bas, on dirait une cascade, il faut vraiment faire très attention pour monter

– non, ce n'est pas la peine de faire très attention, il faut juste connaître – répondait, très sérieux, Edú –, si vous ne connaissez pas, vous ne devez pas monter... mais si vous ne connaissez pas, c'est aussi pour nous un avertissement : qu'est-ce que vous venez faire ici ?

– moi ?

– non, pas vous, n'importe qui, vous comprenez ?

– ce qui veut dire que l'eau n'est pas un problème ?

– mais, chez vous, l'eau est un problème ? l'eau appartient à tout le monde, elle arrive ici dans notre immeuble, et elle est distribuée. où est la *maka*, ma fille ?

– *maka* ?

– *maka*, ça veut dire problème

– j'ai compris

– *maka grossa*, c'est un problème plus compliqué

– *maka grossa* ?

– oui, *maka grossa*, et il y a aussi *maka mesmo*

– *maka mesmo* ?

– celle qui t'arrive comme ça. qui t'affecte, dans ta vie ou dans ton cœur

– pour le cœur aussi, on peut parler de *maka* ?

– et alors ? vous qui êtes jeune vous ne savez pas ça ?

la journaliste rit en acquiesçant de la tête, NgaNelucha commençait à ne pas apprécier la conversation

– oh, Edú, tu as dit que tu étais fatigué, qu'il fallait rentrer à la maison pour reposer ton *mbumbi*, et voilà que tu te lances dans des leçons de kimbundu ?

– allons, ma chérie, ça n'a rien à voir

– oui, je la vois la *maka*... une *maka* blonde, c'est encore un autre genre de *maka* !

la sœur de NgaNelucha, une mulâtresse aux lèvres épaisses et légèrement tombantes, était arrivée dans le couloir au moment où ils rentraient dans l'appartement

– mon beau-frère préféré ! – salua-t-elle joyeusement

– ma belle-sœur et la plus belle bouche d'Angola ! – Edú l'enlaça comme il put, l'enflure entre ses jambes rendait ces moments toujours un peu embarrassants – je te présente cette jeune fille internationale qui dit qu'elle n'a pas de *maka* dans le cœur

Fató ne bougea pas et lança à l'étrangère un regard type rayons x, faisant naître chez celle-ci un malaise que NgaNelucha n'avait pas obtenu

– entrons et parlons affaires, je n'ai pas toute la journée – dit Fató en rentrant dans la maison de sa sœur – vous permettez, mademoiselle

– au revoir – murmura Edú, s'excusant du regard auprès de la jeune fille ébahie

– merci pour tout – ses mots se heurtèrent à la porte qui se refermait

Paizinho était dans le coin, et il s'offrit à nouveau avec enthousiasme pour continuer à lui faire visiter l'immeuble, répondant joyeusement aux questions de la jeune fille, racontant de petits secrets, comment entrer sans se faire remarquer, comment sortir sans passer par le rez-de-chaussée et toutes ces histoires grandioses que le temps se charge de conserver et de gonfler

– il y en a qui disent que cet immeuble a sa propre volonté… c'est la raison pour laquelle des choses étranges se produisent – la journaliste parlait à voix basse, dans les couloirs du premier étage, observant la façon étrange et paisible à la fois avec laquelle l'eau coulait, incontrôlable, le long des murs

– il suffit d'attendre et de voir… beaucoup de choses arrivent ici, et quand je passe là, mes pensées sont différentes

– vous êtes d'ici, de Luanda ?

– non, je suis du Sud, c'est la guerre qui m'a chassé de là-bas

– c'était comment la guerre ?

– la guerre, ce n'est pas quelque chose dont on parle, madame… vous, vous avez connu la guerre ?

– d'après les photos… mon grand-père a fait la guerre pendant des années

– des photos ? comment ça ? on peut voir la guerre sur une photo ?

– non… bien sûr que non… – la journaliste baissa les yeux – qui est la vieille dame qui vit ici dans l'immeuble ?

– c'est une dame qui vient du Sud, elle aussi

– et vous parlez dans votre langue ?

– j'ai oublié ma langue… peut-être le jour où je retrouverai ma mère

– et où est votre mère ?

– je ne sais pas, je suis à sa recherche, aujourd'hui même je vais à la télévision, une émission qui retrouve les personnes disparues

– et on les retrouve vraiment ?

– il faut commencer par y croire…

sourit Paizinho

le corps trempé, transportant encore un seau d'eau.

dans la pièce, en dehors de DonaCreusa, qui avait été autorisée à être présente, il y avait l'Assesseur Santos-Prancha et le Ministre

les contrôleurs DestaVez et DaOutra arrivèrent à temps pour la réception, ils ne savaient pas ce qu'on célébrait, et se réjouirent à la vue des petits-fours et des nombreuses bouteilles de champagne

– vive la compagnie de distribution des eaux ÁguasCristalinas ! – clama DomCristalino

– vive le précieux liquide – dit le Ministre en clignant de l'œil – et vive la préciosité des liquides en général !

– viva ! – dirent d'une seule voix DestaVez et DaOutra

DonaCreusa se tenait un peu en retrait, discrète, dans l'attente qu'on lui proposât une coupe, chose à laquelle personne n'aurait pensé sans la délicatesse de Cristalino

– vous ne buvez pas, madame ?

– ça dépend – intervint l'Assesseur

– comment, ça dépend ? ça ne dépend que de la soif qu'elle éprouve, et de son désir, alors – et se tournant vers elle – voulez-vous un peu de champagne ?

– volontiers, monsieur Cristalino

– c'est bien, il faut boire, ça porte bonheur

– et calme la soif ! – ajouta le Ministre

par la porte entrouverte on entendait sonner le téléphone du bureau de DonaCreusa qui s'empressa d'aller répondre

– qui ? oui… un instant – elle retourna dans la pièce – excusez-moi, monsieur le Ministre, l'américain est à l'accueil

– quel américain ? – le Ministre avait complètement oublié

– celui du *matako*, heu… comment s'appelle-t-il déjà, DonaCreusa ?

– Rambo… Rango…

– Raago – corrigea Cristalino

– oui, c'est ça

– et alors ? – le Ministre se tourna vers Cristalino

– alors qu'il se joigne à nous, il y a encore du champagne

– que Rambo se joigne à nous, DonaCreusa ! – le Ministre semblait sincèrement joyeux

l'américain arrivait avec les rapports provisoires de ses premières visites sur le terrain

son air ennuyé et les notes qu'il apportait étaient préoccupants, ses soupçons étaient confirmés, les excavations – qui avaient commencé – n'étaient pas cartographiées comme elles auraient dû l'être, les risques que l'on courait avec les perforations et les trépidations ne respectaient pas, ni de près ni de loin, le niveau de sécurité considéré internationalement comme acceptable

le danger s'étendait donc aux immeubles et aux habitations de la ville, ce qui incluait même des bâtiments gouvernementaux, l'assemblée de la république, le port de Luanda et même la demeure du camarade Président de la république lui-même

Cristalino comprit que l'américain tentait avec ses cartes de donner de l'importance à son alerte

– allez, monsieur Raago, reprenez votre calme ! je crois qu'il y a une façon de faire les choses, tout a été étudié, tout est planifié

– yes, but not very well planifié

on n'avait pas tenu compte du gaz récemment découvert dans le sous-sol, à présent bien évalué, ni de la localisation, c'est-à-dire de la profondeur exacte où se trouvait le pétrole, et, expliquait nerveusement le citoyen américain, avec les tranchées, ce qui initialement était un schéma contrôlé bien que menaçant se trouvait à présent démultiplié dans une dangereuse combinaison de risques apparemment incontrôlables

les contrôleurs reprirent du champagne, SantosPrancha, nerveux, ouvrit une nouvelle bouteille de whisky, le Ministre répondit à un appel de son bruyant téléphone portable

– messieurs – s'écria Cristalino –, remettons de l'ordre dans cette maison !

les contrôleurs posèrent leur coupe, DonaCreusa se retira en refermant la porte, SantosPrancha continua à boire à petites gorgées son whisky tiède, le Ministre débrancha immédiatement son téléphone

– monsieur Raago, je vais dire en portugais quelque chose d'important, mais si vous ne me comprenez pas, dites-le-moi, je traduirai

– ok – dit Raago, appréhensif

– il n'y a pas de risques incontournables dans ce pays... – Cristalino parlait si lentement qu'il semblait énoncer une révélation biblique – vous avez bien compris ma phrase ?

– ok, i got it

– les travaux ont déjà commencé, des milliers de tunnels sont en train d'être creusés en ce moment même, les tuyaux ont été achetés, les équipes ont été engagées. la machine du développement et de la modernité est en mouvement...

– je comprends

– et le camarade Président, lui-même, a signé tous les documents concernant l'exploration du pétrole à Luanda. toutes ces personnes, y compris celles qui se trouvent dans cette pièce, font partie de que nous appelons la CIPEL. vous êtes l'un de nous, vous êtes un "cipelin", comme disent les gens

– je comprends

– par conséquent, il n'y a pas de problèmes incontournables, il n'y a que des solutions. il y a l'avenir ! nous sommes d'accord ?

– oui. yes, oui

Cristalino s'assit, regarda par la fenêtre, l'air pensif

là même, tout près, des machines creusaient bruyamment, puis il sourit, comme s'il écoutait un orchestre bien entraîné

– vous pouvez demander vos glaçons, monsieur l'Assesseur – dit Cristalino

DonaCreusa fut appelée par téléphone et le rituel de l'arrivée des glaçons fut dûment accompli, les contrôleurs burent encore plus de champagne, Raago fut invité à ranger ses notes et à réécrire son rapport final

– et maintenant passons à quelque chose d'également intéressant, monsieur Raago, où en est-on de cette histoire d'éclipse ?

– what about it ?

– est-il vrai que l'Angola est le meilleur endroit au monde pour assister au phénomène ?

– yes, c'est vrai

– ce pays est spectaculaire – dit le Ministre remplissant ses poumons d'air et sa bouche de champagne – buvons à l'éclipse !

– à la meilleure éclipse du monde ! – SantosPrancha leva son verre moite

dans la rue des panneaux gigantesques annonçaient l'éclipse, on l'appelait déjà "la plus angolaise de toutes les éclipses", dans les journaux et dans les radios on ne parlait de rien d'autre, non pas tant pour donner une explication scientifique du phénomène ou pour éclairer les franges les plus superstitieuses de la population, mais plutôt comme d'un événement considérable qui pouvait devenir une source de bénéfices financiers ou politiques, certaines de ces affiches émanant même du Parti, qui communiquait à propos d'une large gamme d'activités organisées autour du phénomène céleste et fournirait plus tard détails et dates, horaires et lieux, mais la province du KwanzaSul, par exemple qui après tout n'était pas loin de Luanda, était en fait l'un des meilleurs sites du monde pour assister à "l'événement", comme on l'appelait déjà, entre autres titres curieux qui avaient fait la une ces derniers jours

"Luanda emprunte sa fête du soleil à Sumbe", écrivait un éditorial

"le soleil abandonne Angola pour quelques heures", écrivait un autre

"Angola fait sa salutation au soleil", lisait-on sur une affiche de quartier les petits restaurants qui avaient de quoi accrocher des panneaux sur leur devanture proposaient des menus spéciaux pour les amoureux ou pour les esseulés, "ne laissez pas le soleil éteindre votre relation", avec le droit à une boisson spéciale avec un nom spécial, "éclipse bénie", "martini à mi-ombre", "gin sonique", ou même, au niveau des boissons nationales, "*capurroto* sans énergie solaire"

ça va être une sacré fête... se disait Odonato en marchant le long des rues défoncées et stridentes de Luanda, sous le soleil brûlant encore sans éclipse

des affiches gigantesques avaient été accrochées aux murs d'un des sièges du Parti, on trouvait déjà des t-shirts et des lunettes noires que le Parti avait commandés en Chine, et tout près du panneau lumineux qui restait allumé même pendant la journée on pouvait lire "l'éclipse est passagère mais notre Parti brille pour toujours"

Odonato portait une chemise blanche à manches longues parce que dernièrement, à cause des effets de sa transparence croissante, la chaleur du soleil l'incommodait plus qu'auparavant, sans compter qu'il ne voulait pas attirer l'attention en marchant dans la rue, il cachait ses mains dans ses poches et évitait de regarder les passants dans les yeux

malgré cela, il n'était pas rare que des gens s'arrêtent un instant pour le regarder, pas vraiment certains de la raison pour laquelle ils le regardaient, mais saisis d'un pressentiment concret et d'une irrésistible attraction, l'homme après tout possédait le corps le moins normal du monde, du point de vue de celui qui regarde et ne connaît pas, ses veines étaient saillantes, le dessin de ses os commençait à se laisser deviner dans leurs bosses et leurs creux étranges et la couleur de sa peau perdait peu à peu ses caractéristiques pour se diluer dans une couleur qui, difficile à définir, s'éloignait clairement des critères normaux, voire même animalesques, que nous utilisons d'habitude pour décrire la peau d'un être humain

l'homme portait, accroché à son bras, un sac en plastique préparé par MariaComForça, contenant quelques beaux biftecks tendres revenus dans le *jindungo* et une sauce à l'oignon, deux œufs au plat qui dansaient au rythme de sa marche, une quantité considérable de pommes de terre frites et de l'oignon cru en rondelles

c'étaient les plats bien spécifiés par les policiers qu'Odonato allait rencontrer et qui, d'après ce qu'il savait, avaient en leur pouvoir son fils aîné, celui que l'on appelait depuis des années CienteDoGrã, voleur connu pour son absence flagrante de talent et poursuivi sans répit par les vicissitudes de ce qu'on appelait la poisse professionnelle

– je voudrais voir l'agent Belo

– l'agent Belo ? – demanda un policier à l'entrée du commissariat – c'est personnel ou corporatif ?

– je pense que c'est personnel

le policier regardait Odonato avec méfiance

– et c'est quoi cette odeur gastronomique ?

– c'est une commande

– pour l'agent Belo ?

– c'est ça

– alors c'est bien quelque chose de personnel

– où puis-je le trouver ?

– c'est que parfois, camarade – le policier se détendit – même quelque chose de personnel peut être traité par d'autres personnes, tout peut se discuter

– c'est vrai. mais on m'a donné l'information comme quoi je devais voir l'agent Belo pour une histoire de détenu

– nous avons beaucoup de détenus ici, mais presque tous très rapidement

– comment ça ?

– les détenus restent ici dans l'attente de leur jugement, mais comme le jugement met beaucoup de temps, on les envoie ailleurs

– où ça ailleurs ?

– ça dépend du délit, du crime… et du reste

– quel reste ?

– ce que je vous disais, camarade, ça dépend du reste de la conversation. tous les sujets peuvent être traités, j'ai même entendu dire que l'éclipse est en train d'être traitée par le gouvernement

– mais l'éclipse est un phénomène naturel

– oui, mais de toute façon

– alors, où puis-je trouver l'agent Belo ?

– bon, en fait, comme je vous l'ai dit tout d'abord, il ne se trouve pas. mais il ne va pas tarder

– ah, vous savez où il est allé ?

– plus ou moins

– mais vous avez dit que vous ne saviez pas

– non, j'ai seulement dit que tout était discutable, heureusement nous sommes en train de discuter, parce que votre commande sent très bon... peut-être même que, s'agissant du problème qui vous a amené ici, vous pourriez trouver quelqu'un de plus attentif que l'agent Belo, camarade

– mais vous avez bien dit qu'il n'allait pas tarder ?

– oui, mais je ne peux pas m'engager sur des sujets concernant les autres agents, en vérité il n'est pas au commissariat, mais moi, j'y suis

– je suis à la recherche de mon fils et on m'a dit qu'il était détenu dans ce commissariat

– il a un nom ou une référence ?

– il est connu sous le nom de CienteDoGrã

– du grain ?

– du Grã

– beaucoup de voyous ont été amenés ici ces derniers jours

– il est blessé

– blessé un peu ou blessé vraiment ?

– blessé vraiment

– c'est bizarre... les blessés vraiment ne viennent pas ici habituellement

– à quelle heure arrive l'agent Belo ?

– mon petit père – le policier baissa la voix comme pour un secret – je vais vous dire dans quelle maison vous pouvez le trouver, mais je ne veux pas que vous vous déplaciez avec le poids de ce sac de nourriture

– comment ?

– le sac reste ici et vous allez trouver l'agent Belo dans la maison que je vais vous indiquer

– et qu'est-ce que je donnerai à l'agent Belo ?

– vous lui donnerez la nouvelle

– quelle nouvelle ?

– que le brigadier a gardé le sac

– c'est vous le brigadier ?

– non, ce n'est pas moi, c'est bien pour ça que le petit père là devant moi va dire à l'agent Belo que c'est le brigadier, comme ça on évite les embrouilles

– c'est bon – consentit Odonato en tendant le sac aromatique – si je reviens dans un petit moment, vous serez encore là ?

– dépendamment de l'horaire, c'est imprévisible

– pourquoi ?

– je dois assister à une réunion, ici dans le quartier, on va parler des "cipelinos", de la *maka* des tranchées et tout ça, c'est que moi je vis dans les dépendances d'une maison

– et alors ?

– il paraît qu'avec les tranchées, quand ils trouveront du pétrole, le propriétaire de la cour en recevra une partie. mais moi, comme j'occupe seulement les dépendances en location, je veux savoir ce qui m'arrivera dans ma situation, rien qu'à cause de ça, mon loyer a augmenté. et vous, petit père, vous habitez aussi dans une cour ?

– non, j'habite dans un immeuble

– eh ben… dans un immeuble le partage c'est déjà plus compliqué. moi, si j'étais vous, j'irais habiter dans une maison ou même dans des dépendances, c'est un investissement, comme dit un de mes amis

– et alors, cette maison, elle est où ?

– je vais t'expliquer, petit père, parce que c'est dans une impasse, si tu as besoin il suffit de demander GrandMère-Teta, tout le monde la connaît

– merci

– de rien, petit père, excuse-moi – le policier ouvrait le sac –, il n'y a pas de moutarde ni de ketchup, non ?

– non… ce n'était pas prévu dans la commande

après plusieurs tours, plusieurs questions, auxquelles les gens répondaient soit avec agacement soit avec un enthousiasme joyeux, Odonato finit par trouver la maison de GrandMèreTeta

la porte de la cour, faite de planches de bois et qui avait renoncé depuis longtemps à tenir droite, était entrouverte, et par l'interstice s'échappait une odeur de charbon brûlé et de braises qui témoignaient de l'existence de nombreuses grillades de poisson

GrandMèreTeta, assise sous l'ombre vaste de son modeste jardin, se signa et dit quelque chose dans un imperceptible kimbundu, elle fixa l'homme dans les yeux, sans regarder ses mains qu'Odonato ouvrit comme s'il accomplissait une confession corporelle,

il s'arrêta après quelques pas dans la cour, en attendant la permission de la vieille femme, un chien maigre, très maigre, s'enfuit à l'intérieur de la maison et le perroquet allait se mettre à parler mais l'ancienne le fit taire

puis elle sourit

– ces sacrés animaux… – elle fit un geste bref, approcha un petit banc et fit signe à Odonato de s'asseoir – on dirait qu'ils n'ont jamais vu quelqu'un de différent

Odonato avança lentement et pour la première fois il semblait ressentir, dans un environnement convivial, les limites que sa nouvelle apparence allait imposer

il prit place sans dire un mot, respectueusement, c'était à la vieille femme de parler d'abord

– vous êtes venu pour un service de fille ?

– non. je cherche un homme

– un policier maigrichon ?

– celui-là

– il est là dans la chambre, laissez-le finir, après je l'enverrai chercher. vous voulez boire quelque chose ?

– oui, merci – accepta-t-il par politesse

– hep, petit – cria la femme en direction de la cuisine – une bière bien fraîche

– il n'y en a pas, grand-mère

– va en chercher chez la voisine, espèce de malpoli – puis elle se retourna vers Odonato, le fixant à nouveau dans les yeux, mais cherchant à voir le côté du dedans de l'homme. – la boisson arrive, profitons de l'ombre ici

– oui, mère. ça peut se faire

– je suis GrandMèreTeta

– je suis Odonato, merci

la vieille femme alluma sa cigarette

le chien maigre reparut dans le jardin, se promena dans les coins, renifla un jeune pied de bananier et vint s'asseoir, doux et paresseux, aux pieds de GrandMèreTeta, il bâilla et regarda le perroquet qui sifflait une mélodie très longue

– mais ce chien… si maigre… – Odonato semblait intrigué – il ne mange pas ?

– celui-là ? – GrandMèreTeta lui caressa la tête et le dos – ce chien, il mange beaucoup… c'est nous qui ne lui donnons rien !

ils faillirent rire, Odonato se rendit compte que, involontairement, il avait posé la question classique qui depuis des lustres faisait partie de l'éventail luandais des blagues collectives

le perroquet reprit sa mélodie

– aujourd'hui même j'ai entendu cette musique

– il passe sa vie à chanter cette chanson, c'est de qui ?

– de RuyMingas

– ahan… – GrandMèreTeta lui tendit la bière que le petit avait apportée – oh monsieur le malpoli, c'est comme ça qu'on apporte une bière, avec sa capsule et tout ? le monsieur, il va l'ouvrir avec les dents ?

– excusez-moi, grand-mère

– allez, va ouvrir la bouteille là-bas au portail

un orifice métallique, coincé à mi-hauteur du portail, faisait office d'ouvre-bouteille

– merci – Odonato sourit à l'enfant

– excusez-moi

– c'est bon

– les enfants d'aujourd'hui… – GrandMèreTeta caressait le chien tout en regardant Odonato

elle allait dire quelque chose, elle gonfla la poitrine pour préparer les mots, mais son corps renonça avant que les cordes vocales ne s'activent, le rideau s'ouvrit, léger, l'agent Belo sortit en bouclant sa ceinture, y replaçant son pistolet et sa matraque

– ce monsieur vous attend

– ah, bien le bonjour – Belo serra la main d'Odonato

– apporte un banc, petit

– oui, grand-mère

– et une bière bien fraîche, alors – demanda le policier

– mais il n'y a…

– tu recommences ? tu veux une raclée ou quoi ? va chez la voisine

l'enfant allait sortir

– et alors, d'abord apporte le banc, qu'est-ce que c'est ces façons de laisser monsieur l'agent debout ?

– excusez-moi, grand-mère

la bière arriva, Belo but presque d'un seul trait le contenu de la bouteille et reprit un air sérieux

– bon alors, camarade, j'ai entendu dire que vous voulez me parler

– je m'appelle Odonato, je suis le père de CienteDoGrã, on m'a téléphoné et je voudrais savoir ce qu'on pourrait faire pour régler cette situation

– bien sûr… la situation de votre fils… c'est très compliqué. vous savez que nous n'avons pas vraiment le pouvoir de vous aider, n'est-ce pas ?

– je comprends

– mais enfin, nous pouvons toujours faire quelque chose, au moins que le gamin soit bien traité par les autres détenus, un peu de confort, il faut dire que la prison n'est pas chose facile

– c'est vrai

– mais notre vie non plus n'est pas facile… encore les patrouilles qui font la ronde dans les quartiers ou même les agents de la circulation qui extorquent de l'argent aux *candongueiros*, ceux-là ont de meilleurs salaires, des primes, vous voyez… mais nous, qui sommes cloués au commissariat, à attendre la fin du mois et notre pauvre salaire…

– c'est vrai

– c'est comme ça

– alors, on en est où ?

– on en est que les visites ne sont pas autorisées, et que si vous retournez là-bas emmerder le lieutenant, ça sera pire. le mieux c'est que vous attendiez calmement, on va voir si on vous obtient un droit de visite, mais ce ne sera pas avant la semaine prochaine

– et maintenant, on fait quoi ?

– maintenant vous pouvez venir lui porter à manger, je le lui donnerai. vous avez encore le temps aujourd'hui, vous avez apporté quelque chose de spécial ?

– oui… je veux dire, j'ai apporté mais c'est resté au commissariat

– au commissariat ? mais avec qui ?

– malheureusement c'est resté avec le lieutenant

– ah, putain… ça commence mal – Belo finit sa bière –, excusez-moi, grand-mère, de dire des grossièretés à cette heure-ci… alors, on peut se mettre d'accord pour demain

– c'est bon, je passerai au commissariat demain. la même commande ?

– la même. il y avait des œufs frits ?

– oui

– des oignons ?

– aussi

– alors c'est ok

– à quelle heure ?
– comme d'habitude
– mais comme d'habitude vous serez au commissariat ou ici ?
– je suis concomitant
– ça veut dire ?
– si je ne suis pas là-bas, c'est que je suis ici, il suffit de m'apporter le repas et je le lui remettrai
– mais vous le lui remettrez vraiment ?
– et pourquoi que je lui remettrais pas ? j'en prends une petite partie, le reste c'est pour votre fils
– vous pouvez me dire s'il va bien ? s'il n'a pas besoin de médicaments ?
– des médicaments ?
– oui, il est blessé
– bon, je vais tâcher de me renseigner demain. oups, il est quelle heure ?
– l'heure passée – dit GrandMèreTeta
– alors je dois y aller, monsieur Ornato…
– c'est Odonato
– oui, Odonato, alors à demain. c'est que je suis en plein service là, après on va dire que les policiers ne travaillent pas
– à demain
– avec votre permission, mère – Belo serra la main de GrandMèreTeta
– allez et attention à ne pas trébucher
– je connais bien ce portail – rit Belo en s'éloignant
mais GrandMèreTeta, femme de grande sagesse, ne parlait pas du portail
– vous savez ce que vous faites, monsieur Odonato ?
– comment ça, mère ?
– je ne veux pas me mêler de la souffrance des autres, mais vous savez que les hommes mentent beaucoup, n'est-ce pas ?
– merci, dona Teta

le soleil commençait à baisser et Odonato, à vrai dire, se sentit tenté de rester là, sous cette ombre fraîche et douce, mais cela n'avait pas de sens, rien ne le retenait là

– vous partez déjà ? – une voix langoureuse arriva de la fenêtre

Ninon se servait de l'après-midi et du soleil pour mettre en scène le beau sourire sur ses lèvres

– vous ne voulez pas vous étendre un peu ? vous reposer ? ou même vous fatiguer ? – souriait la jeune fille

– non, merci

– revenez un autre jour, alors

– peut-être – Odonato se leva, jeta un dernier coup d'œil au chien, siffla un au revoir au perroquet et ne cacha pas ses mains quand GrandMèreTeta posa les yeux dessus, confirmant ce qu'elle avait deviné plus tôt

– merci, madame

il franchit le portail, gardant dans le nez l'odeur légère des grils sur lesquels le poisson avait brûlé.

à la tombée du jour, Luanda fut envahie par une brise douce, le bruit des avertisseurs et des marteaux-piqueurs fut peu à peu remplacé par une torpeur de bonace et le son des radios faisait de la ville un endroit presque agréable à fréquenter

les *candongueiros* faisaient leur travail confus, transportant les gens de leur travail plus ou moins officiel à leurs maisons plus ou moins confortables, plus ou moins dignes, bien que sur la dignité il y ait beaucoup de choses à dire ou à conjecturer

ce qui dans certains pays représente un foyer, composé d'une combinaison déterminée d'objets et de possibilités, peut ne pas répondre ailleurs à ces critères, du moment que, humainement, partout, c'est la force de l'habitude qui dicte les circonstances que chaque citoyen adopte comme acceptables, collectivement insupportables ou démocratiquement justes

– comme disait l'autre – le Gauchiste proposa un toast – rendons à césar ce qui est à césar et que les autres se débrouillent !

on buvait à un rythme soutenu chez Noé, silencieux ou un peu bavards, en écoutant les infos ou les rumeurs venues de la rue, le temps au BarcaDoNoé paraissait se prélasser dans un vaste hamac invitant à l'oisiveté les habitants et les choses du monde

– il faut faire un peu attention avec ce que l'on désigne comme le progrès – disait le Gauchiste, montrant un trottoir proche où trônait une immense affiche avec le sigle CIPEL, ainsi que d'autres publicités adjacentes

– ne me dis pas que tu es au courant de quelque chose que les autres ici ne savent pas – Noé ouvrait le coffre frigorifique, vérifiait que tout était en place, tapotait la petite lumière, refermait et distribuait une nouvelle tournée de bières bien fraîches

– ce que je sais, tout le monde le sait : la presse est l'ennemie de la perfection

– la presse ?

– il faut lire entre les lignes, mes amis... tout le monde est tranquille et chacun est persuadé qu'il va trouver du pétrole dans son jardin... mais moi, je ne dors pas, je bois et je ne dors pas...

– et alors ?

– il suffit de lire les grands titres ? les unes ? il faut lire tout ce qui sort dans les journaux, depuis les infos les plus officielles jusqu'aux plus officieuses... est-ce que quelqu'un ici a lu le nom d'un certain Raago, l'américain ? est-ce que quelqu'un a entendu ou lu les premières interviews qu'il a données ?

– tu parles du fameux spécialiste ? – demanda quelqu'un

– mais c'est quoi ce nom ?

– le spécialiste, oui... le grand scientifique, j'ai déjà lu des choses de lui, ce n'est pas la première fois que j'entends parler de cet homme

– accouche, mec

– il y a des controverses, mes amis... dans ses premières interviews il parlait des précautions, des risques, des conséquences potentielles, aujourd'hui on ne l'entend plus... le système a dû se débrouiller pour le faire taire, on ne parle plus que des avantages, ils ont déjà inauguré la nouvelle compagnie de distribution de l'eau... où a-t-on jamais vu ça !... l'eau privatisée...

– mais ce n'est pas seulement la distribution, pour mieux contrôler le réseau et tout ça ?

– réveillez-vous, les gars... quelle distribution ?! alors, maintenant, l'État a besoin de quelqu'un du secteur privé pour assurer la distribution de l'eau ? et nous, nous ne disons rien, c'est ça ? l'État admet "je ne peux pas distribuer l'eau de façon satisfaisante, mais ce monsieur qui s'appelle Cristalino, le bien nommé, lui oui, il peut ! à partir de maintenant l'eau sera bien distribuée, bien purifiée ! vive la privatisation de l'eau !" mais où a-t-on jamais vu ça ?

– c'est pas la peine de t'énerver, mec...

– dormez... – disait le Gauchiste d'un air ironique, et triste, et désappointé, et grave – dormez, pendant qu'on vous enfonce un doigt dans le cul avec des ongles pas coupés... dormez pendant qu'on vous anesthésie avec des doses de soi-disant modernité !, et des belles voitures, et de l'internet qui ne fonctionne pas, et une nouvelle marginale* bordée d'immeubles construits avec le sable dragué sans l'autorisation de Kianda, et trouer le corps de la ville sans vouloir entendre les autres qui ont déjà troué leurs villes pour rien... écoutez bien, dormeurs, chez eux ça n'a pas marché, et ici, parce que nous sommes stupides, aveugles et complices, c'est-à-dire parce que nous sommes globalement corrompus, ici la ville va être trouée, l'eau va être privatisée, le pétrole va être sucé sous nos maisons, nos nez, et notre dignité... pendant que les politiques font

* La marginale est l'avenue qui borde le front de mer à Luanda, une nouvelle marginale était en construction lors de la rédaction du roman.

semblant d'être des politiques… pendant que le peuple dort… pendant que les pauvres dorment…

un silence brut, la rumeur des pensées qui avaient fini par se réveiller, ne fut brisé que par le bruit de quatre ou cinq hommes faisant ce qu'il leur paraissait être ce qui restait à faire, boire bruyamment leur bière, le regard au loin, évitant de regarder les autres, se gratter le crâne et le poitrail, laisser les murs du lieu parler de leurs voix muettes au-dessus des voix muettes des hommes

– me faites pas chier…

ajouta le Gauchiste, se rasseyant à sa table, sortant de sa mallette diplomatique ses éternels papiers et se mettant à écrire frénétiquement.

loin, dans ce peu de loin que permet Luanda, au bord de la mer

il marchait le long de la marginale, laissant l'air salin de la marée pénétrer les pores de sa peau, il marchait, Odonato, comme depuis longtemps il ne se l'était pas permis, pénétré par les voix et les bruits, les coups de klaxon et les impropriétés verbales, par l'horizontale beauté du BancoNacionalDeAngola, les odeurs du LargoDoBaleizão, la place de la glace, aujourd'hui sans crème glacée, par la vision chaotique des bâtiments détruits sous les fondations de la forteresse SãoMiguel, l'immense courbe de la baie évoquant le sourire d'une adolescente *caluanda*, le murmure doux des cocotiers ayant résisté au temps et aux travaux des trottoirs de la marginale, et remarquant la prolifération des affiches publicitaires modernes qui proposaient les téléphones et les 4 x 4 les plus récents et les plus chers du monde

il sourit comme le font ceux qui sourient à l'intérieur de leur cœur

quelques années auparavant il était encore possible de compter le nombre d'amis qui possédaient une voiture, laquelle la plupart du temps appartenait à l'État ou avait été empruntée, à l'époque où l'on pouvait faire du stop dans la rue ou demander un verre d'eau fraîche à la grille de n'importe quel jardin, à l'époque où les carnavals étaient dansés dans les rires et le rythme des corps

les gens trouvent toujours une façon de s'approprier la moindre célébration, leur joie à eux est tout ce qu'il leur reste, celle qui ne peut être prévue ni achetée, tout au plus être induite, et en tout cas sans contrôle préalable

Odonato sourit

en voyant les derniers rayons du soleil incendier les eaux de sa baie à présent infestée d'interventions humaines qui la rétrécissaient, corrigeant avec du sable arraché des profondeurs par les dragues le dessin original de ses courbes qui n'avait été jusqu'alors modifié que par les vagues, les courants et les vents, ou le temps, cette machine unique, qui en dernière instance est la force qui nous suggère le plus librement possible le changement ou la fin de nos activités humaines

"c'est l'heure"

se dit l'homme semi-transparent, qui marchait vers chez lui, ne voulant pas par son retard inquiéter son épouse, déjà habituellement très portée sur l'art de la supposition et de l'inquiétude chronique.

– c'est l'heure – dit l'assistant de production

et Paizinho, plus nerveux qu'il ne l'avait imaginé, fut conduit dans une immense pièce où trônaient des projecteurs à l'intense lumière blanche et trois caméras de télévision braquées sur lui comme si cela avait été le jour de son jugement dernier

– et maintenant je dis quoi ? – voulut-il savoir

– tu as une minute pour expliquer que tu cherches ta mère, l'important c'est que tu dises d'où tu viens, la dernière fois que tu as vu ta famille, ta province et ton quartier, et que tu dises aussi où tu te trouves aujourd'hui… si tu as de la chance…

le mot chance resta gravé dans sa tête, il avait mis des années avant d'en comprendre les mystères, il avait vécu dans la rue, avait consommé des drogues, volé de quoi se vêtir et manger, et d'une certaine façon la vie s'était chargée d'organiser son temps et ses occupations, il ne se souvenait pas vraiment comment, il était arrivé à l'immeuble, et là, il avait commencé à laver les voitures et avait peu à peu gagné la confiance des habitants, au point qu'il avait été autorisé à passer ses nuits sur place, au début derrière, au pied de l'immeuble, en compagnie des innombrables cafards et autres moustiques, puis à l'intérieur, à un étage dont on ne pouvait pas à dire s'il s'agissait d'un rez-de-chaussée ou déjà d'un entresol, au-dessous du fameux premier étage avec ses eaux mystérieuses, jusqu'au jour où, après délibération collective des résidents au cours d'une réunion de copropriété formelle, on lui avait attribué le troisième étage complètement abandonné, s'il acceptait et ne s'offense pas, vide et sombre, privé de portes et de fenêtres, ce qu'il avait accepté avec émotion et bonheur, et cette première nuit-là, bouleversé d'avoir enfin un toit, il n'avait pas réussi à dormir et avait passé la nuit à écouter l'étrangeté du silence né de la nuit et de l'absence de cafards, constatant que la fraîcheur permanente éloignait les moustiques et que même pendant les nuits les plus chaudes le local était ventilé, une tempête avait envahi son cœur et ses yeux, il avait pleuré sans bruit accroupi dans un coin, jusqu'au petit matin, acceptant le sel des larmes qui coulaient entre ses doigts et les spasmes de son estomac secouant tout son corps, et ce n'est que bien plus tard, juste avant le lever du soleil, qu'il avait pensé à ce mot qu'on lui lançait aujourd'hui – chance –, non pas dans une conscience exacte de sa signification, mais comme un écho que lui envoyait ce mot, et il s'était calmé, ses larmes avaient séché et alors il avait voulu croire que oui, Luanda et certains de ses habitants lui avaient offert une grande chance, qui commençait là, au troisième étage de cet immeuble, au cours d'une nuit d'invocations nerveuses et de souvenirs douloureux,

– et alors, mec, t'es prêt pour l'enregistrement ? – l'assistant brésilien comprit la souffrance du garçon, lui apporta un verre d'eau et lui donna une tape amicale sur l'épaule – c'est comme une injection, tu vois ?, que vous appelez ici piqûre, avant que tu te rendes compte de rien c'est déjà fini… on y va ?

dans le studio d'à côté

on apporta un petit tabouret spécial et confortable, et Edú dit qu'il était prêt pour l'enregistrement

auparavant, il avait longuement discuté avec Fató sur les points clés à aborder et les questions auxquelles il ne devrait, en aucun cas, répondre pour ne pas compromettre le passé ni l'avenir

les lumières blessaient leurs yeux

pour Edú l'expérience tenait plutôt du spectacle, un monde qui l'attirait et le fascinait, il avait même demandé si les lumières seraient suffisantes pour éclairer la majesté de son corps assis, aussi bien que le gonflement de son entrejambe, dit *mbumbi*

– t'inquiète pas, mec, tout va bien se passer, ça va déchirer – un autre assistant brésilien comprit l'anxiété de l'homme assis, il lui apporta un verre d'eau et lui donna une tape amicale sur l'épaule – c'est comme une injection, tu vois ?, que vous appelez ici piqûre, avant que tu te rendes compte de rien c'est déjà fini… on y va ?

les pieds endoloris, le Facteur fit un détour, avant de rentrer chez lui, parce qu'il avait passé tout l'après-midi à rêver au moment où la fin de son service l'amènerait à plonger ses pieds dans les eaux fraîches de l'immeuble de la Maianga

– vous permettez…

fut-il obligé de dire, car d'autres pieds se trouvaient déjà là, dans une réunion humaine spontanément agglomérée, et plus à l'étroit qu'il n'y paraissait, les pieds de ceux qui pour quelque raison ou fatigue avaient été saisis de la même idée

– je vous en prie – sourit MariaComForça, qui ne l'avait pas vu depuis quelques jours

de l'intérieur de ses innombrables sacs, elle sortit des bonnes choses à manger, elle s'excusait seulement qu'il n'y eût plus de boissons, mais qu'il prenne place car l'eau était réellement très agréable, phrase que l'on entendait parfois au premier étage, qui faisait allusion non pas tant à la température ou à la saveur qu'offrait l'eau, mais à ses inexplicables pouvoirs de relaxation

– c'est une eau de bonne qualité – affirmait le Facteur

une musique descendait du cinquième étage, une mélodie au piano et saxophone qui était comme un présent des dieux en cette fin d'après-midi, une sonorité douce, légère, apaisante

– ici, il y a toujours de la bonne musique internationale – commenta l'Aveugle, lui aussi déjà assis

– pas seulement, l'ancien, l'autre jour encore on a entendu EliasDiáKimuezo, et aussi WaldemarBastos, *kota* RuyMingas, l'oncle PauloFlores,

– c'est vrai, on entend toutes sortes de musique – murmura Amarelinha, accroupie, étonnée d'avoir accepté l'invitation du MarchandDeCoquillages de s'asseoir à côté de lui, sans savoir que dire et inquiète des réactions de son corps qui, par manque de place, s'était appuyé pour la première fois contre les bras chauds et forts du MarchandDeCoquillages

– tu es bien assise, Amarelinha ?

– oui, oui

– et ton père, il va bien ?

– oui, oui… – et Amarelinha éclata en sanglots

– ne pleure pas comme ça

– excuse-moi

– qu'est-ce qui t'arrive ?

– je ne sais pas, j'ai tout le temps envie de pleurer, il y a beaucoup de problèmes à la maison en ce moment, mon père est très inquiet, il ne sait pas où se trouve CienteDoGrã

– vous n'avez pas d'informations ?

– presque rien, ce matin mon père est sorti pour aller voir s'il était détenu dans ce commissariat

– tout va s'arranger – murmura l'Aveugle, essayant de calmer la teneur chagrine de la conversation

– merci, l'ancien

– prends ce coquillage, il est spécial – le MarchandDe-Coquillages sortit de sa poche un énorme coquillage rose qui brillait de tout son éclat

– merci

dit Clara quand PauloPausado lui tendit un paquet

– qu'est-ce que c'est ?

– ouvre et regarde. un cadeau, il y a tellement longtemps que je ne t'offre rien… – il s'assit près d'elle –, et que je ne reçois rien

– ah, arrête, je te fais bien plus souvent de cadeaux que tu ne m'en fais

– ouvre

c'était un petit coquillage, qui avait été apparemment poli, mais dans une forme si délicate que monté en collier on pourrait le prendre pour un bijou précieux

– comme c'est joli, Paulo, merci… c'est très joli

– tu le mérites, mon amour

– où l'as-tu acheté ?

– secret professionnel, je ne peux pas le dire

– dis-moi, dans quelle boutique ?

– ne sois pas curieuse, Clara

– s'il te plaît, je peux avoir envie d'acheter quelque chose comme ça et je ne saurai pas où

– ce n'est pas dans une boutique

– ah non ?

– non. je l'ai acheté à un garçon, le MarchandDeCoquillages, qui est passé par ici, l'autre jour, je l'ai trouvé si joli que je l'ai acheté

– quel garçon ? celui qui se balade tout le temps avec un vieux crasseux ?

– tu vois ? le monde vit d'interprétations... tu t'es déjà arrêtée pour parler avec eux ?

– certainement pas, c'est toi l'ami de ces gens

– quoi "ces gens" ?

– ces gens avec qui tu aimes parler. ces gens bizarres. tu collectionnes les gens bizarres, les mots bizarres, les endroits bizarres, comme ce bar plein de vieux où tu aimes aller juste pour écouter les conversations

– tu devrais parler plus souvent avec "ces gens" au lieu de passer ta vie à cancaner avec ta mère

– si tu sortais plus souvent avec moi et avec ma mère tu pourrais savoir de quoi nous parlons, mais non... tu préfères parler avec des inconnus aveugles ou vendeurs de coquillages... – Clara referma le paquet et le laissa sur la table

elle alla dans la chambre et en revint très vite, énervée et déterminée, les bras chargés d'un tas de journaux et de revues qu'elle jeta sur le divan

– et range-moi toute cette cochonnerie qui traîne sur le lit

c'était les revues dans lesquelles il découpait des articles à propos desquels Clara évitait de poser des questions et à propos desquels PauloPausado évitait de donner des explications

– tu aimes bien faire du shopping, moi j'aime bien collectionner des revues...

la fiancée du journaliste s'enferma dans la salle de bain

pendant que celui-ci fumait à la fenêtre, en suivant à l'oreille tous ses mouvements, il connaissait par cœur ses gestes, il savait à quel endroit elle se trouvait et ce qu'elle faisait, par les plus petits bruits que les murs laissaient passer, il imaginait le moindre de ses mouvements, la couleur des serviettes, la quantité de papier hygiénique qu'elle déroulait, il pouvait presque quantifier l'eau dépensée dans sa douche ou dans le brossage de ses dents, la façon lente ou nerveuse avec laquelle elle enfilait ses vêtements ou son pyjama, et même le point précis où ses pieds se posaient sur les carreaux usés du sol

– Paulo… – elle vint lui parler d'une voix si douce qu'elle laissait à peine deviner le poids d'une préoccupation explicitement féminine – n'oublie pas, s'il te plaît, de prendre tes cachets

– pas de problème.

Edú marchait avec difficulté, il grimpa la première volée d'escaliers et il sourit joyeusement en se trouvant face à cette marée humaine au premier étage

NgaNelucha, sa jeune épouse, qui avait reçu de sa sœur la prudente injonction de ne pas commenter les déroulements audiovisuels de la carrière de son mari, évitait ces derniers temps les zones de grande fréquentation comme celle-ci, surtout s'agissant d'un rassemblement de voisins et de connaissances qui, plongés dans ce bain-marie, les pieds dans les courants d'eau, voudraient certainement savoir comment s'était passée l'aventure de l'après-midi à la TelevisãoNacional

– alors, comment ça s'est passé à la télévision ? – demandait JoãoDevagar, qui venait d'arriver de sa terrasse tout juste inaugurée

sauf que la question, d'après son sourire et son regard, s'adressait à Paizinho, arrivé en même temps qu'eux

– vraiment bien – répondit Paizinho –, tout est très grand, très beau, rien que les lumières ?!, on aurait dit un terrain de foot

tout le monde rit dans la joie partagée du bien-être, et le secret, finalement très simple, en était que les pieds reposés dans cette eau merveilleuse ni chaude ni froide, ni étale ni agitée, qui caressait les orteils, offrait aux talons de petites chatouilles et donnait aux mollets une sensation de repos qui invitait à une petite sieste

– vous dormez, l'ancien ? – le MarchandDeCoquillages secoua l'Aveugle

– oh, tu me réveilles comme ça en me secouant sans aucun respect ?

en s'écartant pour laisser une place aux derniers arrivés Amarelinha rit de ce simulacre de dispute, et tous se réinstallèrent après le grand éclat de rire collectif, s'étonnant seulement que NgaNelucha n'enlève pas de ses pieds les chaussures rouges à hauts talons, malgré les conseils des autres qui affirmaient que ce serait la bonne attitude en cet endroit et à cette occasion

– nous ne sommes pas tous pareils, voisins, respectons nos différences – grommela NgaNelucha, exposant ainsi une inhabituelle mauvaise humeur

– oh, mais qui est là, mais c'est mon voisin… ! – s'exclama JoãoDevagar, en plongeant ses pieds dans la piscine pour ainsi dire collective – excusez-moi de ne pas me relever pour vous saluer, venez vous asseoir avec nous

– je peux ? – demanda Odonato, le visage visiblement fatigué ou triste

– je vous en prie, il y a de la place

ce n'est qu'après s'être déchaussé et avoir laissé ses yeux s'habituer à la pénombre qu'Odonato reconnut, avec étonnement, le corps, le visage et les mains d'Amarelinha qui, de l'autre côté de l'eau, lui faisait un petit bonjour timide de la main

– ma chérie, tout va bien ?

– comment s'est passée la journée, père ?

– on en parlera plus tard – dit Odonato, respirant profondément et plongeant ses pieds dans l'eau –, ta mère est à la maison ?

– oui

c'est de cette façon que les paroles de chacun tuaient la conversation sans tuer le temps, comme si le lieu et les eaux exigeaient silence et contemplation mais le silence finit par être brisé en faveur de celui qui ne pouvait se récuser à parler si les plus vieux lui posaient une question

– et toi, Paizinho, cette première à la télévision, c'était comment ?

– je ne sais même pas dire, tout était trop… trop beau vraiment

– et ils ont enregistré ton message ?

– oui, ils l'ont enregistré, c'est un brésilien sympathique qui te dit comment faire, alors j'ai parlé de ma province et que j'étais à la recherche de ma mère

– tu as bien fait, heureusement que tu as réussi à avoir un créneau – JoãoDevagar faisait une allusion implicite au fait qu'il avait téléphoné à quelques amis pour que le garçon puisse participer à l'enregistrement de cette émission très célèbre consacrée aux recherches familiales

– merci, oncle João, c'était vraiment bien, maintenant il faut attendre, faire confiance à la chance, si ma mère a une télévision ou un de ses voisins, il paraît qu'en général ça marche ces recherches

– tu as laissé tes coordonnées ?

– comment ?

– si tu n'as rien laissé, comment va-t-elle te retrouver ?

– j'ai laissé le nom du quartier et de l'immeuble

– pas même un numéro de téléphone, petit ? tu aurais pu donner mon numéro

– mais je n'ai pas eu le temps de vous parler, parrain…

– bon, ce n'est pas grave, ils savent comment retrouver les gens, espérons que tout marche comme il faut

– oui

et c'était comme si le silence voulait s'installer à nouveau

– on n'a pas toujours ce qu'on veut, c'est ce que la vie va t'apprendre… pas même parfois les choses les plus simples

dit le Facteur, et finalement quelques personnes s'aperçurent de sa tranquille présence

– rien qu'une moto… tant de lettres, tant de ministères, on dirait qu'ils font exprès de m'ignorer. qu'est-ce que ça coûterait ? je suis sûr qu'il suffirait d'une signature, d'un ordre… d'autres qui n'en ont pas besoin se pavanent dans de grandes voitures, moi, je ne demande qu'une petite moto, je laisse explicite dans mes lettres que cela peut être une moto de fabrication chinoise, même si je préférerais une moto japonaise, elles sont plus solides…

la nuit était tombée sur la ville de Luanda

avec ses marées tranquilles s'étalant dans leur beauté horizontale, comme le suggèrent les poèmes calmes écrits par des rêveurs qui préfèrent cette façon de décrire la mer dans ses aquatiques combinaisons

Odonato sentit une étrange chaleur monter le long de son corps, Amarelinha se dit qu'il était temps qu'elle rentre à la maison et se retira, le Facteur prit congé, résigné à poursuivre sa condition de démotorisé, Edú, qui n'arrivait pas à atteindre la démangeaison provoquée par sa fameuse enflure, suggéra à NgaNelucha qu'elle se serve de sa propre main pour le gratter, l'Aveugle renifla trois fois de suite, un signal secret indiquant au MarchandDeCoquillages qu'il était temps de s'en aller, le coq d'à côté se cacha dans son coin et, même conscient que l'œil qui lui restait ne l'orientait plus très bien, se cogna contre des seaux et des ferrailles abandonnés sur sa terrasse et fut saisi d'un sentiment que l'on pourrait décrire comme une tristesse gallinacée

en pénétrant dans le lieu aquatique, Xilisbaba vit que son mari enlevait sa large chemise exhibant ainsi une nudité qui offensait toutes les notions possibles concernant le phénomène de la densité

– ceci est mon corps, ceci est l'image de ma souffrance – murmura-t-il

– rentrons à la maison, chéri – le consola Xilisbaba.

je suis entré dans cet immeuble

une fraîcheur a mouillé ma peau, je connais bien ce quartier et je n'avais jamais senti une sensation pareille, j'ai vu des marches à moitié cassées et je me suis dit qu'il valait mieux ne pas y poser le pied, je les ai enjambées et suis monté plus haut, les coquillages dans mon sac cliquetaient, mais mon cœur me disait de continuer à monter, j'ai continué,

j'ai croisé un garçon plus âgé que moi qui descendait portant un énorme bidon vide, c'était un porteur d'eau, assurément ; au deuxième étage, personne ; au troisième, je n'ai vu personne non plus, au quatrième, une voisine m'a jeté un coup d'œil mais ne m'a pas vu ; au cinquième, il y avait une très grande marmite par terre, j'ai dû la contourner pour passer et au sixième j'ai su que c'était là, j'ai fait comme je fais toujours dans les endroits que je veux connaître, j'ai juste dit

"voyez les jolis coquillages, qui veut acheter mes jolis coquillages… ?"

j'ai continué, je n'ai pas eu besoin de frapper, parce que la porte s'est ouverte et dona Xilisbaba, je la voyais pour la première fois, est venue crier dans le couloir

"oh Nelucha, j'ai laissé ma loupiote au cinquième"

puis elle m'a aperçu et m'a regardé droit dans les yeux

"m'dame, je vends des coquillages de la mer, je ne vends que les plus beaux"

elle est rentrée et elle est restée longtemps à l'intérieur, d'abord la porte était presque fermée, puis j'ai entendu des mots de dispute, puis les cris ont cessé et j'ai pu épier, j'ai tremblé, c'était lui

le *kota* était dans le contrejour de la fenêtre et j'ai eu peur de nouveau, la lumière le traversait comme une balle de revolver, on pouvait voir à l'intérieur de son corps, comme ça, si je peux ou j'arrive à donner une explication, ce n'est pas qu'il manquait du corps à ce monsieur, c'est plutôt comme si lui n'appartenait pas à ce corps

"c'est bien lui", dit le *kota* à sa femme

elle l'a poussé dans l'ombre de la cuisine, ils ont disparu, alors j'ai pu observer encore mieux

le sol semblait rendre encore plus vide la pièce peu meublée, un fauteuil troué, une télé noir et blanc, une bougie sur la télé

et j'ai vu les yeux les plus beaux du monde apparaître venant d'une autre obscurité, des yeux tristes de qui pleure souvent, j'ai tremblé dans ce regard comme quand je regarde les coquillages que je ne veux pas ramasser

elle s'est approchée tout doucement, pour regarder les coquillages que j'avais accrochés à ma ceinture, tout mon matériel, des coquillages vraiment beaux, des algues sèches, des arêtes et des écailles de gros poissons, des galets et des détritus de la mer

elle est venue et la conversation dans la cuisine s'est arrêtée, là derrière, la *kota* et le *kota* ne faisaient plus de bruit

"tu as d'autres coquillages dans ton sac ?"

j'ai regardé le *kota*, j'ai vu dans ses yeux que c'était son père, il bougeait les yeux de haut en bas, la jeune fille bougeait ses yeux elle aussi

" je vends les coquillages de la mer, je ne vends que les beaux coquillages"

j'ai enlevé le sac de mon dos et je l'ai posé par terre, nous sommes restés immobiles

le *kota* transparent me regardait, j'essayais de regarder, le *kota* regardait sa fille, sa fille regardait et sentait la mer dans mes coquillages

on dit que pour écouter la mer il suffit d'approcher un coquillage de l'oreille et d'attendre le murmure, moi je ne sais pas, je n'ai jamais essayé pour ne pas garder qu'un seul bruit, je préfère aller au bord de la mer et chercher les coquillages qui y sont enfouis

"je veux d'autres coquillages, même s'ils ne sont pas beaux..."

et elle est repartie soudain dans l'ombre,

à présent j'avais la mission de chercher je ne sais quels coquillages pour cette jeune fille mal coiffée

mais j'étais heureux de cette mission, je pouvais revenir là avec l'excuse d'être un fournisseur et c'est aussi ça, ma vie : que les autres me disent les chemins que je dois prendre pour aller et venir, et rapporter de beaux coquillages, de ceux dont j'aime parler

" je vends des coquillages de la mer, je ne vends que les plus beaux."

[extrait de l'enregistrement du MarchandDeCoquillages]

quelques jours avant le court-circuit et le gigantesque incendie

le corps d'Odonato n'était plus que l'ombre ténue de ce qu'il avait été toute sa vie, les vêtements les plus serrés n'arrivaient pas à s'ajuster à son corps et sa démarche était à présent une succession de mouvements saccadés

tous les jours – et cela le fatiguait – il faisait des exercices pour réapprendre à marcher, pour s'adapter au peu de poids qu'offrait son corps, modifiant les plus élémentaires notions de gravité, apprenant à ses genoux à dialoguer avec ses pauvres muscles et même à sa bouche à obéir aux commandes de la coordination motrice qui crée la parole, cette dernière étape de l'expression de nos idées et de nos désirs

– *c'est que la vie a beaucoup de côtés* – disait GrandMère-Kunjikise

– vous parlez dans votre langue, mère ? vous faites bien, il ne faut pas l'oublier

– *hum* – sourit la vieille femme –, *on n'oublie pas la langue de son cœur. je parle umbundu pour voir si mes morts m'entendent encore...*

– je sors, mère. dites à Xilisbaba que je suis allé au commissariat porter à manger à Ciente

– *va les yeux ouverts. là où tu crois qu'il y a un arbre, il n'y a qu'une ombre... ce sont tes yeux de père qui ne veulent pas voir la vérité...*

les yeux bien ouverts, Odonato marchait à travers la ville dévastée, reconnaissant à peine les places et les rues, tant il y avait d'échafaudages et de palissades, de grues et de machines, d'hommes et d'accents

attentif au rythme de son corps léger et aérien, il s'accrochait, l'homme transparent, au poids du sac de nourriture qu'il portait, une double ration bien odorante de biftecks accompagnée d'une montagne de pommes de terre frites, dans l'espoir qu'il en reste un peu pour son fils

il eut le temps de s'arrêter au BarcaDoNoé pour demander, comme un service d'ami, un petit sachet de moutarde pour faire plaisir aux policiers

– même de la moutarde ? oui, monsieur – l'agent Belo souriait, pourléchant ses grosses lèvres – voilà un festin qui réveillerait même un mort...

– vous pensez que je pourrais voir mon fils aujourd'hui ? je viens depuis presque une semaine...

– cachez donc votre sac, si le brigadier voit ça, je suis bon pour la mise à pied

– comment fait-on alors ?

– venez avec moi au coin de la rue et on s'arrange. demandez quelque chose à boire et comptez sur moi

– mais je ne bois pas

– je boirai votre part, ne vous inquiétez pas.

l'agent Belo entra dans le minuscule bar du coin de la rue et ne vit pas Odonato

il chercha du regard, attendit que la pénombre intérieure pardonne à l'intense luminosité du dehors, et pensa voir une silhouette assise dans un coin, il fronça les sourcils et dut s'approcher pour s'assurer que c'était bien l'homme avec lequel il avait parlé il y a peu

– mais vous...

– vous inquiétez pas, c'est comme ça

– vous avez vu un médecin ?

– oui... mais dites-moi, quand est-ce que je pourrai voir mon fils ? je me fais du souci pour sa blessure

– non – répondit le policier, déballant la nourriture, et demandant une assiette et des couverts –, avec des steaks comme ceux-là, vous n'avez pas à vous faire du souci

– mais c'est vous qui les mangez ces steaks ! – remarqua, fâché, Odonato

– je n'en mange que la moitié, c'est quelqu'un d'autre qui mangera l'autre

– quand pourrai-je voir mon gamin ?

– c'est un gamin ?

– mais vous ne l'avez pas vu ?

– oui, c'est-à-dire… un gamin, mais de quel âge ?

– quand l'avez-vous vu ? – Odonato semblait avoir un sanglot accroché à sa voix, un paternel et obscur pressentiment – quand est-ce que je pourrai le voir ?

– eh bien… je ne sais pas… je ne peux ni promettre ni ne pas promettre. j'ai déjà essayé de convaincre le brigadier, mais il n'aime pas les pommes de terre frites, il n'aime que les verts

– verts ?

– oui, verts, des dodos, des grosses têtes

– alors ça, ça va être plus compliqué

– eh oui, mais tout est compliqué ici à Luanda – il mâchait avec satisfaction, l'agent Belo – il suffit de vous regarder, camarade.

dans la fournaise de la journée, Paizinho faisait de fréquentes pauses au premier étage, se plongeant là où les eaux ruisselaient plus fort, pour redonner de la force à ses muscles et du rythme à son esprit

il dominait les secrets de ces eaux jusqu'au point où elles se laissaient comprendre car, de la même façon que le mystérieux frigo de Noé, son arche, ne subissait jamais la moindre panne d'électricité y compris quand la ville entière sombrait dans une obscurité plus ou moins prolongée, ici aussi ce premier étage ne souffrait jamais des coupures d'eau généralisées, et ce secret, qui aurait pu être d'une grande valeur pour les esprits tournés vers le négoce, était gardé précieusement par les habitants de l'immeuble, ne serait-ce que pour une question de fierté

– si un jour il n'y a plus d'eau sur terre, je sais où trouver la dernière goutte à boire – plaisanta JoãoDevagar – quand tu auras terminé viens là, il faut que je te parle, Paizinho

– oui, oncle João, j'arrive

la terrasse était impeccablement propre, Paizinho recevait officiellement de JoãoDevagar un maigre salaire pour les nettoyages matinaux et les rangements dont il s'acquittait

– nous devons donner de la dignité à ce lieu cinématographique – lui avait expliqué JoãoDevagar –, notre GaloCamões exige de nous de la décence. La propreté est la dignité des pauvres, disait ma grand-mère

– dites, oncle João, qu'est-ce que je peux faire ? tout n'est pas bien propre ?

– tout est parfait, mon garçon, tu es un type sérieux et travailleur, tu sais que le pire ennemi d'une carrière c'est la paresse, tu le sais, n'est-ce pas ?

– quoi ?

– que la paresse est la mère de tous les vices

– la mère ?

– oui, le début

– je vois – et le garçon recommença à tout nettoyer

– calme-toi, mon garçon, calme-toi. on bavarde, c'est tout, assieds-toi là – JoãoDevagar sortit d'un sac isothermique une bouteille de whisky qui transpirait la fraîcheur – nous allons commémorer

– qu'est-ce qu'on va faire ?

– commémorer. fêter ton nouvel emploi ici au cinéma et ton apparition à la télévision

– merci, mais je n'aime pas le whisky

– allons ! tais-toi donc ! le whisky, ça ne se refuse pas, en plus un whisky gratuit, je ne te demande pas si tu veux ou pas, tu prends ce verre et voilà

– merci, oncle João

– bon, comme tout se passe bien, et que maintenant tu es presque mon assistant… ça devient du sérieux, hein ? – riait JoãoDevagar – assistant c'est une charge de responsabilité, mon garçon

– oui, oncle

– allez, prends ça, pour qu'il ne soit pas dit que je traite mal mes assistants

il sortit de sa poche un nokia maltraité par le temps et par les innombrables mains entre lesquelles il était passé, d'une couleur dont personne n'aurait pu dire avec certitude si c'était un gris autrefois argent

– c'est pour moi, oncle ?

– pour que tu sois joignable, disponible… tu vois ça ? maintenant tu vas te trouver une carte de crédit que tante MariaComForça peut te vendre, parce qu'il ne faut pas oublier que nous sommes dans l'ère de la communication globale, c'est pas Huambo ici ! – rigolait JoãoDevagar

– mais au Huambo, il paraît que le réseau fonctionne mieux, c'est des gens qui le disent

– oui, mais celui-là est un téléphone mobile *caluanda*, hautement *maiuiado* ! tu te rends compte ?

– oui, oncle, merci beaucoup. il ne faut pas du crédit ?

– laisse, mon garçon, maintenant tu dois apprendre à boire du whisky, où a-t-on vu un angolais bien bâti comme toi qui refuse un bon whisky bien glacé à cette heure-ci… !

– merci, oncle

– c'est rien, écoute, aujourd'hui tu vas passer la nuit ici, nous allons avoir une séance spéciale

– un film pour adultes ?

– exactement, mais pas seulement pour adultes n'importe comment… ce soir tu vas voir l'internationalisme pornographique

– c'est quoi ça, oncle ?

– ça s'appelle "la dure vengeance d'un africain", des amis me l'ont recommandé. j'en ai vu une partie et ça promet… tu vas y assister, tu vas aimer, c'est un film avec une suédoise !

– une suédoise de jeu de cartes ?

– une suédoise de Suède, vous les gens du Huambo… ! bon, petit, on se reparle plus tard, range-moi bien tout, parce que nous allons avoir un public extra

– oui, oncle – Paizinho regardait, enchanté, son nouveau téléphone

– descends et va donner ce whisky noyé au Camarade-Muet

– oui, oncle.

la journaliste anglaise retrouva Odonato à l'heure prévue au milieu des escaliers et l'aida à monter les étages qui les séparaient du sixième

ils rencontrèrent dans le couloir de l'appartement GrandMèreKunjikise, assise avec Amarelinha à ses pieds, toutes les deux s'amusant à composer des colliers avec des petites perles de verre et des coquillages vendus ou offerts par le MarchandDeCoquillages

le sourire sur le visage de GrandMèreKunjikise était l'image apaisante qu'Odonato cherchait sans le savoir

– bonsoir, mère

la vieille femme sourit à son gendre et à la journaliste

GrandMèreKunjikise apprécia la jeune femme, même sans la connaître, rien qu'en observant les mouvements de ses mains, elle avait l'air d'une personne plus désireuse d'apprendre que de faire des déductions à partir de rares informations, comme c'était la pratique habituelle des journalistes, quelle que fût leur nationalité

– Baba – Odonato embrassa sa femme –, nous avons quelque chose à offrir à boire à cette petite ? elle veut enregistrer notre conversation

– mais oui, voulez-vous du thé ?

– oui, avec plaisir

ils s'assirent dans la pièce, sans rien dire, comme s'ils étaient simplement heureux de regarder passer le temps

– ces choses que vous enregistrez, vous les envoyez à la BBC ?

– je ne vais rien enregistrer, je voudrais seulement bavarder avec vous, je prendrai juste quelques notes, si vous le voulez bien

– mais ce n'est pas pour la BBC ?

la jeune fille sourit d'une manière à la fois discrète et ouverte

– non, je n'envoie plus rien à la BBC. ça ne les intéresse pas

– ah non ?

– non, personne ne veut plus de mes histoires, sans doute parce qu'elles sont trop bonnes

– mais si elles sont bonnes… elles sont bonnes !

– non, personne ne s'intéresse aux bonnes nouvelles concernant l'Angola ou l'Afrique… trop bonnes, vous comprenez ? une chose, c'est une petite bonne nouvelle de temps en temps, une autre c'est que je ne raconte que des histoires intéressantes

– je comprends – Odonato avait l'air un peu étonné – alors, de quoi allons-nous parler ? des tranchées ? j'en sais autant que vous sinon moins… de l'éclipse ? je ne sais que ce que les publicités dans la rue ou dans les journaux en disent…

– nous allons parler de la vie, de l'immeuble, de ce que vous voulez

Odonato releva ses manches et la jeune femme dut dissimuler un sursaut, ses bras étaient encore plus transparents que son visage, on voyait parfaitement les mouvements des os et le flux sanguin courant d'un côté à l'autre de son corps, les tendons obéissant aux commandes des nerfs ou peut-être l'inverse,

elle mit un peu de temps à croiser le regard d'Odonato

– vous savez, je suis non seulement transparent, mais je deviens très léger, de plus en plus léger

– comment est-ce que vous vivez tout ça ?

– comment est-ce que vous, vous le vivriez ?

– je ne suis jamais devenue transparente, je ne pourrais pas vous dire

– moi non plus je ne savais pas...
– comment est-ce que cela a commencé ?
– vous enregistrez ? – demanda Odonato
– non, je n'enrengistre pas
– je préférerais que vous enregistriez, peut-être n'y aura-t-il plus d'autre opportunité... cela a commencé par la faim... j'avais faim et il n'y avait rien à manger
– ici à Luanda, dans cet immeuble ? il y a toujours une main amie
– mais j'en avais assez de manger grâce à une main amie. je voulais manger grâce à la main de mon gouvernement, mais pas comme mangent ceux qui nous gouvernent, je voulais manger grâce au fruit de mon travail, de ma profession
– vous avez été licencié ?
– j'ai été licencié peu à peu
– comment cela ?
– j'ai été empêché de faire mon travail. j'ai été forcé de partir
– physiquement ?
– non, physiquement non... enfin, j'ai fini par ne plus avoir d'argent et, à Luanda, ceux qui ne savent pas trouver des combines...
– je comprends
– j'ai commencé à manger de moins en moins pour que mes enfants puissent manger le peu que je ne mangeais plus, et c'est ainsi que cela s'est fait...
– mais comment ? vous auriez dû vous affaiblir, tomber malade
– mais ça ne s'est pas passé comme ça !
– alors comment ?
– la vie m'a libéré
Xilisbaba, les larmes aux yeux, écoutait depuis la cuisine, meurtrie, la confession détaillée que son mari ne lui avait jamais faite
– la vie m'a libéré petit à petit du fardeau de la faim et de la douleur

– je peux vous demander comment cela s'est passé ?

– j'ai eu mal, au début, j'ai eu faim, des douleurs d'estomac, mais pour quelque raison j'ai eu l'intuition qu'il ne fallait plus manger, c'était une sorte de renoncement, mais je ne saurais vous l'expliquer parce que ce n'était pas une réflexion réfléchie. et les jours ont passé… et à un moment j'ai cessé d'avoir faim, j'ai même cessé de sentir mon estomac. je me suis mis à ne boire que de l'eau et je me sentais bien… de mieux en mieux. jusqu'au jour

– jusqu'au jour… ?

– jusqu'au jour où mes mains ont commencé à devenir transparentes

– vous n'avez pas eu peur ?

– vous voulez la vérité ?

– je veux votre vérité

– je n'ai pas eu peur. j'ai trouvé que c'était juste

– juste ? le résultat ?

– l'apparence

– vous n'avez pas peur de mourir ?

– je pense que je n'ai plus peur

– vous dites que vous trouvez que votre apparence est juste ?

– parce qu'elle est un symbole. la transparence est un symbole. et j'aime cette ville au point de tout faire pour elle. mon tour était arrivé, je ne pouvais pas refuser

– que voulez-vous dire ?

– je ne sais pas bien l'expliquer, j'y pense beaucoup, quand je suis seul sur la terrasse, que je sens le vent sur ma peau et que je regarde la ville. un homme peut être à lui seul un peuple, son image peut être celle du peuple…

– et le peuple est transparent ?

– le peuple est beau, dansant, fantasque, fou, ivre… Luanda est une ville dont les habitants font semblant d'être ce qu'ils ne sont pas

– ce n'est pas le peuple qui est transparent… – tenta la journaliste

– non, ce n'est pas tout le peuple. quelques-uns seulement sont transparents. mais je crois que la ville parle à travers mon corps…

– c'est votre vérité – murmura la jeune fille

– il faut laisser apparaître la vérité, même s'il faut disparaître pour cela. vous enregistrez ?

l'immeuble trembla légèrement, mais tous purent sentir la vibration

Xilisbaba s'approcha de son mari, GrandMèreKunjikise et Amarelinha arrivèrent aussi

il s'agissait d'une légère secousse, brève, qui ne laisserait aucune trace sinon sur le visage et dans les certitudes de chacun

– ou ça marche ou ça casse – murmura Odonato

– *ils bougent la racine de l'arbre et ils pensent que l'ombre restera à la même place*

murmura GrandMèreKunjikise en regardant le magnétophone de la journaliste.

les voyageurs qui venaient d'atterrir à l'aéroport QuatroDeFevereiro, et se trouvaient déjà dans la file de contrôle, crurent qu'il s'agissait d'un tremblement de terre

– ne vous en faites pas – plaisantait un angolais s'adressant aux étrangers de la file –, cela fait partie des festivités de bienvenue

les autochtones s'esclaffaient

– les célébrations autour de l'éclipse angolaise ont commencé, notre gouvernement est très efficace

et ils s'éloignèrent en riant à la recherche de leurs valises chargées d'articles achetés au Brésil, en AfriqueDuSud ou en Europe

des t-shirts aux couleurs vives pour l'été, des costumes trop chauds pour la chaleur angolaise, des robes coûteuses pour les madames, des chaussures à talons pour les maîtresses, des ballons pour les neveux, des colliers voyants pour leurs filles, filleules et nièces, des baskets pour leurs amis ou même à vendre, des milliers de petites culottes féminines genre fil dentaire à vendre aux prostituées habituelles, des pyjamas de soie, des cravates, des chaussures pour les mariages ou les funérailles, des serre-têtes pour les cheveux défrisés des copines, des casquettes aux sigles d'équipes de basket-ball américain, du matériel informatique, des èmepé trois ou quatre, des téléphones portables de dernière génération comprenant des services pas encore assurés par les opérateurs locaux, des minitélés et des lecteurs de dvd pour voitures, des ampoules led bleutées pour l'intérieur et l'extérieur de leurs automobiles, des haut-parleurs assez puissants pour emmerder leurs voisins à plus de cent mètres de distance

et aussi

des cadres pour photos digitales avec toutes sortes de possibilités, des gps parlants et capables de recevoir des commandes vocales, des avertisseurs de marche arrière, des fruits secs, du fromage portugais, du fromage de Minas, des préservatifs de toutes les couleurs et goûts, des montres chères en argent ou en or, de grande marque, encore des chaussures, encore des cravates, encore des costumes trop chauds, des lunettes noires de marque, des baskets de marque, des télécommandes universelles, des alarmes de porte, des articles pour la cuisine et pour le jardin, des piscines gonflables, des télés trente-six pouces, de la mémoire pour les ordinateurs, des livres de gestion, de commerce ou de droit international, des dvd blu-ray, des téléphones sans fil, des poêles à frire pour la cuisine, des rasoirs électriques minuscules, des écouteurs avec interrupteurs intégrés, des appareils photographiques étanches, des chaises de voiture pour bébés, des parfums, beaucoup de parfums très chers

– on ne plaisante jamais avec un angolais quand il s'agit d'achats ! – commentaient-ils en sortant des toilettes sales de l'aéroport – même si la valise met du temps à arriver, c'est comme ça, tu as acheté, maintenant tu assumes ! il y a des gens qui voyagent avec douze valises, faut pas rigoler !

de nombreux étrangers, faisant partie de ce qu'on appelait la communauté scientifique internationale, arrivaient en Angola précisément à ce moment pour étudier le phénomène de l'éclipse dans une des régions réputées privilégiées pour cette observation

ainsi que le confirmaient les nombreuses affiches et les panneaux publicitaires qui fleurissaient dans la zone des bagages

"Angola n'aura jamais vécu une éclipse comme celle-ci !" lisait à voix haute un étranger, prenant des notes et des photos, faisant remarquer que cette assomption nationale autour d'un phénomène universel était très intéressante, quoique, en réalité et tout compte fait, on ne pouvait nier qu'il s'agissait en même temps de quelque chose de très local

"ne vous laissez pas éclipser, portez des lunettes appropriées", pouvait-on lire sur une autre publicité signée du Parti en petits caractères, mais avec un énorme sigle qui brillait dans la demi-obscurité

"ça arrive ici, ça se voit ici", affirmait une affiche publicitaire de la compagnie des paraboles et autres chaînes télévisées

"mieux vaut une éclipse en vrai que deux à la télé", selon les flyers distribués par le gouvernement du KwanzaSul, dont la capitale, on le sait, Sumbe, est l'endroit parfait pour jouir du spectacle dans sa totalité, et la destination plus que probable de la plupart des scientifiques qui se trouvaient là

– ça fait deux heures que nous attendons et pas de valises, c'est normal ça ? – demanda un scientifique brésilien dodu et transpirant

– faut supporter, mon frère, faut supporter – répondit un angolais aussi transpirant mais de meilleure humeur – est-ce que vous avez chez vous une éclipse comme celle-ci, la meilleure du monde ?

– c'est que...

– ici, nous l'avons ! ici c'est l'Angola, mon frère, attendez un peu et vous verrez que les choses vont s'arrranger

– dites-moi quelque chose, mon frère, est-ce qu'il y a la jungle ici ? est-ce que je vais pouvoir voir la jungle angolaise ?

les angolais qui se trouvaient autour éclatèrent de rire, ce qui désarçonna un moment le brésilien

– oui, il y a la jungle ici, ne vous inquiétez pas – répondit un angolais

– dès que vous serez sorti de l'aéroport vous verrez... la jungle urbaine – dit un autre, ce qui fit redoubler les rires et monter encore un peu la température

– parce qu'on m'a dit qu'ici il y avait la jungle, j'aimerais bien voir les animaux... ah voilà ma valise, quelle chance, bon, mes amis, j'y vais – ajouta le brésilien en s'essuyant le front après avoir extirpé sa valise du tapis

– bonne éclipse – lui dit l'angolais

– pour vous aussi

l'imposant groupe de scientifiques, rassemblés par nationalité, s'en fut affronter les minutieux agents de la douane qui vérifiaient les numéros sur les tickets des valises et en faisaient l'inspection

– y a rien là-dedans, mon frère – disait l'un des brésiliens –, rien que du matériel de recherche, d'observation...

– tout doit être inspecté, vous comprenez, *mô kota* ?

– il faut payer un quota ?

– peut-être... voyons ces valises, ouvrez-les, s'il vous plaît

les agents des douanes, gantés impeccablement de blanc, passaient en revue les bagages des scientifiques, quelques-uns plus que les autres, des taxes aéroportuaires furent inventées à la dernière minute et par chance personne n'eut à lâcher de dollars parce que le comité d'accueil était composé d'employés d'agences de voyages experts dans le processus de résolution verbale avec le personnel de l'aéroport

– ce sont des scientifiques, enfin, laissez-les passer, ils ont les autorisations du gouvernement et tout ce qu'il faut

– et alors, ils ne peuvent pas laisser un petit souvenir ? un souvenir c'est quelque chose de volontaire, mon frère, personne ne demande rien – grommelait l'un des douaniers en gants blancs, en refermant les valises inspectées

– dites-moi quelque chose, jeune homme – le brésilien insistait –, sur la route de Sumbe, on traverse la jungle ?

– la jungle ? quelle jungle ? vous allez à Sumbe, Sumbe est une ville, c'est la capitale du KwanzaSul

– mais il y a la jungle ? la jungle avec des animaux ?

à l'extérieur, accablés par le souffle de la chaleur et de la puanteur, les voyageurs furent encerclés, tandis qu'ils attendaient l'autocar qui les conduirait à l'hôtel, par une foule de gamins qui tentaient de leur vendre des sodas, des bouteilles d'eau, des cartes de téléphone, des téléphones portables volés, ou un autre produit plus spécial

– c'est quoi ça ?

– ce sont les lunettes de pure enclipse, l'ancien, il faut les acheter pour ne pas être surpris, l'enclipse ne va pas tarder à arriver

– c'est bien pour cela que je suis venu, pour observer l'éclipse, vous voyez ? – le brésilien souriait au jeune vendeur

– alors le *kota* doit savoir qu'il ne doit pas regarder comme ça n'importe comment, le soleil n'aime pas

– oui, je sais, laisse-moi voir ces lunettes

– ce sont des pures lunettes officielles, *mô kota*, autorisées par le gouvernement, je ne distribue pas un produit quelconque, c'est quinze dollars, *mô kota*, mais les euros c'est bon aussi

– et en reales ? je peux payer en reales ?

– non, *mô kota*, en ce moment je ne travaille pas avec la monnaie brésilienne

– alors tu sais que le réal est la monnaie brésilienne ?

– je le sais, *kota*, mais vous pouvez payer en dollars ou alors dites-moi dans quel hôtel les *kotas* vont loger, je peux y passer plus tard pour faire une distribution générale

– et comment tu sais qu'au *brasiou** la monnaie c'est le *réaou* ?

– ici, on connaît toutes les monnaies, *kota*, même celle de la Chine

– c'est loin la ville de Sumbe ?

– c'est assez près, *kota*, en *candongueiro* vous pouvez y aller en quatre heures ou même moins, mais le *kota* ne va pas prendre les pures *raias* ?

– *raias* ?

– les *mauanas*, les lunettes anti-enclipse, celles que je vends… regardez, *kota*, il y a même le tampon

– qui sait… là je suis un peu dépourvu, mais on peut voir plus tard, ah, le bus arrive

– alors, juste quelques dollars, *mô kota*, même dix dollars, je fais un bon prix pour le *kota*, brésilien comme notre frère *kota* Lula…

– tu es d'ici, de Luanda ?

– non, *kota*, je suis d'Uíge

– duige ?

– Uíge, la ville d'Uíge

– et là-bas, il y a la jungle ? tu connais la jungle ?

– la jungle ?

– oui, la jungle avec les animaux

le guide de l'agence de voyages écarta le jeune vendeur, le poussant sans ménagement, en faisant entrer les voyageurs dans le car mal garé

– vous avez besoin de me pousser comme ça ? quand vous êtes avec des étrangers vous devenez agressifs, on dirait que vous prenez les brésiliens pour des étrangers…

– tais-toi et va travailler – dit le guide que la chaleur et sa mission mettaient de mauvaise humeur

– et je suis pas en train de travailler ? allez, achetez donc les lunettes de l'enclipse pour pas devenir aveugle

– qui t'a dit que j'allais regarder l'éclipse ?

---

* Au Brésil, le *l* final après une voyelle se prononce *ou*.

– et qui t'a dit que même sans regarder tu dois pas en porter ? il y a des gens qui vont les mettre déjà la nuit d'avant

– oh, lâche-moi, j'ai déjà assez de soucis

l'autocar, tous phares allumés, démarra la porte encore ouverte mais fut intercepté par deux policiers qui l'attendaient quelques mètres plus loin, au grand désespoir du guide

– bonjour, camarades, qui est le responsable du véhicule ?

– moi – répondit le guide

– veuillez descendre avec tous les papiers, nous devons contrôler tous les passagers

– mais ils viennent de sortir de l'aéroport, ils ont attendu plus de trois heures leurs bagages, monsieur l'agent, il s'agit d'un groupe de scientifiques venus pour observer notre éclipse et témoigner

– ici hors de l'aéroport nous sommes dans une configuration nationale, disons dans une occurrence quotidienne

– mais ils ont déjà été contrôlés, monsieur l'agent

– alors rassemblez les passeports pour une simple vérification

le brésilien sortit du car pour fumer et s'approcha des deux policiers

– tout va bien, monsieur l'agent ? – demanda-t-il en souriant aux policiers

– tout va bien, et vous ?

– tout va bien, à part la chaleur, tout va bien... on va à Sumbe, vous connaissez ?

– oui, je connais, je suis né pas loin

– alors vous connaissez bien la région

– oui, je la connais bien

– vous savez s'il y a la jungle ?

– la jungle ?

– la jungle, oui, je voudrais voir des animaux de la jungle africaine

– il vaudrait mieux que vous voyiez ça avec votre guide – le policier se retenait de rire, il jeta un coup d'œil complice à l'autre –, vous arrivez du Brésil ?

– on vient d'arriver, en fait on est arrivés il y a trois heures, hein ? gros bordel aux bagages, sur le tapis

– oui, monsieur, et vous êtes venus pour l'éclipse ?

– c'est ça, nous sommes venus observer, étudier…

– très bien, et vous avez des valeurs monétaires ?

– des quoi ?

– des valeurs en dollars ou en euros ?

– non, nous n'apportons rien, on nous a dit qu'ici tout était pris en charge

– mais c'est toujours mieux d'avoir sur soi un peu de *cumbú*

– *cumbú* ?

– *cumbú*, c'est de l'argent, ce que vous appelez *grana*

– ah, *grana*, eh oui…

– eh oui – dit le policier calmement –, tôt ou tard vous allez avoir besoin de *grana… cumbú*

– eh oui – répéta le brésilien la cigarette aux lèvres

– vous avez une cigarette, monsieur le scientifique ?

– oui, j'en ai – répondit le brésilien en sortant le paquet de sa poche

– on peut garder le paquet ? on est coincés ici tout l'après-midi, vous comprenez ?

– pas de problème, gardez-le, on peut y aller maintenant ?

– vous pouvez y aller, tout va bien, faites un bon voyage, et la force corporatiste de la police vous souhaite un excellent séjour et concomitamment une respective bonne éclipse !

– quelle merveille votre langue portugaise ! – le brésilien paraissait naïvement étonné

– merci beaucoup et bonne journée – l'agent salua militairement et s'en fut partager le paquet de cigarettes avec son collègue

– sympathiques, vos agents, à part qu'ils aiment fumer les cigarettes des autres – commenta le scientifique

le brésilien rit, puis se tourna vers la fenêtre pour regarder la ville, plusieurs publicités annonçaient l'éclipse, la ville, par endroits, avait été repeinte ou nettoyée pour l'occasion, mais à peine étaient-ils sortis de la zone aéroportuaire qu'ils se trouvèrent face à d'innombrables clôtures, immeubles et rues entourées de palissades, tas de terre rouge récemment extraite, plaques de ciment cassées, morceaux d'asphalte arrachés, et le tout signalé par des pancartes de la CIPEL

– *cipéou* ? qu'est-ce que c'est ça, *cipéou* ?

– c'est la commission installatrice du pétrole exploitable à Luanda

– une commission ? du pétrole ?

– ce sont les excavations, nous sommes en route vers le futur

– quel futur ?

– on a trouvé du pétrole ici, sous la ville de Luanda

– et vous pouvez creuser ?

– oui, la terre est à nous, bien sûr que nous pouvons

– oui, mais je parle de la sécurité, des habitants, des immeubles, on peut creuser comme ça ?

– nous disposons de techniques de pointe, on a fait venir des spécialistes de l'étranger, tout est bien contrôlé par le gouvernement

– et vous faites confiance à ce gouvernement ?

– je n'en ai pas d'autre pour comparer – dit le guide

– ils explorent déjà ?

– ça commence, les tranchées que vous voyez sont creusées pour l'installation des tuyaux et des machines, à n'importe quel moment le pétrole peut jaillir, et on dit que si on en trouve dans un jardin privé, le propriétaire du jardin recevra une commission

– alors c'est vrai ce que j'ai entendu dire au brésil à propos des gens qui ont un puits de pétrole dans leur jardin ?

– non, ça c'est des histoires de brésiliens

– de brésiliens ou d'angolais ?

– bon, ce sont des histoires d'angolais qui vont au brésil raconter ces histoires et ce sont des histoires de brésiliens, comme vous, qui croient ces histoires

– on peut se tutoyer, on est presque des amis maintenant… comment tu t'appelles ?
– Bernas
– Bernas ?
– Bernas
– ah, Bernas, enchanté, je suis Serginho, quel nom curieux le tien, c'est un nom tribal ?
– non – le jeune homme rit –, ça vient de Bernardo, je suis Bernardo, mais chez moi on m'appelle Bernas
– d'accord
après deux heures au milieu d'un trafic intense et bruyant, ils arrivèrent à l'hôtel, déchargèrent les bagages et prirent congé du chauffeur et de leur guide
– bon, Bernas, si tu sais quelque chose à propos de notre trajet, si on passe ou si on peut visiter une jungle, tu me préviens, ok ?
– ok, pas de problème, bon séjour et bonne éclipse
– bonne éclipse à toi aussi.

tout près de la blatte
et en connexion avec certains des mouvements de l'insecte, la télé de la chambre de Raago arrêtait de fonctionner ou alors elle émettait des interférences qui donnaient lieu, par moments, à l'apparition d'images d'un film porno où deux blondes et un étalon noir muni d'un membre viril démesuré, du genre qu'à Luanda on appelle *kinjango*
ou qui, dans des cercles familiers, répond au spirituel sobriquet de *salabardote* (gros saucisson)
l'américain sourit en regardant la blatte albinos qui, se sentant observée, remuait ses antennes plus nerveusement
– i wonder how many stories you could tell me… if only you could speak – murmurait l'américain, étendu par terre, observant la vaporeuse petite blatte
la sonnerie du téléphone le surprit, il fit attention à ne pas se relever trop brusquement, parce qu'il savait que la

blatte s'effrayait facilement, et l'amitié conquise à force de temps et de patience exigeait de lui des mouvements lents

il décrocha et se réjouit en entendant la voix de son ami, l'également scientifique DavideAirosa, qui viendrait le chercher dans la soirée pour un dîner chez le journaliste PauloPausado

– should i bring something, a bottle of wine, perhaps ?

– non, ce n'est pas la peine, il y a tout ce qu'il faut à boire chez lui, ne t'inquiète pas – répondit l'autre.

– une bouteille de vin portugais, de préférence de l'Alentejo – demanda JoãoDevagar

– tout de suite – répondit Noé en se dirigeant vers son coffre – glacée ou naturelle genre un peu chaude ?

– glacée, il ne faut pas mal habituer le gosier, monsieur Noé

– et voilà

– nous allons l'ouvrir pour célébrer

– et quoi ?

– je vous avais pas dit que je viendrais pour mettre au point notre affaire ?

– ah, oui, le jardin – se souvint Noé, ouvrant la bouteille de vin et préparant quelques verres

– apportez plus de verres, j'offre une tournée générale

à sa table, le Gauchiste sourit et remercia d'un hochement de tête, à une autre table deux autres convives imitèrent le geste et s'empressèrent de finir leurs bières tièdes pour libérer leur verre de précédentes commandes, Noé servit le vin et on trinqua

– à notre éclipse angolaise !

– à l'éclipse ! – répondirent les autres

– alors, où en sommes-nous, monsieur Noé ?

– en principe, ils doivent partir aujourd'hui, mais ils ne veulent pas, je leur ai loué pour un an, à ces chinois, et la date est passée depuis plus d'un mois, et ils ne partent pas, quand vous m'avez dit que vous étiez intéressé, je suis allé leur parler

– et ils ne sont pas partis ?

– vous n'imaginez pas le travail que cette histoire me donne, ils m'ont menacé avec des trucs de kung-fu, ces bruce lins de merde...

– et vous ne leur avez pas montré vos talents de karaté-*bassula* ?

– non, j'ai passé l'âge, je les ai laissés tranquilles et je suis revenu le lendemain

– avec la police ?

– non, avec une aka

– ah, excellent, les chinetoques veulent se mesurer au commando Noé

– non, pas un commando, mais il y a des problèmes qui ne se règlent qu'avec une aka47

– et alors, les mecs se sont pissé dessus, non ?

– je suis arrivé, j'ai tiré deux coups en l'air et j'ai demandé où était le BruceLin, le mec s'est chié dessus et il s'est enfui par-derrière la maison

– excellent, c'est comme ça qu'il faut faire, après tout nous avons été entraînés par les cubains

– et, depuis, plus rien !

– et aujourd'hui ?

– aujourd'hui on y retourne, si vous voulez, on y va maintenant, ils doivent être en train de tout enlever, je leur ai donné jusqu'à ce soir

– on y va comme ça, les mains nues ? – JoãoDevagar n'était pas précisément le plus courageux des luandais

– bien sûr que non – Noé ouvrit le coffre et sortit d'un sac en plastique opaque sa reluisante aka47

– vous êtes sûr, monsieur Noé, il ne faudrait pas y aller plus préparés ? avec ces chinois on ne sait jamais...

– plus préparés que ça ? à part le facteur psychologique, je ne vois pas...

– comment ça ?

– nos amis nous accompagnent, nous partons pour une expédition rapide dans le jardin, puis on revient de la mission pour boire un coup, tout le monde est partant ?

– je suis partant quand j'aurai fini mon verre – déclara le Gauchiste

– et nous aussi – dirent les autres, levant leur verre pour qu'on les remplisse à nouveau

– bon… – murmura JoãoDevagar en vidant son verre – je déclare inaugurée par vote à l'unanimité l'opération "entrer dans la maison du dragon" !

– alors qu'on apporte encore une bouteille de vin ! – s'écria l'un des convives

très animé, le groupe renforça ses élans martiaux et pénétra, un peu titubant, avec sur le visage des expressions soi-disant cruelles, dans le jardin que Noé avait loué un an auparavant à sept chinois, où, dans un portugais mêlé de kimbundu, Noé demanda le responsable, un certain Bruce, car l'heure était venue de quitter ce lieu, qui maintenant allait être occupé par les nouveaux locataires

– Bruce pas là – disait une pleurnicheuse dame, une petite chinoise qui portait un enfant dans ses bras

– bon, reprenons notre calme – dit Noé en baissant son arme et en suggérant aux autres qu'ils éloignent leurs haleines alcoolisées – vous partez vraiment ?

– tout va partir, quelqu'un vient chercher les lits et les matelas

– très bien très bien – dit Noé sans savoir quoi ajouter d'autre

– alors nous allons procéder à un compe à rebours – suggéra JoãoDevagar

de l'intérieur de la maison sortaient des lits, des coussins, des paniers, des fruits et des légumes, des lampes, des bougies, un petit générateur et des bidons d'essence, des ustensiles de cuisine, des valises et des gros sacs remplis de vêtements et d'objets, le tout transporté par la porte du fond vers une camionnette conduite par d'autres chinois plus ou moins souriants

– dites-moi si j'ai trop bu, mais… combien de chinois sont déjà sortis de cette maison ? – Noé semblait désarçonné

ses compagnons comptaient sur leurs doigts, du regard, tout était très confus, les gens entraient et sortaient, allaient au camion, avaient tous des vêtements et des visages trop semblables, et il y avait des enfants partout, jusqu'à ce que, enfin, quand tout fut hors de la maison et que la femme vint rendre la clé, Noé grimpât à l'arrière de la camionnette, l'arme au poing, et qu'un étrange silence se fit parmi les chinois

Noé en descendit, l'air abattu, il alla retrouver ses amis et, le regard morne, assista au départ du véhicule puis finalement proféra sa sentence

– ces chinois sont vraiment des enfoirés

– et pourquoi ça ?

– quand je leur ai loué la maison, ils étaient sept, là j'en ai compté onze, dont deux bébés et deux préadolescents

– scientifiquement parlant c'est un peu compliqué – commenta le Gauchiste se tournant vers le BarcaDoNoé, suggérant par là qu'ils fassent immédiatement le trajet contraire

– scientifiquement ? faut pas plaisanter avec les chinois !

de retour au bar, ils inaugurèrent deux nouvelles bouteilles, Noé remballa son aka dans un long sac plastique qu'il noua avec deux cordelettes, et l'arme volumineuse retourna dans sa cachette

– il y a des choses qui dépassent le côté scientifique, monsieur le Gauchiste, soyez certain…

– je n'en doute pas, mais en l'espace d'un an, Noé…

– vous n'avez j'amais entendu parler de ça ? vous qui êtes presque un écrivain, vous n'en avez jamais entendu parler ?

– j'ai entendu beaucoup d'histoires incroyables à propos des chinois – fit remarquer quelqu'un

– par exemple, qu'ils apprennent à parler kimbundu en trois mois, genre cours intensif ? vous voulez rire ?

– oui, c'est une chose d'apprendre ou de baragouiner trois mots de kimbundu, c'en est une autre de concevoir un enfant

– concevoir ? maintenant vous nous venez avec ces mots précieux ? à RochaPinto, une chinoise n'a pas été deux fois à la maternité en l'espace d'un an ?

– un an ? n'exagérons pas, monsieur Noé...

– affirmatif. l'affaire était dans la presse, parce que les chinoises, ici en Angola, mélangent du gingembre avec leurs racines de là-bas, et leurs grossesses ne durent pas plus de six mois

– six mois ? – s'étonna le Gauchiste

– allez, six mois et demi, d'accord, une ou deux fois... ça fait treize mois, ils sont en train de faire des enfants comme chez eux en Chine... vous venez d'en être témoin, non ? ils étaient sept dans la maison et en sont sortis onze

– ces chinois... – commenta un des clients de passage

– ces chinois ont des techniques secrètes qui défient les lois de la maternité... bien – Noé ouvrit une bouteille – trinquons à mon nouveau locataire

– trinquons – JoãoDevagar remplit puis leva son verre

– vous maintenez votre projet ?

– je maintiens, mais je préfère que ça reste secret

– secret comment ?

– eh bien, en termes techniques, c'est ce qu'on appelle une société anonyme, moi, vous et mes fidèles

– mais c'est toujours une église ?

– bien sûr, et ça va rapporter beaucoup d'argent, monsieur Noé, beaucoup d'argent

– elle a déjà un nom, votre église ?

– j'ai pensé l'appeler église de la BarqueSacrée, mais je me suis dit que vous n'aimeriez pas

– ou c'est une société anonyme, ou ça ne l'est pas... ne faites pas ça, mon bar me cause suffisemment d'ennuis avec les contrôleurs, ça en plus ce n'est pas possible

– oui, je comprends, j'ai fait quelques recherches, et j'ai reçu un message des cieux – ironisa JoãoDevagar

– ah oui ?

– oui, j'étais en train de préparer les citations bibliques qui serviraient à définir mon église, et un animal a attiré mon attention

– lequel ? – outre Noé tous paraissaient curieux

– la brebis ! je crois que je ne suis pas loin d'une révélation, monsieur Noé, ces derniers temps j'ai souvent rêvé à une image de brebis

– un animal intéressant, en effet

– très bientôt les fidèles sauront, et voudront connaître l'ÉgliseDeLaBrebisSacrée

– amen – se moqua le Gauchiste

– et voici la grande différence de ma paroisse, monsieur le Gauchiste, et je cite matthieu 25, 31 : "lorsque le fils de l'homme viendra dans sa gloire, avec tous les anges, il s'assiéra sur le trône de sa gloire ; et toutes les nations seront assemblées devant lui. il séparera les uns des autres, comme le berger sépare les brebis d'avec les boucs ; il mettra les brebis à sa droite, et les boucs à sa gauche"

– d'accord, mais je préfère encore les chevreaux – affirma le Gauchiste –, et je cite : genèse 27, 16 : "avec la peau des chevreaux elle recouvrit ses mains et la partie glabre de son cou"

– alors je vous renvoie à matthieu 25, 41 : "ensuite il dira à ceux qui seront à sa gauche : éloignez-vous de moi, maudits ; allez dans le feu éternel préparé pour le diable et pour ses anges"

– alors je te renvoie à la pute qui t'a mis bas ! espèce de faussaire de merde, parce que la gauche sera toujours la meilleure et ton matthieu, là au ciel, il se pourrait bien que ses coordonnées soit fausses ! – brailla le Gauchiste

– du calme, camarade, JoãoDevagar est notre ami et ces citations ne sont que la préparation de son église…

– et il ne pourrait pas choisir d'autres citations ? alors ceux qui sont à gauche sont maudits et vont en enfer, c'est ça ?

– calmez-vous… je voulais seulement vous faire part de mes recherches bibliques, afin de vous tenir au courant de mes préparatifs… c'était juste pour vous dire que notre parole de célébration sera une autre, et non plus "amen"

– et ce sera ? – Noé chercha à dévier la conversation

– mêêêêê… – imitant le bêlement d'une brebis répondant à un appel religieux – en hommage à cet animal si souvent sacrifié… je propose que nous buvions à l'ÉgliseDeLaBrebisSacrée !

– mêêêêêêê ! – firent les présents en chœur

Noé servit une nouvelle rasade, JoãoDevagar prit congé tandis que le Gauchiste grommelait dans son coin

– c'est ça, va voir ton église de la petite brebis, sans quoi tu risques de nous la faire dans la genèse 29, 7 : "il dit : voici qu'il fait grand jour, ce n'est pas le moment où se rassemble le bétail : abreuvez les brebis et allez les faire paître"… allez, servez donc à boire aux brebis, monsieur Noé !

la séance était prévue pour sept heures, en comptant les quarante-cinq minutes de retard systématique des luandais, JoãoDevagar souriait en arrivant sur la terrasse plus connue à présent comme le cinéma GaloCamões, il trouva tout rangé, propre et presque parfumé, des fleurs dans les coins, les braises des grils qui commençaient à rougir, MariaComForça vêtue d'une jolie robe discrète, Paizinho finissant d'aligner les chaises, au fond près de la deuxième entrée il y avait un recoin et des sièges plus confortables pour le public vip, le projecteur emprunté était déjà à son poste et sur la terrasse voisine le coq paraissait avoir la crête moins triste et le regard plus vif

– je me demande, Maria

– quoi, mon grand

– je me demande si on ne devrait pas aller sur la terrasse d'à côté donner à manger à notre coq

– et les voisins voudront savoir ce que tu fais là et tu devras tout expliquer

– tu as raison, ça ne vaut pas la peine, jette-lui quelque chose quand même, à cette distancc si ça arrive, ça arrive, il comprendra

– c'est bon

– les invités peuvent arriver à n'importe quel moment

– tout est prêt, je prépare la braise

– ça va être une belle soirée

– et le film, tu l'as ?

– il est rangé… oh, Paizinho, descends aider Edú et prends son petit banc pour qu'il n'occupe pas trop de chaises

– bien, oncle João

quand le film commença, la salle était pleine, des gens étaient assis sur les sièges prévus, d'autres restaient debout dans les coins ou près de l'entrée rendant difficiles les trajets de Paizinho qui faisait office d'homme à tout faire, descendait chercher des bières ou du whisky afin d'approvisionner les imposantes glacières de MariaComForça, apportait aux clients les brochettes sur des assiettes en plastique avec ou sans serviette, transportait des seaux de glace achetée au dernier moment et répondait à des demandes spéciales venues de la zone vip

tout se passa comme prévu, les membres les plus jeunes de l'assistance commencèrent à improviser bruyamment la bande-son du film, réinterprétant même certains dialogues, en inventant d'autres, laissant le champ libre, de manière quelque peu chaotique, à ceux qui ne s'étaient pas encore exprimés pour qu'ils le fassent, ce qui incluait, sans préjugés ni ricanements, les paroles et les gémissements des blondes, lesquelles, débordant d'une pornogaphique et nordique volupté, s'occupèrent pendant plus de quarante-cinq minutes du plombier africain,

JoãoDevagar ouvrait de grands yeux extatiques, clignait de l'œil à sa femme là-bas dans la zone des grillades, observait, ravi, les réactions du public entre rire et franc contentement, célébrait les certitudes de ses prémonitions en reculant un peu dans le temps, imitait à présent dans le futur le cinéma muet du passé il se servait de l'absence de son et provoquait le public avec ce manque intentionnel de synchronisation, devenant ainsi l'orchestrateur d'un théâtre qui s'excitait et s'auto-alimentait, tout en laissant le public se charger d'activer les concepts que lui-même avait annoncés auparavant dans les champs de "l'expérimentation théatralogique, cinématographale et performatique", en somme les soi-disant échos de son huitième art

– c'est beau… c'est beau…

JoãoDevagar versait une larme

et regardait les mouvements verticaux du cou de GaloCamões.

– où est la bouteille ? tu l'as cachée ou quoi ?

demanda le ColonelHoffman

– elle est à sa place habituelle

répondit PauloPausado, attentif à bien recevoir l'américain qui semblait gêné par la confusion qui régnait dans l'appartement

la télévision passait une télénovela brésilienne où tout le monde discutait en même temps, la radio était allumée et diffusait les nouvelles, et les bulldozers cipelins étaient toujours en activité à cause des heures supplémentaires et mal payées

comme prévu, mais avec une heure et demie de retard, DavideAirosa était passé à l'hôtel pour venir chercher l'américain qui lui raconta, contrarié et inquiet, les menaces verbales de DomCristalino, confirmées par l'accord silencieux du Ministre lui-même, l'air approbateur de l'Assesseur et les sourcils froncés de DonaCreusa, le tout dans un mélange de portugais et d'anglais, avec tous les détails, au point que DavideAirosa se sentit obligé de rassurer le jeune américain

– ne t'inquiète pas, ce ne sont que des mots, mais essaie de ne plus rien dire tant que tu seras ici

– je ne dis rien depuis un moment

– alors c'est bien, tu as fait ton boulot, tu as donné ton opinion, le reste c'est leur problème

– j'ai peur que ce soit catastrophique

– tout est catastrophique depuis longtemps, Raago, ne t'en fais pas, on finira toujours par se débrouiller, si nous faisions tout bien du premier coup cela causerait beaucoup d'inconvénients, d'abord parce que ça pourrait faire croire que le travail est rapide et facile, et ensuite parce que nous n'aurions pas l'occasion de briller en corrigeant les erreurs, tu comprends ?

– plus ou moins

– plus ou moins c'est good enough, ne t'en fais pas, quand tu sortiras tes articles, tu tireras tes propres conclusions

– mais partir risque d'être un problème, n'est-ce pas ?

– comment ça ?

– l'autre jour DomCristalino m'a ramené à l'hôtel

– et alors ?

– il m'a dit que je pouvais être… how do you say ? arrested ?

– arrêté ? mais pourquoi ?

– c'est ça, arrêté, in jail

– mais non, on ne peut pas arrêter un citoyen américain, encore moins en plein dans cette période, ne t'inquiète pas, c'est du bluff

– non, il a dit que moi être marié

– tu es marié ?

– je ne savais pas

– je ne comprends rien

– il a dit que je être déjà marié avec une angolaise, et que je peux être arrêté parce que maintenant je être citoyen angolais

– mais tu a épousé un angolaise ?

– c'est lui qui m'a marié

– tu plaisantes ?

– il a dit que le ministère avait mon passeport, ils ont pu faire autres documents, mais je ne sais pas qui être ma femme angolaise, peut-être elle est jolie – Raago plaisanta

– et tu n'as même pas encore payé la dot, ça va te coûter cher

Clara avait préparé de délicieux et nombreux apéritifs, elle éteignit la télé pour ne pas affoler l'américain et fit plusieurs allers et retours à la cuisine jusqu'à ce que tout fût disposé avec goût et abondance sur la table, en plus de ce que la cuisinière de sa mère avait préparé, une entrée spéciale de fruits de mer au curry, suivie d'un robuste pâté de viande au chorizo recouvert d'œufs frits

– du chorizo arrivé tout droit d'AfriqueDuSud – présenta-t-elle

– cousine, vous êtes la joie de mon âme – affirma, la bouche pleine, le ColonelHoffman

– je ne peux plus rien avaler – dit Paulo

– moi non plus, je suis repu – confessa l'américain

– tout est délicieux – résuma DavidAirosa

– attention, je ne veux pas de restes – gronda l'amphitryonne

– voyez-moi ces enfants gâtés ! – s'écria le ColonelHoffman d'une grosse voix sévère – tant de gens meurent de faim et ces idiots jouent les repus, franchement – il donna un coup de poing sur la table – allez, mangez !, excusez-les, cousine, si on ne leur secoue pas les puces à ces petits jeunes, ils ne comprendront jamais, il aurait fallu qu'ils aillent combattre au KuandoKubango pour comprendre ce que c'est qu'une faim chronique

– vous étiez vraiment colonel des forces "aimées" ?

les convives rirent gentiment de la faute de l'américain

– pardon, Raago, on ne dit pas forces "aimées", mais forces armées, like armed, you were saying "beloved army"

– ah, désolé, parfois le manque de savoir peut causer une grosse confusion… je voulais dire forces armées, c'était l'époque des *faplas**, no ?

---

* Forças armadas para liberação de Angola, le bras armée du MPLA, le Mouvement populaire de libération de l'Angola, parti fondé en 1956, actuellement au pouvoir.

– oui – répondit sérieusement Hoffman – c'est plus ou moins ça – et il retourna à son assiette sans plus d'explications

– grande bataille, KuandoKubango, j'ai vu bon documentaire sur la présence des cubains en Angola, très bon film

– si, si, los compañeros... – Hoffman se détendit, souriant, se rappelant ses compagnons cubains, des soldats, mais qui avaient travaillé avec lui à RádioNacional pendant les campagnes d'enregistrement de musique traditionnelle qui avaient été faites pendant les années de guerre – tu sais, rambo... oh rambo...

– Raago, son nom c'est Raago – corrigea Paulo

– bon, tu sais, Raago... les cubains, los cubanos... c'était des types très drôles, sauf que tout à Cuba était mieux qu'ici, et ça a donné lieu à beaucoup d'histoires

– des histoires ?

– tout était mieux là-bas, las playas, las chicas, la comida... tout... et ils avaient la manie de mieux connaître l'Angola que nous, parce que, en tant que soldats, ils avaient en fait parcouru beaucoup de régions auxquelles nous n'avions pas toujours accès

– je vois

– je me souviens d'une fois, sur le front – il fit une pause dans son théâtre luandais, moment professionnel auquel se plie tout luandais lorsqu'il raconte une histoire plus ou moins invraisemblable, pour s'assurer qu'il n'y a pas parmi les présents quelqu'un qui pourrait le démasquer – une fois, au Moxico, j'étais avec un cubain, et je me suis mis à raconter des histoires qui s'étaient passées dans des endroits où j'étais allé

– oui

– et je suis en train de raconter au mec que j'avais enregistré des musiques à Luambala, et l'enfoiré me dit "Luambala, como no, estuve yo con mi unidad", et moi, d'accord c'est possible, puis, je me souviens quand j'étais dans le Chiume et le mec "oye, Chiume, como no ? muy cerca de KuandoKubango, aí mismo combatí los sudafricanos", et moi je commence à m'énerver, je parle de mon enfance à Lumeje et l'enfoiré me dit "oye, compañero, Lumeje, como no, si aí mismo hemos estado la semana pasada" et moi, le mec commençait vraiment à me les casser, je grommelle tout bas *sundu ya manhenu*, eh bien le connard se tourne vers moi et me dit tranquillement : "oye, *sunda manhenu*, como no ? aí mismo comimos ayer !*"

Paulo et Clara éclatèrent de rire, sous le regard de l'américain qui souriait par sympathie, la fourchette suspendue en l'air, sans comprendre la blague jusqu'à ce qu'on la lui explique, en anglais, les parties théâtrales augmentées par le ColonelHoffman qui s'étouffait presque de rire de sa propre blague

– ah, ma mère, ces cubains ils étaient vraiment trop ! toutes ces histoires, bordel…

une fois que tout le monde eut bien mangé et bien bu, le Colonel conduisit sa troupe internationale à une fête à laquelle lui-même n'avait pas été invité

– on fait comme avant, chaque pique-assiette amène trois pique-assiettes avec lui

– pique-assiette ? on vole des assiettes ? – demanda l'américain

– non, like "non invited person" – expliqua PauloPausado

– ok

– faites-moi confiance, il suffit de prendre un air important, ici à Luanda c'est comme ça, si tu veux entrer quelque part il faut faire l'arrogant

ils se mirent en chemin, à pied, parce que la fête n'était pas loin, évitèrent les trous dans les trottoirs, contournèrent les zones les plus dangereuses et finalement arrivèrent à

---

* "Luambala, bien sûr, moi j'y étais avec mon unité."
"Eh, Chiume, bien sûr, près de KuandoKubango, c'est là que je me suis battu contre les Sud-Africains."
"Eh, compañero, Lumeje, bien sûr, on y était la semaine dernière."
sundu ya manhenu (kimbundu) : "le con de ta mère !"
"Eh, *sunda manhenu*, bien sûr, c'est là qu'on a mangé hier !"

destination s'orientant au bruit assourdissant de la *kizomba* puissante qui jaillissait de la fête

dans l'entrée, comme d'habitude, il y avait les videurs, en costume noir, les chaussures bien cirées

Hoffman procéda à une inspection visuelle rapide, il fit un petit tour sur les côtés de la maison, “au cas où il y aurait une urgence”, expliqua-t-il et, prenant l'américain par le bras, fit ses dernières recommandations

– tu ne dis rien et surtout tu ne parles pas portugais, si besoin en anglais

– ok – sourit l'américain

– alors, la jeunesse, prêts pour l'assaut ? – dit avec assurance le Colonel en prenant sa grosse voix

– c'est bon, oui

– nous sommes venus à la fête, nous sommes invités, mais nous avons amené ce monsieur américain pour qu'il voie nos fêtes nationales, vous comprenez ? – il fit un geste du bras et poussa PauloPausado et DavideAirosa à l'intérieur

– mais ces messieurs… ?

– quoi, ces messieurs ?! c'est quoi ça ? vous n'avez pas vu ce monsieur dans les journaux d'hier ? l'invité spécial de notre camarade Président pour expliquer la recherche du pétrole ?

– j'ai pas vu, *kota*

– “*kota*”, non ! nous ne sommes pas allés à l'école ensemble, hein ! je suis le ColonelHoffman, mais vous pouvez rester au repos, vous avez fait votre service militaire ? – demanda-t-il en donnant une grande claque sur le bras de l'agent de la sécurité

– non, *kota*, on a pas été appelés

– alors attention, je peux vous faire appeler à n'importe quel moment, hein ?

– oui, *kota*, mais la fête là…

– allez, assez de blabla, maintenant les *kotas* vont essayer quelques pas de *kizomba* à l'ancienne mode, s'il y a le moindre problème à la porte, je suis le ColonelHoffman, vous pouvez me faire appeler

– ok, *kota*, merci

ils entrèrent en majesté dans la salle, Hoffman souriait, satisfait de son tour de passe-passe verbal, il se dirigea tout de suitc vers le bar, rapporta des boissons pour tous, proposa de trinquer et promena son regard sur la fête, reluquant les madames mamelues, observant les plus anciens assis, un verre de whisky à la main, quelques-uns fumant, d'autres non, et dévisageant les jeunes filles aux corps ondulants qui souriaient de la bouche et des yeux

puis il aperçut, sur une scène improvisée dans un coin, un groupe qui jouait et accompagnait PauloFlores en personne, lui aussi le verre à la main, décontracté, chantant pour la foule des danseurs

le ColonelHoffman, réellement ému, leva la main pour saluer le chanteur, et PauloFlores répondit d'un signe de la tête et de son large sourire. la situation était ainsi contrôlée, les maîtres de maison avaient pu remarquer l'intimité du colonel et de Paulo, et Hoffman s'empressa de prendre ses amis dans ses bras pour que tout le monde comprenne bien qu'ils l'accompagnaient, l'américain tapait du pied en marquant un rythme incertain et suspect, PauloPausado fut saluer quelques hommes politiques et des acteurs de la communication sociale, puis le groupe se reforma pour boire, DavideAirosa dévouvrit sur la table les restes d'une somptueuse *cachupa* et rapporta à Hoffman une assiette bien remplie, que celui-ci s'empressa d'engloutir pour aller ensuite inviter à danser une jeune fille qui lui avait, semble-t-il, souri

PauloFlores, accompagné par la guitare et les percussions, entonna "*fim do dia*", fin du jour, après avoir fait une courte introduction

– je dédie cette chanson à mon vieil ami ici présent, ArturArriscado, dit ManRiscas, plus connu au Moxico et ses environs comme le ColonelHoffman… !

le groupe d'amis siffla et applaudit, la jeune fille parut impressionnée et entoura de ses bras le cou du colonel

– vous êtes prête à danser avec un *caluanda* du Moxico, mademoiselle ? – demanda Hoffman en souriant

– mademoiselle est prête à tout – chuchota la jeune fille à l'oreille du colonel

qui rapprocha le corps féminin du sien, exécuta deux feintes à gauche et fit basculer la jeune fille en arrière, comme pour mesurer le niveau de sa danseuse

– très bien, on y va

– vous n'avez encore rien vu, monsieur le colonel

– appelle-moi Artur, et toi, comment tu t'appelles ?

– Manucha

– enchanté… Manucha…

– tout le plaisir est pour moi, Artur

le colonel était aux anges, il ne lâchait pas sa conquête et ne s'arrêtait entre deux danses que pour réapprovisionner son verre de whisky avec beaucoup de glaçons

– vous vous moquez de moi ? – fit-il remarquer au jeune barman – c'est quoi ce JiBé noyé, fabriqué au Roque-Santeiro* ?

– non, *kota*, excusez

– je n'excuse pas, sers-moi de ton black label que tu cache là-dessous, tu crois que je ne l'ai pas vu ? moi aussi, je suis de la maison, bordel de merde

– tout de suite, *kota*

– pas de *kota*, on n'est pas allés à l'école ensemble et on ne s'est pas salis sur le même terrain de foot, je suis "monsieur le Colonel", tu n'as pas entendu PauloFlores au micro ?

– voici votre whisky, monsieur le Colonel

– oh, tu te moques ? deux glaçons seulement ? est-ce que je suis un fils de chat qui a peur de l'eau ?

– faites excuse, monsieur le Colonel

PauloPausado et DavideAirosa expliquaient à l'américain les comportements des luandais dans les fêtes, comment les hommes se conduisaient par rapport à la

* RoqueSanteiro, grand marché de Luanda aujourd'hui rasé.

boisson, à la nourriture, aux femmes et aux vieux, qui étaient les invités et lesquels parmi eux étaient mariés, ils faisaient remarquer les dragueurs, ceux qui cherchaient à se poster dans les coins moins éclairés, ceux qui étaient assez confiants pour entraîner une femme à l'intérieur de la maison ou derrière un buisson, ceux qui étaient venus pour manger, ceux qui étaient venus plutôt pour danser, et ils s'amusaient à parier entre eux, pour deviner qui dans la fête, à part eux, faisait partie des pique-assiettes,

quand, enthousiasmé par son septième whiky et bercé par les bras de Manucha, le ColonelHoffman vit sa danse interrompue par un arrêt soudain de la musique, la première réaction de l'assistance fut de regarder l'éclairage, c'était peut-être une coupure d'électricité, mais non

– camarades, excusez-nous d'interrompre votre danse – annonçait un homme en état douteux de sobriété – mais notre fête a accumulé un nombre excessif de pique-assiettes et nous allons devoir reprendre les choses en main

des murmures se firent entendre, des bougonnements et des petits rires, DavideAirosa ne put cacher une certaine inquiétude, Hoffman fit rapidement un signal de code que PauloPausado ne comprit pas, le colonel s'excusa auprès de la jeune fille et rejoignit ses deux amis

– nous allons prendre des décisions préventives, mais personne ne sort

– quoi ? – Paulo n'entendait pas bien, l'homme au micro continuait son discours

– nous avons eu l'autorisation de PauloFlores, il suffit d'attendre que ça passe, les pique-assiettes vont battre en retraite et nous, nous ne bougeons pas, ne me faites pas honte – Hoffman mit de l'ordre dans sa chemise et s'en fut chercher un whisky – et ajoute-moi des glaçons, gamin…

quelques personnes se retirèrent de la fête sans demander leur reste, les agents de la sécurité les laissèrent sortir sans intervenir, et tout paraissait être revenu à la normale, mais l'homme au micro poursuivit

– vous allez m'excuser mais, même comme ça, il reste encore trop de pique-assiettes, nous allons procéder de la façon suivante... – il faisait durer sa pause alcoolique – les invités de la fiancée vont se mettre à droite dans la cour, siou-plaît... ça ne va pas prendre trop de temps

les gens commentaient à voix basse la bizarrerie de la situation

– tous les invités du fiancé à gauche, allons-y...

mais peu étaient ceux à obéir à ces ordres

– tout ça commence à devenir bizarre – remarqua DavideAirosa

– ne t'en fais pas, vous êtes jeunes, je connais bien ce truc, tu vas voir – et le ColonelHoffman riait du plaisir anticipé de l'ancien, du connaisseur et grand professionnel dans l'art de parasiter les fêtes de luanda

– maintenant, tous ceux qui sont à droite... et tous ceux qui sont à gauche... – l'homme faisait un effort pour garder les yeux ouverts et la voix ferme – dehors, bande de trous du cul ! ce bordel n'est pas une noce, c'est le baptême de ma fille !

un éclat de rire général éclata, les parasites, ceux de droite comme ceux de gauche, furent conduits vers la sortie, la fête reprit joyeusement, on applaudit

en laissant tomber le micro, l'homme fut embrassé et salué par Hoffman, qui se montra très satisfait de cette manœuvre culturelle qui lui donnait l'occasion de montrer à l'américain un peu de la réalité locale

– oh, rambo, là-bas dans tes amériques, vous n'avez pas ce genre de technique, hein ?

– très bon technique, réellement...

– et voilà ! si c'était au texas, vous auriez fait appel au effe bi aïe pour enquêter sur les pique-assiettes – riait Hoffman – ici une parlotte bien improvisée et toute la pique-assiettée est virée... et nous, on est là, pépères, tu y crois ? hein ?

– c'est vrai

– apprends et remporte ça chez toi !

après beaucoup d'heures et beaucoup de danses, pour ne pas parler des innombrables bouteilles et canettes de bière consommées, les bouteilles de JiBi éclusées par les plus jeunes et celles de black label réservées aux plus âgés parmi les présents, les femmes se mirent à danser dans une ronde joyeuse sur des rythmes de musique brésilienne,

il devait être près de deux heures du matin quand les plus vieux apportèrent leur grâce à la ronde chassant ainsi les douleurs de dos et la lassitude des genoux, en profitant pour secouer leur état d'ébriété et faire plaisir à leurs épouses dans une *rebita* improvisée sur un air de samba,

c'étaient des gens de tous les âges, il y avait aussi des vieux et des enfants se donnant le bras, en rond, exécutant dans la nuit les figures d'une antique *rebita*, le ColonelHoffman lui-même, plus à l'aise que jamais, donnait les ordres, "les dames d'un côté, les messieurs de l'autre… attention…", les corps suivaient le rythme des opulents fessiers et des lèvres entrouvertes dans des sourires de célébration

"*fogope !*", cria Hoffman

la voix tonitruante et le regard sur la jeune Manucha de plus en plus impressionnée par la performance de l'énorme colonel, jeunes, adultes et vieux par paires suivant les ordres du colonel, se faisaient face, pubis contre pubis, tournaient sur eux-mêmes et reprenaient la figure précédente

"*fogope !*", répéta Hoffman

en riant il écarta les bras pour enlacer la jeune fille comme elle l'y encourageait, laissa ses mains parcourir son dos nu et, par la force de la gravité, arriver jusqu'aux fesses de Manucha, un geste qui pouvait passer pour un test servant à mesurer le degré de permissivité de la jeune fille qui sourit, faisant semblant de ne pas comprendre, et c'est à ce moment que Hoffman vit s'approcher de lui le jeune homme de la sécurité

– un problème, jeune homme ? vous ne voyez pas que le colonel est engagé dans une manœuvre hautement féminine ?

– un problème avec un voyou dehors, *mô kota*, on l'a neutralisé, et maintenant on vient vous chercher

– vous avez bien fait, laissez-moi juste finir cette danse et j'arrive

le jeune agent, l'air bien trop sérieux pour l'atmosphère qui l'entourait, salua militairement et retourna devant le portail de la maison d'où venait un bruit de bagarre qui ne pouvait plus passer inaperçu, le maître de la maison fit mine de s'approcher à nouveau du micro pour interrompre la fête, mais Hoffman lui parla à l'oreille et promit de régler le problème

– il suffit que vous garantissiez que le black label ne va pas manquer, parce que la fête est encore pleine de promesses

il s'excusa auprès de Manucha, s'éloigna d'un pas chaloupé en remettant de l'ordre dans sa veste et sortit sur le trottoir d'un air triomphant

– que se passe-t-il ? qui s'est permis de venir interrompre la fête du baptême de ma nièce ?

– c'est celui-là, on l'a pris en train de forcer les portières des voitures des *kotas*

le garçon avait déjà la tête un peu enflée, la chemise déchirée, le visage abîmé par les coups de poing et les claques déjà inaugurés par les agents de la sécurité, et Hoffman, du fait de l'influence du whisky ingurgité, ne reconnut pas ZéMesmo, l'un des plus fameux et malchanceux voleur de la ville de Luanda

– oh garçon… alors comme ça tu viens interrompre les fêtes des autres ?

– non, *kota*, c'est pas ça, je faisais que passer, et j'allais nettoyer les pare-brise

– nettoyer ? mais nettoyer comment ? avec de l'eau ?

– oui, *kota*, j'allais les laver, alors je démontais les vitres pour nettoyer vraiment à fond

– à cette heure-ci ? tu cherches les histoires, mon garçon

– dites pas ça, *kota*, ils m'ont déjà beaucoup frappé

– d'abord, y a pas de *kota*, je suis militaire à la patente également nocturne

– ah, *kota*, dites pas ça

– tu vas la fermer maintenant, bon dieu, tu viens interrompre ma fête et puis tu fais le malin ? nettoyer des voitures à cette heure-ci ? hein ?... – Hoffmann avait l'air pensif, il voulait retourner à la fête mais il fallait qu'il maintienne sa posture et sa réputation de colonel – on va faire comme ça – dit-il aux agents de la sécurité – s'il fait une tête de citron, on le laisse partir

– comment ça, colonel ? – demanda l'agent, interloqué

– une tête de citron, s'il arrive à faire une vraie tête de citron, vous le laissez partir, sinon, vous lui donnez encore quelques baffes. allez, fais-nous une tête de citron ! – ordonna Hoffman avec sa grosse voix regardant ZéMesmo comme si c'était quelque chose de faisable

– *kota*, je ne sais pas

– tu vas faire une tête de citron, nom de dieu ! – Hoffman lui envoya une première beigne

– comme ça ? – ZéMesmo tenta une grimace moche et ridicule

– non, c'est pas ça, allez-y vous autres

les agents de la sécurité se mirent à le rouer de coups, répétant l'incompréhensible et étrange phrase du colonel – allez, fais-nous une tête de citron, si tu veux qu'on te laisse partir

– comme ça ? – avec une autre grimace

– non, ça ce n'est pas une tête de citron – les agents le regardaient avec attention comme s'ils voulaient vraiment évaluer la grimace

le colonel retourna dans la maison, il dansa encore deux morceaux de musique, prit le numéro de téléphone de la jeune fille au dos nu et conseilla à sa petite troupe de battre en retraite parce que cette fête pouvait mal se terminer,

ils prirent congé, après avoir compris qui était l'enfant dont on célébrait le baptême, Hoffman fut saluer Paulo-Flores qu'il serra dans ses bras en le remerciant pour son intervention au micro, il donna l'accolade au maître de maison ct fut présenté à la famille, à la mère de l'enfant, à la grand-mère et même à l'arrière-grand-mère, qui était présente et bien réveillée, accompagnée de son grand verre de whisky, il salua les beaux-frères et les nièces, les frères de l'épouse et les cousins du maître de maison, puis ce fut le tour des parrains, du frère aîné du parrain et du cousin arrivé du Portugal, plus le voisin originaire du CapVert et ses filles, il prit enfin congé du mari des filles du cap-verdien ainsi que de ses sœurs et fut raccompagné à la porte par le maître de maison en personne qui, pendant le trajet, insista pour que le Colonel fasse la connaissance de son cousin germain, de l'épouse de celui-ci et de ses quatre enfants

– c'était un plaisir de vous avoir, monsieur le Colonel

– toujours à vos ordres, mon ami

– alors, et ce malfrat ?

– punition rigoureuse, en plus du citron !

– comme ça, ça va ? – demanda l'agent fatigué de taper sur ZéMesmo

– tous ceux qui sortent de la fête doivent taper sur ce gamin, il faut qu'il apprenne, voler c'est très vilain – Hoffman donna une vigoureuse baffe au malfrat – et maintenant c'est à vous, mes amis

DavideAirosa recula, il ne voulait taper sur personne, il ne trouvait pas ça bien ni utile, ce que pensait aussi Paulo-Pausado qui essayait de calmer l'américain qui semblait horrifié

– je vous avertis que le maître de maison, mon compagnon ici présent, pourrait le prendre mal, cela ne se fait pas, surtout vous, l'américain, invité de dernière heure, pour ne pas dire un autre mot

Hoffman insistait, il les poussa vers le voleur et ils furent forcés de donner chacun une baffe, plus ou moins forte, au malheureux qui supportait en silence les coups qu'on lui balançait, essuyant de temps en temps la sueur et les larmes qui coulaient sur son visage

– écoutez bien – ordonna Hoffman aux agents – tous les invités doivent donner une claque à ce voyou, ordre du colonel, y compris l'héroïne de la fête !

– eh, *kota*, le *kota* a bien dit que c'était un baptême – dit le malfrat à voix basse

– fils de pute, tu en as pas encore assez ?... arrangez-le-moi comme il faut...

ils cheminèrent dans l'obscurité des rues de Luanda

DavideAirosa souriait timidement, bercé par les vapeurs de l'acool, l'américain n'arrivait plus à dissimuler sa stupéfaction devant la manière dont les angolais résolvaient les problèmes qui s'étaient présentés pendant la fête

– vous voilà arrivés, monsieur, goud naïte, souite drimsse ! – Hoffman prit congé de Raago devant l'entrée de l'hôtel

– merci beaucoup, c'était une expérience très... comment dire... très intéressante

– on se parle demain – dit DavideAirosa – sorry about all this...

– dors bien – dit PauloPausado

les trois hommes se dirigèrent vers la Maianga, jusqu'à chez Paulo, et Hoffman était tout disposé à entrer chez le journaliste si celui-ci n'avait expliqué que pour sa femme, à l'heure qu'il était, les voir entrer dans cet état de joie, serait beaucoup trop et que cela pourrait lui causer de sérieux problèmes conjugaux

– les problèmes conjugaux c'est de la couille de mites, tu ne le sais pas encore ?

– quoi ?

– si la petite t'emmerde, tu fais une tête de citron et tout est résolu

ils s'embrassèrent, ils rirent, ils restèrent debout devant la porte encore trois quarts d'heure avant de se séparer, ce qui est une façon de prolonger la nuit, en revivant les moments intenses de la fête

ArturArriscado, le ManRiscas, après avoir laissé DavideAirosa devant chez lui, marcha, comme il le faisait depuis des années, offrant à son corps l'opportunité de se débarrasser des effets indésirables de l'acool et réjouissant ses yeux avec le spectacle lumineux du lever du soleil sur Luanda

– un potage de *muzonguê*... avec un bon *jindungo*, s'il vous plaît

demanda le colonel, sous un soleil déjà très jaune, dans un bar qui venait d'ouvrir ses portes.

– mais qui commande tout ça ?

– des gens très supérieurs.

– supérieurs… comme dieu ?

– non. supérieurs vraiment ! ici en Angola il y a des gens qui commandent plus que dieu.

[la voix du peuple]

on sait que les mauvaises nouvelles volent

et, on ne put l'éviter, avant que ce fût officiel tout le pays était déjà au courant, une vague de tristesse et de mélancolie recouvrit les visages des plus vieux surtout, les plus jeunes ne furent pas indifférents mais cela n'altéra pas leur quotidien, même si tout le monde jugea convenable d'adopter une attitude plus recueillie,

il y eut une déclaration officielle tout de suite après, d'abord sur RádioNacional puis à la télévision, les condoléances et les avant-cérémonies se succédèrent, la ville baissa le volume de sa musicalité collective et même dans les *candongueiros* on modéra le rythme, les *batucadas* se firent plus discrètes

dans les quartiers la mobilisation citoyenne et politique fut générale pour que l'événement ne passe pas inaperçu, les pleureuses frottèrent d'huile leurs talons desséchés et préparèrent des baumes pour adoucir leur gorge, on tressa les petites filles, on commanda aux *kimbandas* des cérémonies d'adieu afin que l'autre monde accueille dans la paix l'âme de la défunte

on mit les drapeaux en berne et le Président déclara deux jours de congé pour une réflexion générale avec l'autorisation pour les dix-huit provinces angolaises de tirer des salves à dix-huit heures précises chacun des deux jours fériés

les curés intensifièrent la production d'hosties, on nettoya les autels, et les saints connurent le plaisir d'être lustrés de la main des bonnes sœurs et des enfants de chœur, on balaya l'intérieur des cathédrales et on ratissa les jardins

dans les endroits les plus reculés du pays, là où les ordres militaires arrivent plus vite que les nouvelles civiles, il y eut des gens pour penser qu'il s'agissait de la reprise du conflit armé, une idée aussitôt dissipée par la modicité des tirs et par leur ponctualité exagérée

on but avec la furie des conflits internes que la mort charrie, mélange d'inquiétude et de révolte, saudade et indignation, le pays s'enivra lentement au son d'une musique douce et d'imparables cantiques de résignation

– la mort est la même pour tous

commentait GrandMèreTeta

– et c'est comme la pluie : quand elle arrive, tout le monde est mouillé

les filles du BairroOperário cessèrent leur activité pendant ces jours-là, elles rangèrent les pauvres rideaux de chaque réduit, changèrent la naphtaline des coffres, lavèrent le sol avec véhémence, laissant planer dans les *musseques* l'odeur intriguante du créosote

toutes les églises se prononcèrent à travers la voix puissante des cloches, de longues messes furent célébrées en latin, umbundu, kimbundu, kikongo, tchokwe

entouré par l'immense bataillon des GardesDuCorps, le Président fut présent par intermittence aux cérémonies, laissant derrière lui un champ de fleurs arrivées quelques heures auparavant de chez les meilleurs fleuristes de Namibie et d'AfriqueDuSud

la famille reçut, on l'apprit par la suite, une importante somme d'argent et la promesse de pensions pour les proches, surtout pour les jeunes orphelins de mère, dont beaucoup étaient aussi orphelins de père,

les articles publiés dans les journaux officiels évoquèrent un pacte de silence, personne ne fit de commentaires à ce sujet, que ce fût sous la contrainte ou volontairement, et il ne resta de ces deux jours, en dehors des boissons bues, des fêtes, des célébrations muettes et des adieux privés, il ne

resta pour ceux qui n'oublient pas ce qu'ils lisent, que le titre, énorme, noir, de la une du JornalDeAngola
"mort officielle de madame Idéologie".

au BarcaDoNoé on ne parlait de rien d'autre, le vieux avait découpé quelques gros titres de journaux qu'il avait collés sur les murs et qu'il lisait et relisait à voix haute, visiblement triste et abattu par cette nouvelle brutale

– vous connaissiez la dame ?

– très bien, depuis mon enfance. elle n'était pas si vieille

– mais vous la connaissiez au sens biblique ? – plaisanta un client déjà ivre

– un peu de respect, camarade, le corps n'est même froid que vous commencez déjà à plaisanter ? vous voulez recevoir un carton rouge et être explusé du bar avant la mi-temps ?

– excusez-moi, l'ancien

– c'était une dame respectable, je connais bien la famille… c'est vraiment une drôle d'époque, je me demande ce que nous allons devenir… – Noé regardait de loin les coupures des nécrologies dont il avait recouvert le mur près de son frigo

– nous allons de Mao en pire, comme disait le chinois

– c'est bien vrai – approuvait le Gauchiste, en redemandant une bière –, c'est pour ça qu'il faut écrire, laisser un héritage ! – il retournait à ses notes –, il faut que les jeunes connaissent le passé et qu'ils aient d'autres références, aujourd'hui ils n'ont que les télénovelas, les paraboles et les discothèques, alors nous devons leur laisser un manifeste de notre désaccord !

le deuil de la mort de madame Idéologie fut léger pour les travailleurs de la CIPEL, aussi les excavations continuèrent de plus belle comme si, dans une ultime mission, les politiciens d'Angola avaient décidé de trouer inlassablement la ville jusqu'à voir enfin jaillir la première source du pétrole luandais.

soutenu par Paizinho, Odonato décida de retourner encore une fois au commissariat pour voir l'agent Belo, il apportait l'énorme tuperouère rempli de délicieux steaks, de tendres et croquantes pommes de terre frites, d'oignons crus dodus et de petites sauces à base de moutarde que Paizinho avait découvertes dans les boutiques chinoises

– l'agent Belo, s'il vous plaît ?

– il est parti à un enterrement, je peux vous être utile ?

– je ne sais pas… franchement, je ne sais pas

– mais, monsieur, parlez, s'il y a quelque chose que nous pouvons faire, je suis la bonne personne, vous ne me reconnaissez pas ?

– comme ça, excusez-moi, mais non

– je suis le sous-brigadier du commissariat, et le bruit court même qu'à n'importe quel moment je peux être promu, alors profitez-en maintenant

– je suis venu prendre des nouvelles de mon fils

– son nom ?

– il est connu sous le nom de CienteDoGrã, il était blessé quand on l'a amené ici…

– vous êtes donc venu chercher le corps ?

– comment, le corps ? – la voix d'Odonato se fit aussi transparente que son corps

– votre fils a été envoyé au cimetière du Catorze il y a trois jours, je pensais que vous étiez au courant… je pensais que vous veniez chercher un acte de décès

un vertige brutal écrasa Odonato qui s'appuya d'une main sur le sous-brigadier et chercha de l'autre l'épaule forte de Paizinho, le soleil blessait ses yeux, la ville tournait autour de lui, mais il ne tomba pas, il respira profondément, accueillant une nouvelle dont depuis longtemps il avait le pressentiment

des images de son fils envahirent son esprit et, après avoir bu quelques verres d'eau, il feignit se sentir mieux, remercia le sous-brigadier pour le renseignement

– combien de jours le corps peut rester au Catorze ?

– bon, c'est une morgue, vous savez ce que c'est… si personne ne vient réclamer le corps il sera enterré dans la fosse commune, il vaudrait mieux que vous vous dépêchiez

– je vous remercie

Paizinho ne réussit pas à convaincre Odonato de passer chez lui pour demander de l'aide, ils se mirent immédiatement en route vers le cimetière

ils prirent un *candongueiro*, puis un autre, ils marchèrent sous le soleil brûlant et les passants qu'ils croisaient regardaient étonnés et apeurés cet homme qui marchait à grands pas exhibant sa translucide apparence

lorsqu'ils arrivèrent devant le portail du cimetière Catorze, le sol ne résonnait plus sous les pas d'Odonato, et les feuilles n'absorbaient pas le poids de son corps

– il faut que tu sois vigilant, Paizinho, j'ai l'impression d'être de plus en plus léger, si tu vois qu'il y a du vent, retiens-moi

– oui, oncle

– et maintenant comment on fait avec ce portail cadenassé ?

– on fait comme avant, oncle, on frappe des mains pour voir si quelqu'un vient

ils sifflèrent, frappèrent des mains, crièrent, mais n'obtinrent comme réponse qu'un silence dur et horizontal

ils entendirent le chant des oiseaux qui volaient entre la recherche de miettes et la construction de leurs nids, un chien maigre errait à l'intérieur et les regardait à travers la grille, comme s'il cherchait à attirer l'attention des deux hommes solitaires et démunis, d'un regard capable de résoudre cette affliction soudaine

– on va sauter par-dessus le mur, comme avant, on va faire le tour et on va bien trouver un endroit par où on pourra sauter, là où il y a un mur il y a un homme pour l'enjamber, disait le poète

– pardon ?

– non, rien… on est deux, on va y arriver

cherchant des yeux et des mains, ils finirent par trouver un endroit où les fissures et les briques saillantes permettraient au pied de s'appuyer et d'exercer une impulsion, d'abord Odonato aida Paizinho qui, assis sur le rebord, hissa vers lui le père malheureux, le faisant ainsi pénétrer dans la grande enceinte

– et maintenant ? – Paizinho laissait courir ses yeux sur la vaste prairie paisible, avec ses oiseaux voletant et ses fleurs sèches servant à la décoration morbide, éphémère, nécessaire

– maintenant, on va chercher le corps de mon fils

– mais où on va le trouver ? – ils marchaient tous les deux, Odonato en tête paraissait habité par un phare vital plus puissant que toutes les logiques

– il faut le trouver, regarde là – un cabanon minuscule, sorte de maisonnette mal finie en briques crues, laissait monter vers le ciel un filet de fumée chargé d'une odeur de viande grillée

ils s'approchèrent, frappèrent des mains, deux petits bancs reposaient devant la maison, des assiettes sales et les braises mourantes d'un feu misérable annonçaient la fin d'un repas

– allons-y – continua Odonato, déterminé

il y a dans les cimetières, là où les fleurs fraîches sont un paradoxe par la force de vie qu'exhalent leurs couleurs, un bourdonnement d'insectes

– là

Odonato avait repéré une clairière désherbée, une zone de terre rouge retournée où gisait un amoncellement de corps dans une odeur pestilentielle, Paizinho fut secoué de spasmes qui finirent en vomissements

– arrête avec ça – dit Odonato, sèchement, lui intimant de se contrôler – tu n'as rien mangé aujourd'hui et tu veux vomir ?

ils passèrent rapidement les corps en revue, Odonato marchait d'un côté et de l'autre, anxieux, les yeux presque fermés, se laissant guider par l'instinct paternel plutôt que par la vue, lorsqu'un cri se fit entendre

– eh, qu'est-ce que vous faites là ? – le fossoyeur s'approcha, une pelle pourrie à la main

Odonato réagit en accord avec sa respiration désordonnée

– je suis venu chercher mon fils, bon dieu, depuis des jours ils me racontent qu'il est là-bas en prison et en vérité il semblerait qu'il se trouve ici

– et vous rentrez comme ça dans un cimetière fermé, sans l'autorisation des autorités ?

– je suis l'autorité de mon fils – Odonato parlait d'une voix étrange, étranglée par les tremblements d'une émotion fatiguée – et je suis venu chercher mon fils pour m'occuper de lui, je vais emmener mon fils – il parcourait les corps, soulevait des bras, retournait les têtes

– ça ne marche pas comme ça, camarade

– fous-moi la paix, bordel – Odonato repoussa le fossoyeur qui trébucha sur une jambe morte et tomba – ce pays fonctionne ? hein ? est-ce que par hasard ce pays fonctionne, monsieur le fossoyeur des cimetières ouverts et des autorisations des autorités ?

Odonato ne regardait personne, pas même les corps qui l'entouraient, lui n'était plus qu'une masse aveugle, sanglotante et tranparente, à la recherche non pas d'un corps mais d'une nécessité urgente

le fossoyeur se releva, attrapa sa pelle rouillée et fit le geste de frapper Odonato dans le dos, Paizinho s'approcha d'un bond mais n'arriva pas à temps, le père furieux avait été alerté par l'ombre de l'homme qui le dépassait, et avant d'être atteint par la pelle, saisi d'une énergie martiale, Odonato se baissa, tourna sur lui-même, allongea la jambe et, dans une passe de capoeira, faucha le sol de sous les pieds du fossoyeur qu'il mit hors de combat

– il est là, Paizinho, le corps de mon fils est là

en bordure de cette mer de cadavres puants, recouvert de mouches, son fils reposait sur les racines d'un gigantesque ficus le fossoyeur essaya de se relever, mais sans chercher à se saisir de la pelle, les os de son dos le faisaient souffrir et un filet de sang coulait d'une coupure sur la nuque

– tu me provoques – voulut-il réagir

mais Paizinho, rapide, attaqua la partie latérale de son estomac d'un coup de pied féroce et compléta son action d'un coup de coude dans le dos douloureux du fossoyeur, le tout accompagné d'un cri aigu et long comme il avait vu dans un film de BruceLi

Odonato était penché, il caressait le visage de son fils, nettoyait les pommettes de la pellicule de terre rouge qui s'y était déposée, il pleurait à gros sanglots, l'homme, et à terre le fossoyeur neutralisé gémissait, dans le ciel un vol désordonné d'oiseaux témoignait de la douleur des hommes résumée dans ce scénario nauséabond

– on va emporter le corps – dit Odonato –, aide-moi à emporter le corps de mon fils

– excusez-moi, oncle Odonato, mais on va l'emmener où ?

– à la maison

écrasé par le poids absurde du cadavre, les deux hommes, le jeune et le transparent, transpiraient et trébuchaient, tout le long du chemin qui les conduisait à l'entrée du cimetière, Paizinho avait subtilisé les clés du fossoyeur et il ouvrait le cadenas rouillé quand il se rendit compte de l'étrangeté de la situation, là, devant l'entrée principale du cimetière Catorze, en compagnie d'un corps en douteux état de conservation et d'un homme presque sans densité, dont les contours corporels n'étaient définis que par ceux de ses vêtements larges et déchirés par la bagarre

– et maintenant ?

– tout a une solution – Odonato énonça pour la première fois, d'un ton ferme, un signal d'espoir

un *gira-bairro* dérapa devant le cimetière et accéléra dans leur direction

– ZéMesmo ? – s'étonna Paizinho

– alors c'était vrai – ZéMesmo, perturbé, regardait le corps de son ami

– cette voiture est à toi ?

– ce n'est pas le moment de poser des questions ! – dit Odonato – ZéMesmo, nous allons porter le corps de Ciente à la maison

– oui, on va à la maison

à l'instant précis où le mot "maison" fut prononcé, le corps de Ciente, si lourd, glissant des mains boueuses d'Odonato et de Paizinho, tomba violemment à terre, les trois hommes se regardèrent comme s'ils cherchaient la réponse au mystère, chacun ressentant le léger pressentiment et l'intuition vide que le corps avait pu bouger par sa propre volonté, ils attendirent quelques instants, laissant le corps inerte sur le sol, espérant un mouvement qui ne se produirait pas

la mort est cruelle et, la plupart du temps, sans fin, les hommes savent cela depuis des millénaires, bien qu'ils s'obstinent à nourrir l'espérance d'un retour

ZéMesmo, lentement, s'approcha, se baissa et saisit le corps, invitant les deux autres à faire de même

ils sursautèrent en entendant un bruit venu du portail

– calme, je suis juste venu vous aider à transporter le corps – dit le fossoyeur

et ensemble, ils soulevèrent le corps avec beaucoup de difficulté et le déposèrent dans l'espace exigu du coffre de la voiture

– est-ce que vous pouvez me rendre la clé du cadenas ?

– la voilà – dit Odonato en fixant l'homme

– mais vous... votre corps n'a pas de couleur... – le fossoyeur tremblait

– excusez-moi pour la façon que j'ai eu d'emporter le cadavre de mon fils, mais c'est que je dois préparer son enterrement comme il faut

le fossoyeur endolori referma le cadenas du portail principal d'une main tremblante et partit se réfugier dans son pauvre logis fumant, tandis que la voiture transportant le corps très lourd, coffre ouvert, roulait ainsi, à travers les rues pleines de trous de la ville, en direction de l'immeuble qui avait été le foyer de CienteDoGrã

– mais comment un corps peut peser aussi lourd ? – demanda ZéMesmo

– je crois que je sais pourquoi

– c'est quoi, alors, oncle Odonato ? – Paizinho était derrière, écœuré par l'aspect et l'odeur du cadavre

– il m'avait dit un jour, "même mort, je ne reviendrai jamais chez toi", c'est sûrement ça

– c'est sûrement ça – confirma ZéMesmo, gravement

écrasée par une irrésistible torpeur, la ville, à part les travailleurs cipelins, paraissait vidée de ses habitants, le silence à l'intérieur des maisons n'était interrompu que par les radios ou les harmonies de musiques tristes, les enfants n'avaient pas envie de jouer, le regard des chiens était encore plus lugubre que d'habitude, en hommage à la disparition de madame Idéologie

en arrivant à l'immeuble, ils furent rejoints par cinq autres hommes et c'est à huit qu'ils se démenèrent pour essayer de sortir le corps de la voiture, ce qu'ils réussirent au prix de beaucoup de patience et d'efforts

ils arrivèrent au premier étage et là le corps devint encore plus lourd, "c'est de la sorcellerie ?", demanda le Camarade-Muet qui était descendu les aider, au troisième ils durent s'arrêter et poser le corps, MariaComForça avait éclaté en larmes et ses sanglots bruyants accompagnaient chaque marche de l'escalier d'une mélopée pleurée, personne n'osa, par respect, lui demander de se taire, mais ce bruit irritant remplissait le silence que les hommes avaient souhaité pour donner de la solennité à la fétide procession ascendante

là-haut GrandMèreKunjikise et Xilisbaba préparaient la salle pour recevoir le défunt

Amarelinha pleurait doucement assise sur le divan usé du salon, le sac du MarchandDeCoquillages avait été posé au premier étage, près de l'ascenseur et ses eaux incontrôlables où se baignait l'Aveugle en attendant la fin de l'interminable mission,

au sixième étage, Edú et les femmes durent prêter main forte car le poids du défunt était devenu insupportable, GrandMèreKunjikise écarta les objets qui pouvaient gêner et enleva le tapis pour permettre le passage du corps

– *lourd dans sa vie et lourd dans sa mort* – murmura la vieille femme

le corps fut posé sans ménagement sur la grande table qu'on avait poussée dans la cuisine, le sol céda en en recevant le poids, une fente s'ouvrit depuis le coin inférieur de la fenêtre, passa sous la table, traçant une ligne parallèle aux toilettes et se dirigea vers la salle comme un serpent fuyant la lumière de la cuisine

– attention ! – cria quelqu'un

tous virent la table se fendre lentement, Xilisbaba leva les mains à la bouche et se mit à pleurer silencieusement dans les bras d'Odonato, Edú sortit de l'appartement car depuis toujours il craignait les histoires liées à la sorcellerie, GrandMèreKunjikise leva les mains vers le ciel et regarda la table se fendre en deux, le corps tomba au milieu de morceaux de bois et la fissure du sol s'ouvrit peu à peu, alors tout le monde comprit que l'inévitable était sur le point d'arriver

le sol avala CienteDoGrã comme si la gravité s'était concentrée dans un cri qui lui ordonnait de descendre

tous virent le cadavre disparaître du sixième étage, ouvrant un trou de la dimension exacte du corps allongé et sous leurs yeux le sol du cinquième céda dans un craquement terrible

le quatrième s'ouvrit plus vite et plus violemment, suivant le corps comme un poids mort, passez l'expression, brisant tout sur son passage, plafond ou sol, cuisine ou salon, chambre et même la zone aquatique du premier étage jusqu'à finir sa chute, dans un fracas assourdissant, dans la zone ouverte qui aurait dû être l'entrée principale de l'immeuble

– c'était donc vrai – dans sa cuisine, Odonato regardait, triste, du haut de son sixième étage – il ne voulait pas revenir à la maison… il faut qu'on trouve un endroit où l'enterrer aujourd'hui même

ils se répartirent en deux groupes, celui qui s'occuperait de réparer immédiatement les dégâts et celui qui devrait donner un destin rapide et efficace au corps, ne serait-ce que pour éviter la rapidité des *mujimbos* qui ne manqueraient pas d'attirer la police ou quelqu'un de la morgue

JoãoDevagar suggéra tout de suite qu'on emporte le corps à l'ÉgliseDeLaBrebisSacrée qui, en plus d'être un endroit fait pour accueillir un défunt, était un lieu calme où la famille et les amis pourraient procéder à la veillée

Odonato accepta la proposition, triste et trop transparent pour penser à autre chose, et on prit toutes les dispositions pour commencer la réparation des trous successifs

– mais le dernier… le dernier trou, qu'il reste en souvenir de mon fils – demanda Odonato

l'autre groupe était chargé de rassembler une "contribution" pour l'achat de fleurs, de vêtements et de chaussures pour le garçon, mais surtout, dit quelqu'un avec une franchise explicite, il fallait acheter et organiser la partie gastronomique des funérailles, ce qui comprenait évidemment des kilos et des kilos de bonne nourriture, d'innombrables litres de vin, de bières et de whisky, le tout dans des quantités pouvant tenir trois jours de suite sans trêve.

à moitié sur le trottoir, on habilla le défunt avec des vêtements donnés par des voisins, un peu trop grands mais dignes de son ultime condition, MariaComForça et Xilisbaba lavèrent le corps avec l'eau apportée par Paizinho et lui coupèrent les cheveux et les ongles

le corps, à présent moins lourd, fut transporté dans une camionnette prêtée par une connaissance, où, derrière le BarcaDoNoé, une cour toute décorée de fleurs sèches l'attendait, JoãoDevagar tint à prendre la situation en main, et bien qu'il ne fût pas encore en mesure d'assurer la gestion de l'ÉgliseDeLaBrebisSacrée, il interrompit le culte qui s'y déroulait et demanda au pasteur brésilien tout juste engagé de préparer la cérémonie

– comme ça, d'un coup ? dieu lui-même ne doit pas savoir encore qu'il est mort – se plaignit le brésilien

– mon vieux, ne commencez pas à compliquer les choses, il s'agit d'un cas de vie ou de mort

– de mort, vous voulez dire

– vous vous permettez de faire des plaisanteries ? prenez garde, vous voulez être renvoyé ! – menaça JoãoDevagar

– renvoyé, déjà ? mais vous m'avez dit que j'étais dans une période d'essai, que le premier mois était un mois de stage, vous voyez, nous avons de bons résultats, de nombreux fidèles ont déjà compris notre philosophie et connaissent le "Amèèè Maria" en entier

– bon travail, continuez comme ça, vous serez mon seul pasteur, et qui sait, vous finirez peut-être évêque un jour

– vous croyez vraiment que j'y arriverai ?

– c'est l'occasion aujourd'hui de démontrer ce que vous valez, je veux que cette cérémonie soit inoubliable, il y aura le père de la victime et sa famille et je peux compter sur la présence de quelques hommes politiques, mon ami, allez vite préparer la cérémonie, je veux que vous me fassiez un discours quasi apocalyptique !...

– jésus marie, patron, nous ne faisons pas de discours à l'église, nous prêchons la bonne parole aux fidèles – répondit gravement le pasteur

– prêchez, prêchez, pasteur, mais je veux que tout soit prêt en fin d'après-midi, et n'oubliez pas que le défunt est le fils de mon grand ami Odonato

– parfait

– autre chose

– dits-moi

– vous ne le connaissez pas... – dit JoãoDevagar

– qui, le mort ?

– non, son père

– qu'est-ce qu'il a ?

– ne vous affolez pas quand il arrivera, n'ouvrez pas de grands yeux, essayez de rester normal et, quoi qu'il arrive, célébrez votre messe et laissez les choses s'accomplir normalement

– frère JoãoDevagar, le seigneur jésus a dit "tu ne discrimineras pas ton prochain ni ton lointain, car son défaut peut demain être le tien, soit physique, soit moral, amèèè !"

– amèèè !

les mains encore tremblantes, assis à côté du trou dans sa cuisine, Edú sirotait le thé de *caxinde* que NgaNelucha lui avait préparé pour qu'il se calme

l'épouse, une fois le thé servi, entoura le trou de divers objets pour mettre en garde contre le danger de l'abîme qui venait de se creuser dans sa cuisine

assis sur son petit banc, Edú entendit sonner le téléphone mais ne se leva pas pour y répondre, il buvait son thé à petites gorgées, les lèvres tristes, dans un visage où seuls ses yeux exorbités révélaient la frayeur ressentie devant la prouesse physique exécutée par le défunt

– chou, bois, ça va te calmer

– mais tu ne sais pas ?

– quoi ?

– que les hommes ne doivent pas abuser du thé de *caxinde* ?

– pourquoi ?

– le thé de *caxinde* et d'avocat calme trop les hommes

– mais tu dois te calmer, tu es nerveux, chou, attention à ta tension

– calmer est une chose, mais le thé de *caxinde* est dangereux pour les hommes

– arrête avec ça

– tu dis ça parce que tu es une femme, le thé de *caxinde* calme trop les choses, là – affirma-t-il en désignant son énorme entrejambe

– ne me fais pas rire à cette heure-ci, tu n'as pas à t'inquiéter de ça le téléphone sonnait avec insistance, NgaNelucha essuya ses mains et alla répondre

– c'est la tpa, ils veulent te parler, c'est peut-être des nouvelles de notre proposition, il y a peut-être des gens intéressés, peut-être une ambassade

– laisse-moi répondre, alors

l'homme se releva avec difficulté, prit son petit banc, s'y rassit, et avant de répondre reboutonna sa chemise et mit de l'ordre dans ses cheveux

– j'écoute…

mais il ne s'agissait pas de lui ou même de la popularité de sa gigantesque enflure testiculaire, un employé aux relations publiques (attaché de presse ?) de l'émission Nation-Courage recherchait un jeune homme du nom de Paizinho

– il n'est pas là, mais je peux transmettre un message, de quoi s'agit-il ?

d'après l'expression de son visage, NgaNelucha comprit qu'il s'agissait d'une bonne nouvelle, Edú respirait fort, haletait, transpirait, paraissait joyeux et triste en même temps, passait sa langue sur ses lèvres

– je n'ai pas de quoi noter, pouvez-vous rappeler ce soir ? oui, ce soir, il sera sûrement là, d'accord ? merci, merci…

il reposa le combiné et garda un silence ému qui pouvait aussi bien témoigner d'une bonne comme d'une mauvaise nouvelle, NgaNelucha vint s'asseoir près de lui, sur le divan, en caressant son torchon de cuisine comme si c'était une poupée chérie, ne voulant pas s'immiscer dans le silence de son mari comme une intruse, le vent repoussa la fenêtre en l'ouvrant encore un peu plus, laissant entrer le son léger et respectueux du tourne-disque du CamaradeMuet, le GaloCamões dans l'immeuble d'à côté faisait entendre les grésillements d'une toux intermittente

– dis-moi, Edú, que se passe-t-il ?

– ils ont retrouvé la mère de Paizinho, la femme du Huambo… – il avait la main sur la bouche comme s'il cherchait à cacher une vérité angoissante – ils ont retrouvé la mère de Paizinho !

au milieu de sentiments confus, MariaComForça en apprenant la nouvelle sourit et s'empressa d'aller la faire savoir à tout le monde, il lui incombait également de chercher Paizinho et de l'en informer, on avait dit aussi que l'intéressé devait prendre contact le plus vite possible avec les services des relations publiques de l'émission afin de mettre au point les derniers détails, car sa mère avait été contactée et l'organisation de son voyage à Luanda était déjà en bonne voie

à Huambo, on imagine, à la même heure, la dame qui avait été prévenue avait sans doute déjà informé ses voisins et ses amis non seulement de l'endroit où se trouvait son fils disparu depuis les années de la guerre, mais aussi de son propre voyage à Luanda dans un avion spécialement affrété par le MinistèreDeLaRéinsertionSociale, avec droit à un ou deux accompagnateurs, comme le voudrait l'heureuse gagnante

elle avait peut-être déjà préparé ses plus beaux pagnes et s'était rendue chez une jeune femme habile afin de se faire élégamment tresser les cheveux, après toutes ces années où elle avait évité d'y penser, quelqu'un de la télévision du Huambo était venue la prévenir, comme ça, aussi soudainement que l'on peut donner une nouvelle, que son fils était vivant

– dieu est grand – aurait-elle dit, en larmes

– et le Parti aussi, madame, n'oubliez pas, tout ceci fait partie d'un plan d'actions et d'efforts du Parti

MariaComForça chercha longuement Paizinho dans l'immeuble et conclut qu'il n'était pas là, peut-être avait-il été envoyé par JoãoDevagar chercher des fleurs et des napperons pour décorer l'autel du temple où, un peu plus tard, allait se dérouler la cérémonie

– et João ? – demanda MariaComForça

– oncle João lui aussi est sorti, il a dit qu'il allait à l'aéroport – répondit l'un des enfants qui jouaient devant l'entrée de l'immeuble.

en arrivant, en retard, à l'aéroport

JoãoDevagar n'eut aucune hésitation à reconnaître les dames qu'il attendait avec tant d'impatience, deux vraies blondes, comme il put s'en assurer sur-le-champ, en les embrassant bruyamment et regardant de très près leur visage, ce qu'il célébra d'un sourire intérieur, à savoir que même leurs sourcils et le léger duvet au-dessus de leurs lèvres étaient absolument blonds, jaunes, pourrait-on dire

– tout va bien ? tout est ok ? – demanda-t-il

– yes, very nice, tout parfait – répondit l'une des blondes

– tout very good, we are oficially "scientifiques" ! – sourit l'autre

inspiré par le film porno qu'il avait passé, mais surtout encouragé par la réaction unanime des spectateurs masculins, JoãoDevagar, qui se considérait comme un entrepreneur multicartes, à la tête de plusieurs affaires non déclarées en cours, ce qui incluait le cinéma GaloCamões et la toute nouvelle ÉgliseDeLaBrebisSacrée, avait décidé sans même y réfléchir à deux fois d'importer deux prostituées blondes directement de Suède, il avait activé ses réseaux qui allaient de l'ex-Yougoslavie à la Bulgarie, afin de localiser exactement ces deux femmes à la grande ouverture d'esprit et le reste également ouvert, prêtes, avaient-elles écrit dans un mail, à évoluer rapidement dans la carrière, dans un pays dont tout le monde s'accordait à dire qu'il évoluait à un rythme absolument étonnant, quel que soit le domaine, d'autant plus dans celui expérimental des contacts multiraciaux

– very welcome bienvenues, very nice cheveux – JoãoDevagar était radieux –, vous arrivez par un beau jour, la veille d'un événement international

– we know, that's why we are "scientifiques"...

– l'Angola est sur le point de présenter au monde une éclipse aux qualités inédites, comme on n'en a jamais vu, vous comprenez ? jamais vu

– je penser que éclipse était internationale dans le monde – commenta l'une des souriantes suédoises

– oui, mais c'est nous ici qui coordonnons l'événement, la NASA n'a rien à dire, vous comprenez ? allons voir l'espace… vous avez déjà dormi dans une église ?

– église ? like church ?

– église… de dieu, qui est "god" aussi, ngana zambi

– amen ! – plaisanta la prostituée, en faisant le signe de croix sur ses seins volumineux

– yes, good, mais dans mon église, on dit "amèèè"

– amèèè ?

– yes, like une brebis : l'ÉgliseDeLaBrebisSacrée !

JoãoDevagar essayait d'appeler Paizinho sur son mobile pour savoir s'il avait mené à bien la mission qui lui avait été confiée, mais un drôle de signal semblait indiquer que le téléphone était hors réseau ou débranché

il prit le *candongueiro* loué pour l'église, car Odonato voulait que la cérémonie soit expédiée le plus rapidement possible, le SurintendantGadinho avait pu, grâce à des amis, trouver une tombe dans un cimetière éloigné, le certificat de décès et autres documents avaient même été signés pour que la scène de la bagarre ne se reproduise pas, ou que le prix des rafraîchissements ne soit pas gonflé pour des raisons de "dernière heure"

tout semblait prêt lorsque, une fois GrandMèreKunjikise et Amarelinha habillées, Odonato, de la chambre, appela Xilisbaba d'une voix qui ressemblait plutôt à une supplique

– Nato ? Nato ? – Xilisbaba ne comprenait pas pourquoi elle ne voyait pas son mari dans un espace aussi réduit

– je suis là, Baba, là-haut

sans chaussures, mais ses chaussettes aux pieds et vêtu de son obsolète costume marron, la cravate bien nouée et même coiffé de son chapeau, Odonato flottait contre le plafond dc la chambre

– Nato ! – soupira Xilisbaba craignant pour son cœur, même si après les jours passés aucune frayeur n'aurait dû l'atteindre à ce point

– je suis là, Xilisbaba, je n'ai pas réussi à mettre mes chaussures

Odonato, complètement transparent, les mains pratiquement invisibles, flottait près du plafond dans une quiétude qui rappelait la légèreté des nuages, il tournait sur lui-même en appuyant ses mains au plafond et se tenait au fil de la lampe pour éviter de toucher l'ampoule brûlante

– je suis trop léger

– et maintenant ?

– enlève les lacets de mes chaussures, attache-les l'un à l'autre et passe-moi le bout

Xilisbaba, cachant ses larmes, s'efforça de retrouver son calme, elle enleva les lacets des chaussures, les noua, se déchaussa, monta sur le lit et tendit à Odonato le bout des lacets, il se déplaçait avec difficulté dans sa nouvelle densité, mais il attacha rapidement le fil à sa cheville d'un geste résolu

– voilà, on peut y aller maintenant

ils sortirent de l'appartement du sixième, GrandMère-Kunjikise suivie d'Amarelinha qui portait une robe à fleurs également obsolète aux couleurs pâlies par les innombrables lavages, et enfin Xilisbaba, se déplaçant précautionneusement, tenant fermement le fil auquel était attaché son mari suspendu, lequel s'efforçait de garder un visage serein malgré sa condition flottante

– allons, ils doivent nous attendre à l'église

à la sortie de l'immeuble le cortège fut rejoint par le CamaradeMuet, habillé d'un sévère costume noir, ses chaussures bien cirées, NgaNelucha et son mari à la démarche difficile, Edú, qui avait refusé de laisser à la maison son petit banc en bois, et MariaComForça les bras chargés de grands bouquets de fleurs, puis aussi par l'Aveugle et le MarchandDeCoquillages avec son sac, le bruit et l'odeur des beaux coquillages accompagnant celui, assourdi, des pas d'un bruissement qui créait une mélodie triste

– vous ne venez pas avec nous ?

demanda MariaComForça au Facteur qui s'approchait

– où ?

– ils ont trouvé le corps, finalement, nous allons enterrer le fils de monsieur Odonato

– alors, je viens

l'église était “composée”, comme on dit à Luanda, avec des fleurs de dernière minute et quelques mets servis discrètement à l'entrée, le corps allongé dans son cercueil ouvert acheté dans l'urgence, d'une dimension inadéquate, et le pasteur qui tentait de dissimuler sa nervosité

la famille arriva et fut reçue entre larmes et pleurs, Odonato tiré par sa femme fut attaché à un bac à fleurs métallique encore sans fleurs et resta là de longues minutes en l'air, éthéré et transparent selon sa nouvelle condition

– est-ce que tout est comme vous le souhaitez, mon amie ? – demanda JoãoDevagar à Xilisbaba tout en cherchant à attirer les regards sur les deux blondasses qui l'accompagnaient

– tout est parfait, merci

– et toi, compagnon, tu es bien garé ? – plaisanta-t-il avec Odonato

– comme on peut – répondit Odonato

– comme dieu veut – murmura le pasteur

les blondes furent installées au bout de la rangée de sièges en plastique, elle s'efforçaient de prendre un air sérieux et digne pour la circonstance, elles se dirent que ce qui arrivait à Odonato était peut-être dû à un tour de magie typiquement angolais, elles eurent des doutes quant au sérieux de la cérémonie, mais se rendirent compte très vite, à la sincérité de la souffrance qui s'exprimait, que cette mort ne faisait pas partie d'une mystification quelconque, elles goûtèrent avec plaisir les apéritifs nationaux et sourirent joyeusement en recevant dans leurs mains délicates les verres remplis de whisky avec beaucoup de glaçons

– ce petit salaud de Paizinho n'est pas là – remarqua JoãoDevagar

– c'est vrai – chuchota MariaComForça –, je ne t'ai pas dit, la TelevisãoNacional a téléphoné, ils ont retrouvé sa mère

– il va être heureux, quelle merveille… ce pays est une merveille ! – dit-il en levant son verre en direction des deux suédoises

– et c'est qui ces deux-là ? elles viennent habillées comme ça à un enterrement ?

– elles viennent d'arriver, Maria, je suis allé les chercher à l'aéroport

– mais c'est qui ?

– ce sont deux suédoises qui arrivent directement d'europe pour rejoindre l'affaire

– mais quelle affaire ? celle de l'église ? ce sont les "petites brebis sacrées" ?

– elles viennent potentialiser la plus vieille affaire du monde, tu imagines le succès, tu as vu comme tout le monde les regarde…

– il faut dire qu'avec leurs nichons presque à l'air, essaie de leur trouver des châles, il faudrait faire preuve d'un peu plus de respect, même à l'ÉgliseDeLaBrebisSacrée

– je vais m'en occuper… – il regarda vers l'entrée et vit entrer les contrôleurs – mais regarde qui arrive, il ne manquait plus qu'eux

les contrôleurs arrivaient, sobrement vêtus, une expression funèbre plaquée sur le visage, ils se dirigèrent vers Xilisbaba et son mari flottant pour présenter leurs condoléances les plus affligées, puis ils balayèrent du regard les installations, bavardèrent brièvement avec le pasteur brésilien et seulement après s'approchèrent de JoãoDevagar

– belles installations, sol refait à neuf, jolies chaises en plastique

– merci, vous connaissiez le défunt ?

– pour ainsi dire – répondit DestaVez
– oui, pour ainsi dire – approuva DaOutra
– alors vous venez, pour ainsi dire, assister à la cérémonie ?
– oui, et après nous voulons parler affaires avec vous
– je vois
– et les deux blondasses, là, de nouvelles acquisitions ou des amies de la famille ?
– disons de nouvelles propositions
– dans quel domaine ? cinématographique ?
– peut-être, peut-être, on ne sait jamais… tout dépend de quoi on parle
– ah, ça veut dire qu'on peut parler de combien
– on peut toujours parler de "combien", mes amis, nous sommes à Luanda
– c'est vrai – les contrôleurs sourirent aux blondes qui répondirent à leur tour d'un grand sourire tout en remontant leurs volumineux soutiens-gorges
– nous parlerons plus tard, la cérémonie commence
– c'est bon, mais c'est quoi ce son ?
– de la musique classique, le langage des anges, ce qui convient à une cérémonie de cette gravité – expliqua JoãoDevagar
– oui monsieur, cette église va faire parler d'elle
– espérons
– son stéréo, plusieurs haut-parleurs, très agréable, dieu en dolby surround, parfait
– nous sommes branchés sur l'installation de mon ami Noé, celui du bar, mais plus tard nous aurons notre propre installation

MariaComForça distribua des petites serviettes à tous les invités, sauf aux suédoises, et après avoir essuyé leurs lèvres et leurs doigts certains des convives gardèrent leur verre de whisky à la main tandis que le pasteur commençait la cérémonie

– mes frères… angolais et d'autres nationalités – le pasteur adressa un clin d'œil à l'une des blondes – nous sommes là pour célébrer…

JoãoDevagar toussa en regardant le pasteur

– je veux dire pour accompagner l'âme de notre frère CienteDoGrão

– c'est CienteDoGrã – corrigea Odonato attaché à un bras de chaise et flottant au-dessus du pasteur

– oui, notre cher frère CienteDoGrã, qui se trouve à présent aux portes du jardin de notre seigneur dieu… dont nous invoquons ici et maintenant le nom, je veux dire le nom des deux, de dieu notre seigneur des hauteurs, et celui de notre cher frère, dont la famille est ici réunie, ainsi que ses amis, d'ici et d'autres contrées – le pasteur adressa un clin d'œil à l'autre blonde – pour prêter un modeste hommage à une nouvelle âme appelée vers les hauteurs célestes

le pasteur leva les yeux vers Odonato, regretta sa phrase et se racla la gorge

– bien que nous sachions que la maison de dieu, et de son fils notre seigneur jésus, est partout, dans tous les espaces physiques et psychologiques de ce monde, en tous lieux, ce qui comprend aussi nos cœurs – il fit une pause

– amèèè – dit JoãoDevagar à haute voix, invitant les présents à répéter avec lui et avec le pasteur

– amèèè – répéta l'assistance

– cela étant, profitant du lieu tout juste inauguré de l'ÉgliseDeLaBrebisSacrée, nous voici réunis dans cet hommage religieux autour du corps et de l'esprit… non pas d'un saint homme… mais d'un homme bon, bon dans son enfance passée dans les rues de Luanda – il hésita – et un peu plus… dont la carrière a évolué vers quelques égarements moraux et même physiques, lorsqu'il a choisi une voie peu appréciée par notre seigneur dieu et par son fils le seigneur jésus, fruit de l'insémination artif…, je veux dire de l'insémination immaculée de sa sainte mère, madame marie, que dieu garde et protège du péché

– amèèè – rugit JoãoDevagar, fixant le pasteur d'un air menaçant

– mais dieu choisit les chemins que nous empruntons, dieu pose les pierres sur lesquelles nous trébucherons, dieu seul connaît la douleur née de nos chutes et les meurtrissures de nos corps – le pasteur regardait les suédoises qui remontaient voluptueusement leurs soutiens-gorges – dieu seul palpe… je veux dire calme nos corps et nos souffrances, dieu seul parle par nos bouches pécheresses, maintenant et à l'heure de notre mort

– amèèè – dit tout le monde

– et notre cher CienteDoGrã est à présent assis près de notre seigneur dieu et il parle avec lui… il lui rend compte de ses jours et de ses actions… qui sait ? qui peut dire ici de quoi ils parlent en ce moment ? CienteDoGrã est né et a grandi à Luanda, à Luanda il a été enfant, puis adolescent, avec ses activités à lui, ses errances, et comme on dit ici à Luanda, qui peut savoir quels *mujimbos* Ciente raconte en ce moment à notre seigneur dieu ?

l'assistance faillit s'écrouler de rire en entendant ces élucubrations religieuses à teneur soi-disant culturelle mais JoãoDevagar, faisant usage d'une curieuse signalétique, empêcha le pasteur de continuer dans ces divagations

– le pouvoir et la volonté de dieu sont grands, comme le sont ceux de son fils immaculé, le seigneur jésus… donc, mes frères, prions, prions pour notre frère qui est monté au ciel, à l'heure et au moment où dieu l'a appelé auprès de lui… prions… au nom du père, du fils et du saint esprit…

– amèèè – dit tout le monde

– au nom de notre sainte Brebis, que dieu l'ait auprès de lui, à ses pieds…

– amèèè

– mes frères… adressons en silence nos prières à dieu afin qu'il accepte notre frère Ciente dans sa maison… prions pour que guérissent ses blessures morales, et pour que dieu ne perçoive pas trop clairement les blessures de notre frère… je ne parle pas, bien sûr, de sa blessure dans la zone fessière, mais des blessures morales… qui sont bien plus profondes, et que dieu pardonne à celui qui a déjà pardonné aux autres, et à lui-même… comme nous, un jour, pardonnerons à ceux qui nous ont offensés – il regardait fixement les seins des suédoises – qui nous offensent du spectacle de… de leurs corps… de leurs regards pleins de feu… prions en silence, mes frères… amèèè !

– amèèè – murmurèrent les fidèles et les autres

au-dessus des chuchotements qui émergeaient des prières de chacun s'allongeait le rythme triste d'une sonate de Beethoven, piquetée par les doigts agiles de son interprète

Noé était à la porte, il n'était pas entré dans ce genre d'endroit depuis des années et il faisait un effort laborieux pour ne pas éclater de rire en écoutant l'homélie du pasteur brésilien, les présents avaient fermé les yeux, sauf Odonato qui, comme un enfant distrait, tournait sur son corps suspendu, les bras légèrement écartés comme embrassant l'air, faisant du fil qui le rattachait à un banc l'axe de sa lente rotation, tournant sur lui-même, puis ne bougeant plus dans l'attente du mouvement inverse que le fil se chargerait de créer, regardant le visage de son fils avec amour et tristesse, et appréciant grâce à la vision panoramique que ses tours lui offraient les visages et les gestes des présents, jusqu'au moment où les tours s'arrêtèrent et où il regarda sa femme qui, se sentant observée, ouvrit les yeux

– ferme le cercueil, Baba, ça suffit tout ce micmac

ce qui arriva aurait pu être attribué, selon la version des plus croyants, à une quelconque volonté divine, ou, comme aurait dit le pasteur brésilien

"à notre seigneur dieu qui sait tout et décide de tout"

Xilisbaba ferma le cercueil, le pasteur éteignit quelques bougies sur le modeste autel et improvisa une cérémonie de distribution de fleurs, une par personne, dans un déplacement qui commençait près de l'autel et s'étirait, au passage des fleurs, jusqu'aux derniers bancs, là où les deux blondes se tenaient sagement assises et, alors que l'assistance se tenait debout dans un silence respectueux, la sonate fut interrompue brusquement et on entendit la voix du speaker de la RádioNacional annoncer “nous interrompons nos émissions pour retransmettre en direct sur tout le territoire national de la RépubliqueDAngola un message de son Excellence l’ingénieur Président de la RépubliqueDAngola”

les gens se regardèrent, puis se tournèrent vers le pasteur qui lui-même se tourna vers JoãoDevagar, lequel, surpris, leva les yeux au plafond vers Odonato

– écoutons ce message, c’est peut-être quelque chose d’important...

ceux qui étaient dehors rentrèrent dans l’église pour écouter le message que RádioNacional était sur le point d’émettre, il y eut quelques craquements d’hésitation, des mises au point radiophoniques, deux petits coups sur le micro précédèrent la toux du camarade Président, puis la voix se fit entendre, grave et contenue

“chers citoyens de la RépubliqueDAngola, représentants des autres nations accréditées dans notre pays, personnalités religieuses et civiles ; au nom de notre gouvernement national d’Angola et à la suite d’une réunion extraordinaire du bureau politique du Parti, j’ai le devoir de vous informer d’une décision qui aura des implications dans la vie sociale, politique et culturelle de chacun de nous. une fois analysés les récents événements nationaux, compte tenu de l’importance de sa stature morale et de son rôle politique depuis les jours de notre indépendance, et compte tenu également de l’état de profonde consternation qui règne chez nos concitoyens, nous avons longuement réfléchi aux événements et phénomènes prévus sur le sol national qui répercuteraient sur nos vies des conséquences d’une magnitude incommensurable, à la suite de quoi le Parti au pouvoir a conclu que nous ne vivons pas, en Angola, une période propice à assumer les fulminantes célébrations en préparation – le Président toussa légèrement – par conséquent, compte tenu de la disparition récente de la camarade Idéologie, l’un des piliers moraux et citoyens de notre nation, le Parti au pouvoir a pris la décision d’annuler toutes célébrations collectives quelles qu’elles soient, proposant une période de trois jours de deuil national. dans ces conditions, et compte tenu des pouvoirs qui me sont donnés, je viens à travers ce communiqué annoncer à notre pays et au monde l'annulation par l'Angola, je répète, l'annulation totale de l'éclipse annoncée pour les jours prochains. des efforts seront consentis pour compenser les dommages économiques que cette décision ne manquera pas de causer, mais je répète, le Parti déclare à partir de ce moment entièrement annulée l'éclipse solaire totale tant attendue !"

– il ne manquait plus que ça

– putain, si j'avais su je ne serais pas venu

se lamentaient les étrangers

il était frustrant d'assister à l'altération du cours des choses et des attentes collectives, non pas du fait de la nature, mais de celui d'une décision humaine, bien que ce cours fût présenté intentionnellement comme le fruit de la décision sage et réfléchie d'un collectif de personnes, dans le cas présent un collectif politique

– est-ce que c'est vrai tout ça ?

dirent des voix exprimant ainsi ouvertement l'ahurissement général et l'incrédulité, ce qui prouvait que, fort heureusement, l'usage de la parole, tout au moins dans des cercles restreints, n'était pas encore visé par la censure

la jeune journaliste de la BBC avait fait un direct en se servant de son téléphone collé au son de la RádioNacional, suivi de sa traduction hésitante et résumée, ce qui donna lieu d'abord à des rires et à des commentaires moqueurs dans les rédactions des principaux médias du monde. mais tout de suite après l'information fut confirmée scientifiquement par la NASA et autres agences : quelque chose dans le mouvement planétaire avait changé

et de fait l'éclipse, annulée par l'Angola, ne se produirait pas, conformément à l'annonce transmise par la voix de notre excellence l'ingénieur et camarade Président

– le Parti va devoir repenser la situation – commenta DomCristalino

– bon, reprogrammer une éclipse c'est compliqué, même pour le Parti… – dit l'assesseur SantosPrancha

– il faudra qu'ils imaginent autre chose

– oui, la population s'est déjà approvisionnée en bières et nourriture…

– caramba, il doit y avoir quelque chose derrière tout ça qui nous échappe

– vous pensez ?

– bien sûr, le Parti ne fait pas de nœud sans point

– c'est comme ça qu'on dit ?

– et alors ! on ne fait pas de nœud sans marquer de point après

après l'allocution du Président, pour donner à l'annonce un air plus solennel, la RádioNacional lança une version très correcte de l'HymneNational, ce qui fait que les invités aux funérailles de CienteDoGrã, les madames et leurs robes, les hommes aux souliers bien cirés et leurs verres de whisky à la main, le pasteur brésilien souriant, les non-invités à l'enterrement et Odonato tenu par la main ferme de sa femme et flottant dans le vent qui venait de se lever quittèrent l'ÉgliseDeLaBrebisSacrée au son compassé de l'HymneNational, ce qui donna aux funérailles un ton absolument inoubliable et tout à fait approprié

– on sort ? – avait demandé JoãoDevagar

– bien sûr – avait répondu Odonato – quelle merveille, João, la RádioNacional qui joue l'hymne à l'enterrement de mon fils !

à l'exception des suédoises, tout le monde retourna à l'immeuble

les bras chargés des restes de nourriture qui serviraient encore pendant les trois jours suivants, les estomacs bien remplis d'alcool, les yeux brillant soit de larmes soit sous les effets des bières et des vins et des whiskys ingurgités

le cortège fit une pause symbolique et silencieuse en arrivant devant l'entrée de l'immeuble, Odonato demanda à être descendu au niveau des autres et ainsi, de bas en haut, il contempla pendant un moment l'étrange trou que le corps de son fils avait fait jusqu'au rez-de-chaussée

GrandMèreKunjikise murmura quelque chose d'inaudible en umbundu et baissa les yeux sur ses pieds fatigués, Amarelinha frottait ses bras comme pour effacer un frisson qui l'avait saisie tout d'un coup

au premier étage, près de l'eau, la température était si magiquement agréable qu'il était difficile d'y résister,

Edú posa son minuscule banc et reposa le poids de son dos contre le mur, NgaNelucha resta debout, à côté de lui, caressant sa tête, il fermait les yeux feignant un précoce assoupissement et laissant fleurir sur ses lèvres un sourire d'enfant, GrandMèreKunjikise plia un de ses pagnes et s'assit par terre, le fil qui rattachait Odonato au monde de ceux qui marchent sur le sol fut attaché à une rampe d'escalier, Xilisbaba s'assit à ses côtés, croisa ses jambes sur le côté et respira profondément, Amarelinha s'excusa et monta à la maison, le CamaradeMuet fit de même et demanda à la famille du défunt si le son d'une musique “douce et appropriée” ne les offenserait pas, car il avait l'habitude de s'endormir au son de quelques souffles de jazz, JoãoDevagar déjà assis prit sa femme par la main et MariaComForça s'accroupit contre lui, l'Aveugle fut conduit dans un coin, il avait sur le visage le sourire permanent et indéchiffrable de ceux qui ne peuvent voir la lumière du monde, le MarchandDeCoquillages sortit sans se faire voir, il monta, et c'est alors que la voix de la vieille femme s'éleva, d'abord légère et douce, un murmure sous la caresse d'un clair de lune intense, puis cadencée peu à peu par un léger battement de ses mains sur l'eau qui envahissait l'étage pour le plaisir des présents, les têtes accompagnaient de leurs hochements le rythme lent que GrandMèreKunjikise imprimait à son antique chanson, des instruments imaginaires entraient dans sa mélopée, l'eau paraissait s'écouler des murs dans un contrepoint au rythme de sa voix et tous semblaient hypnotisés, quand le GaloCamões chanta, à cette heure tardive, une interruption suivie par la musique moins acoustique que le CamaradeMuet avait choisie

– Paizinho, va dire là-haut que GrandMèreKunjikise est en train de chanter quelque chose de plus beau que ce jazz

– à qui parles-tu ? – demanda MariaComForça

– ah, c'est l'habitude, ce garçon disparaît aujourd'hui, il ne répond même pas au téléphone

– j'y vais – s'offrit NgaNelucha – mais je ne redescendrai pas, j'ai mal aux jambes

– toi, si jeune – plaisanta Edú en grattant doucement son gigantesque *mbumbi*

– les jeunes travaillent beaucoup, tu ne savais pas ?

– les jeunes sont faits pour danser – soupira Edú

là-haut, la musique du CamaradeMuet cessa et la voix triste d'Odonato se fit entendre par-dessus le glouglou de l'eau

– chantez, mère, votre voix est si belle

GrandMèreKunjikise, les yeux fermés, commença un murmure chanté dans une sourdine qui contenait un rythme triste, dans les courtes pauses elle frappait l'eau de ses mains, bougeait la tête d'un côté et de l'autre et tremblait les yeux fermés

– *je vais chanter une chanson triste...*

là-haut, sur la terrasse, sous les chaises solitaires du cinéma GaloCamões, les pieds nus d'Amarelinha caressaient le sol et la nuit, la lune attendait de sa voix une autre chanson, elle lança un regard tranquille sur le coq qui se tut et se mit à regarder la jeune fille et le garçon derrière elle

– n'aie pas peur – murmura le MarchandDeCoquillages en l'enlaçant doucement – je suis la mer autour d'un coquillage

– je n'ai pas peur – sourit Amarelinha – je regarde la lune

– et moi je te regarde

– tu ne peux pas me voir

– je te vois toutes les nuits, quand je pense à toi

– tu penses à moi toutes les nuits ? – Amarelinha se tourna et approcha du garçon son visage et sa bouche

– presque toutes les nuits – il voulut l'embrasser

– pour m'embrasser, tu dois demander la permission à mon père et à ma grand-mère

– je leur demanderai après – le MarchandDeCoquillages embrassa gauchement la bouche de la jeune fille

elle rit joyeusement, puis redevint sérieuse, arrangea sa robe, prit dans ses mains les bras maigres et forts du Marchand, lui enleva le sac de l'épaule, se serra contre lui et l'embrassa

– il faut que ce soit lent, les baisers doivent se donner lentement

– oui

le corps du MarchandDeCoquillages trembla et il se sentit nu, il cherchait des mains, dans l'air, un geste qui pourrait le calmer, du pied il s'assura que le sac était près de lui, il entendit le bruit des coquillages à l'intérieur quand il le toucha, alors ils s'allongèrent sur le sol, la lumière blanche du clair de lune se promenait sur leurs corps, il y avait peu d'étoiles visibles dans le ciel

– j'aime les étoiles – dit-il

– j'aime tes coquillages et tes mains – dit-elle

le vent traversait le premier étage, GrandMèreKunjikise ouvrait les yeux par moments, elle regarda chacun tour à tour, elle chantait, sa voix imitait celle d'instruments et d'animaux, elle attendait que l'écho l'aide lorsqu'elle avait besoin de plus de voix, elle parlait petit à petit pour exprimer ses vérités en umbundu

– *c'est la chanson d'une vieille femme... son mari est parti à la guerre... il est déjà souvent parti à la guerre, beaucoup de guerres... elle pleure à présent la mort de son mari... il y a beaucoup de gens autour d'elle...*

Odonato se balance, il perd peu à peu son axe, il tourne sur lui-même essayant non seulement d'écouter mais aussi de regarder la bouche de la vieille femme qui chante et parle, amenant dans le rythme de sa voix le rythme de l'histoire qu'elle raconte, dite et chantée en même temps

– *elle seule peut chanter ou parler… cette vieille femme a un nom, son nom est celle-qui-ne-danse-pas… qui ne sait pas danser… elle pleure, elle se lève lentement, elle raconte l'histoire… du nombre de fois qu'elle a préparé les armes de son mari pour qu'il parte à la guerre, du nombre de fois qu'il lui a promis de revenir… et cette fois-ci il est parti tôt le matin, très tôt, et il n'a rien dit… il est parti sans rien dire… la vieille femme pleure, chante et se met à danser… les enfants sont étonnés… "la vieille femme danse !", disent-ils en chœur… "la vieille femme qui ne sait pas danser danse"… seuls les enfants et la vieille femme peuvent parler… la vieille femme commence à danser lentement, sur un rythme à elle… elle pleure… mon mari est parti à la guerre pour mourir… mon mari est parti à la guerre pour mourir… mon mari ne m'a pas dit un mot d'adieu… je n'ai pas nettoyé les armes de mon mari… elle pleure et danse pour la première fois de sa vie… la vieille femme danse lentement et pleure… elle regarde les enfants… mon mari est parti à la guerre pour mourir et je danse aujourd'hui… je danse parce que mon mari est mort à la guerre… et les enfants crient en chœur… "la vieille femme qui ne savait pas danser danse"… elle danse de tristesse… de la mort de son mari… "la vieille femme danse", chantent les enfants… la vieille femme danse lentement, et seule, entre dans la case… seuls les enfants restent auprès du feu et chantent… "la vieille femme a dansé !", "la vieille femme a dansé !…"*

Xilisbaba prend le fil, tire son mari, monte silencieusement les escaliers

plus tard GrandMèreKunjikise regagnera son lit, elle enlèvera ses pagnes et dormira, après tant d'années, nue, GrandMèreKunjikise dormira nue, le vent caressera son corps, elle sourira parce qu'elle sent que sa petite-fille est nue en haut sur la terrasse et que le vent caresse son corps, Amarelinha rentrera à la maison plus tard, un sourire caché derrière ses mains, elle se couchera à côté de la vieille femme, elle se couchera nue, dans le secret de son cœur troublé, elle caressera doucement ses seins encore durs, elle caressera son ventre

le MarchandDeCoquillages descendra lentement les escaliers, il ira retrouver l'Aveugle assis dans un coin, un sourire dessiné sur ses lèvres, l'Aveugle muet et réveillé se laissera emmener jusqu'à la plage lointaine sans dire un mot, sans poser une question, célébrant le respect que les anciens savent sentir pour les plus jeunes, il sourira en silence, comme sourient ceux qui gardent un secret

Edú arrivera chez lui et réveillera sa femme, NgaNelucha fera semblant qu'elle dort déjà et qu'elle veut dormir, elle est nue, elle transpire et elle savoure le vent qui passe à travers la fenêtre, Edú se déshabillera et se couchera nu, il laissera ses mains réveiller le corps de sa jeune femme, il baisera ses seins et lui dira des paroles de jadis à l'oreille, NgaNelucha lui touchera le sexe d'une main sûre et humide et dira gravement "aujourd'hui, un jour d'obsèques, tu veux t'amuser", elle parlera d'une voix languide et provocante, "l'amour ne peut pas offenser le mort", répondra Edú, s'installant acrobatiquement pour tenter d'écarter son enflure latérale et pénétrer sa femme lentement, "arrête avec ça, je ne peux pas dormir", dira-t-elle, sa main à lui caressera le dos de sa femme tout le long de sa colonne vertébrale, ses doigts frôleront sa bouche, sa langue vibrera et ses hanches se balanceront, "laisse-moi dormir... laisse-moi dormir", dira-t-elle à chaque poussée du bassin, courtes pour plus de plaisir, "dors... dors, petite", murmurera-t-il à son oreille, de plus en plus lent et érotique, en contraste avec les mouvements rapides et ondulants de la femme, "aïe !", criera-t-il quand elle frappera exprès sur son *mbumbi* gonflé, "ah, pardon", dira-t-elle ironiquement en le frappant à nouveau, "laisse-moi dormir", dira-t-elle, haletante, attendant et retenant son orgasme, "dors... dors...", dira-t-il, laissant leurs corps parler entre chaleur et sommeil, nus, heureux, dans l'espoir de rêves paisibles ou de pas de rêves

MariaComForça sera chez elle, mettant de l'ordre dans sa cuisine, ce qu'elle n'aime pas laisser pour plus tard, elle sourira en entendant les gémissements venus des étages au-dessous, elle rangera les restes de nourriture pour que demain Paizinho aille les porter au coq, elle écoutera le bruit que fera JoãoDevagar entrant à la maison, s'asseyant dans le salon, se déchaussant, la radio sera allumée pour les dernières infos du jour, la communauté internationale est ennuyée pour ne pas dire révoltée par la décision du GouvernementAngolais d'annuler l'éclipse comme si le phénomène était limité au pays, JoãoDevagar, souriant, se souviendra de rappeler Paizinho

et il appellera, et MariaComForça sera dans la cuisine écoutant la voix incrédule de son compagnon

– allô, Paizinho ?

– j'ai déjà dit qu'il n'y a pas de Paizinho ici

– mais qui parle ?

– c'est le voleur !

– quoi ?

– c'est le voleur qui parle !

– mais quel voleur ?

– le voleur, le voleur, quoi ! j'ai volé ce portable, donc c'est le voleur qui parle, putain, c'est quoi le problème ?

– arrête avec ça, passe-moi Paizinho

– ah, c'était son nom ? écoute, je viens de te dire que c'est le voleur qui parle, qu'est-ce que tu veux, négocier ou quoi ?

– ah c'est le voleur qui parle, c'est ça ? – JoãoDevagar s'énervait

– oui, c'est ça, combien tu donnes pour racheter le portable ?

– je donne que tu vas aller te faire foutre, ça oui !

– c'est pas la peine, *kota*, j'ai déjà troué le mec, t'as plus qu'à racheter le nokia

– écoute-moi bien, espèce de fils de pute, tu sais à qui tu parles ?

– quel fils de pute toi-même, tu vas payer ou non ? bordel, tu me fais dépenser la batterie du téléphone, et en plus j'ai pas de chargeur ! je vais raccrocher alors…

MariaComForça laissa tomber son chiffon, elle s'assit près, tout près de son mari, lui serra la main très fort, sa main était froide, celle de JoãoDevagar était chaude, il tremblait, sa respiration était haletante de rage et d'inquiétude, il hésita avant de refaire le numéro, il regarda sa femme comme s'il lui posait une question décisive mais MariaConForça fit comme font toutes les femmes, elle ne dit rien

un miroir inerte retournant la question à son mari

– allô ?

– c'est bon, combien tu donnes ?

– on parlera du prix après… – il fait une pause, tourna son regard vers la fenêtre, cherchant peut-être la lune – mais qu'est-ce qui s'est passé ? où est Paizinho ?

– je t'ai déjà dit, j'ai troué le mec, j'étais armé et il ne voulait pas me filer le téléphone, j'ai troué le mec avec une balle dans le dos !

– où ça s'est passé ? tu plaisantes ?

– je plaisante pas, putain, qu'est-ce que tu crois ? j'ai tiré pour de bon, le mec est resté là-bas

– mais où là-bas ?

– VilaAlice, je sais pas, moi

– écoute-moi bien, espèce de fils de pute, enculé de merde et du con de ta mère…

– oh, à qui tu crois que tu parles ?

– tais-toi, bordel ! – JoãoDevagar hurla les yeux gonflés – je veux juste savoir, où est le gamin ?

– j'en sais rien moi, il est resté par terre, je suis pas une ambulance

– où est le gamin, putain ? où est le gamin, espèce de fils de pute ? – JoãoDevagar hurlait et gesticulait, MariaComForça l'enlaçait, le soutenait

– va te faire foutre, tu me déranges à cette heure-ci, et en plus tu veux discuter ?

– où est le gamin, espèce de fils de pute ? où est le gamin ?

le voleur raccrocha, JoãoDevagar pleurait, il se laissa tomber par terre, sanglotant convulsivement et répétant "où est le gamin… où est ce gamin…", encore et encore, sa femme collée à son dos, l'entourant de tous les bras qu'elle pouvait, cherchant à accompagner le rythme de sa respiration, haletant les deux, pleurant les deux, "où est le gamin, Maria ?… où est-il ?", pour l'amener petit à petit à se calmer, jusqu'à des pleurs sourds, afin qu'elle puisse à son tour, finalement, se laisser aller à pleurer

– qu'est-ce qui se passe ? – Xilisbaba était entrée, affolée, dans l'appartement

le temps d'un regard débordant de douleur et ils dirent d'une seule voix éteinte

– ils ont tué le gamin

– qui ? – trembla Xilisbaba

– Paizinho

JoãoDevagar enlaça Xilisbaba et sa femme comme s'il n'avait plus de force ni dans son corps ni dans sa voix

– ils ont tué le gamin… ils l'ont tué, Xilisbaba !

quand Odonato apprit ce qui s'était passé, il fut accablé d'une tristesse si profonde que Xilisbaba eut peur

elle eut peur que son état s'aggrave et ne savait prévoir dans quelle direction cette aggravation allait l'emporter, elle lui prépara un thé de *caxinde* mais son mari resta plongé dans un silence absolu où seuls ses yeux tristes parlaient, il but le thé et mit une heure à le finir

– conduis-moi sur la terrasse, Baba, j'ai besoin de rester seul

– sur la terrasse ?

– oui, je veux y passer la nuit, regarder la ville… et réfléchir à la vie, tu veux bien ?

il faisait encore nuit – et c'était aussi la nuit dans son âme – aussi Xilisbaba avait du mal à discerner ce qu'elle ressentait après toutes les émotions que son cœur avait accumulées pendant la journée, elle prit le fil, monta les escaliers, arriva avec son mari sur la terrasse, le coq se réveilla et vint voir, curieux, mais comme personne ne lui prêtait attention, il évita de faire du bruit et retourna dans son coin

– laisse-moi là, s'il te plaît

– là où ? je ne peux pas te lâcher comme ça

– attache-moi à cette antenne, je vais rester ici au bord et regarder la ville

Xilisbaba l'attacha à une antenne, fit trois nœuds, elle était inquiète d'avoir répondu à sa demande

et si le fil lâchait ? si un vent plus fort se levait dans la nuit ? et si les nœuds qui le retenaient à l'antenne et même celui noué à sa cheville n'étaient pas assez solides et que son mari se détache et s'envole dans le ciel de Luanda ?

– tu es bien ? j'ai peur de te laisser comme ça, Nato

– tout va bien

– tu es bien attaché ?

– oui, Baba, c'est la saudade qui m'attache à cette ville…

Xilisbaba, traînant les pieds, retourna à l'appartement, à sa cuisine, elle trouva GrandMèreKunjikise toute nue dans la cuisine

– mère ! vous m'avez fait peur

– *je suis venue faire chauffer de l'eau*

la vieille femme, traînant les pieds et la peau de son corps, retourna à son lit, déposa un baiser sur le front d'Amarelinha et se couvrit avec l'un de ses pagnes

dans l'obscurité éclairée par la lune, Xilisbaba prépara son thé, chercha dans le tiroir de la cuisine le reste d'une bougie qu'elle aimait allumer pour méditer ou prier, elle alluma la bougie et se rassura car en face de l'immeuble, sur un grand mur, elle pouvait voir l'ombre de son mari ailé, elle ne voyait pas celle du fil qui l'attachait à l'immeuble, mais son corps qui dansait lentement, tournoyant, au gré des consonnes murmurées par le vent nocturne

comme pour l'aider à penser, sa main faisait goutter la bougie dans le creux de l'autre main, puis elle changeait de main, imitant son propre geste, comme une transe

la brève douleur de la solidification de la cire
dans sa solitude

une femme, une bougie allumée dans la main, avait besoin de n'être pas là, ou de n'être pas elle, ou d'être dans une autre vie

une femme, une bougie allumée dans la main, avait depuis longtemps accepté son corps, son destin, de temps en temps elle se tournait vers la porte, puis elle vérifiait le nombre de gouttes qui avaient échappé à sa main et s'étaient solidifiées sur la table

la fenêtre s'ouvrit, lentement, poussée par une brise improbable, et elle sourit comme si elle y consentait

si la femme n'avait pas souri, la fenêtre se serait-elle refermée ?

la même brise faillit éteindre la flamme de la bougie, c'étaient des signaux comme celui-ci qui ramenaient la femme à sa réalité, assise dans la cuisine, la femme voyageait si loin dans sa pensée qu'il lui était difficile de se souvenir où elle était partie

une femme doit être tranquille pour partir si loin

et elle va

et revient de là-bas une larme au bord des yeux qui ne coule pas jusqu'à sa bouche, elle intercepte la larme avant que la saveur du sel ne s'imprime dans son palais, car cela voudrait dire qu'elle l'aurait goûtée deux fois

venue de si loin, il suffisait qu'elle en connaisse une seule fois le goût

et elle pense

"la bougie doit rester dans la cuisine, pour que les autres, dans le noir, puisse avoir de la lumière."

il connut alors
un froid aiguisé dans le dos
et il vit dessiné sur le sol la carte de son propre sang
– il sentit qu'il mourait, trempé dans la saudade de sa mère

[les sensations de Paizinho]

il y avait des milliers de ballons, noirs, jaunes et rouges, distribués massivement dans tous les quartiers, les couleurs se mêlaient aux sourires des enfants et au bruit des voitures du Parti annonçant la fête du soir

les gens réagirent avec une frénésie de soulagement après la tristesse vécue et rabâchée des derniers temps, la radio et la télévision passaient des entrevues de citoyens qui affirmaient avec conviction avoir trouvé des résidus olfactifs ou visuels d'une obscure signalétique indiquant sûrement la présence de l'or noir dans les arrière-cours de leurs maisons

"le gouvernement doit venir de toute urgence chez moi, l'avenir passe par mon jardin, je suis absolument sûr de cela", criait un homme d'âge moyen, errant dans la rue, en brandissant sa septième bouteille de bière du matin

"il y a plus de pétrole que de pétroliers", braillait un jeune poète, "j'ai écrit mon œuvre sur ce temps présent que nous vivons dans notre ville, il ne me manque que quelques pages pour la conclusion fatale de ce chef-d'œuvre", continuait-il, enthousiaste, en enlaçant une jeune fille aussi soûle que lui, "alors… j'adresse une alerte maximum aux éditeurs de poésie et d'autres genres… j'accède à la littérature angolaise, en provenance directe de mon quartier qui sera le plus pétrolier de tous les quartiers… mon œuvre s'inspire de faits réels, le pétrole sera réel…"

les gens réagissaient avec une frénésie vide

à Luanda cela arrive fréquemment, il y a le sentiment généralisé que la fantaisie et la célébration font partie des obligations et des devoirs moraux de chaque luandais, le citoyen est génétiquement préparé à adhérer à la fête, peu importe aussi bien les raisons historiques de la célébration que ses conséquences futures, l'important est l'intense hommage à la torpeur humaine de cette heure qu'on appelle le présent

peu de gens savaient, en ces premières heures du jour, et malgré les nouvelles diffusées par les principaux médias, que la fête du soir était due, justement, au premier jaillissement de pétrole découvert la nuit précédente dans un quartier dont on n'avait pas divulgué le nom

et que l'événement, annoncé le matin même par la distribution de ballons, de t-shirts aux couleurs vives, de drapeaux et de caisses de bières, commencerait, en fin d'après-midi, par un monumental concert accompagné de grandioses jeux de lumières, des colonnes de son les plus modernes de la planète, un échantillon des plus luxueux musiciens angolais convoqués au dernier moment et payés en gros dollars, un show de miss à demi nues déterminées à résoudre tous leurs problèmes de survie en l'espace de deux heures et encore un mégalomaniaque spectacle pyrotechnique diffusé simultanément dans plusieurs quartiers de la ville qui culminerait, précisément, par une explosion monumentale de couleurs au-dessus de la sinueuse baie de Luanda

– vive notre petit jet initial, la matérialisation de notre rêve angolais – dit le Ministre en prenant la bouteille de champagne français commandée pour l'occasion

– vous êtes un homme avisé, cher Ministre – sourit DomCristalino

– j'étais sûr que le grand jour arriverait… DonaCreusa, apportez des coupes

– oui, monsieur le Ministre

– vous buvez du champagne ou autre chose, Assesseur ?

– autre chose, monsieur le Ministre, sans vouloir vous déplaire, mais notre boisson nationale est le meilleur médicament pour intimider nos microbes corporels – dit l'Assesseur en ouvrant sa bouteille de whisky trente ans d'âge – ce whisky… pour dire la vérité, me laisse ému

– ému ? – demanda DomCristalino

– parfaitement ému, monsieur Cristalino, regardez bien cette merveille – il prenait la boîte, en sortait la bouteille et plusieurs imprimés – avez-vous déjà vu un whisky qui arrive avec des dictionnaires ? les blancs ont de ces inventions !

les convives rirent, les coupes arrivèrent, on ouvrit la bouteille

– à notre petit jet national, le plus difficile de tous les pétroles !

– au plus difficile – dit le Ministre en levant sa coupe

les deux contrôleurs de l'Assesseur, DestaVez et DaOutra, furent conviés, ainsi que la paisible DonaCreusa, sous le regard réprobateur de l'Assesseur qui n'avait pas l'habitude de partager ses boissons et ses toasts avec ses subalternes

– une exception, au nom de l'importance de l'événement – murmura l'Assesseur, puis à voix basse – DonaCreusa, ces glaçons sont une misère, il y a cinq minutes que j'attends que mon whisky rafraîchisse

– vous ne voulez pas goûter au champagne, monsieur l'Assesseur ? il est bien frais

– ne vous mêlez pas des questions politiques à teneur liquide, madame la fonctionnaire, est-ce parce que DomCristalino vous a accompagnée en voiture que vous vous autorisez à donner votre opinion sur la température du whisky des dirigeants ?

– excusez-moi, monsieur l'Assesseur, ce n'était qu'une suggestion

– eh bien suggérez-vous d'aller trouver des glaçons plus gelés, ceux-là sont une honte pour le cabinet de monsieur le Ministre

– oui, monsieur l'Assesseur

les contrôleurs acceptèrent une coupe du champagne de qualité et en reprirent, sans bien comprendre ce que l'on fêtait mais suivant la logique des luandais en ce qui concernait les coups à boire, en l'occurrence la boisson française et de plus en présence d'un Ministre, ceux-là n'avaient pas besoin d'être questionnés

– et cette mission que je vous ai confiée, ça a bien marché ? – l'Assesseur se sentait important, parlant fort de son travail en présence du Ministre

– oui, monsieur l'Assesseur, tout est calé

– quels sont les résultats pratiques ?

– nous avons réuni jusqu'à maintenant quinze dates possibles

– quinze seulement ?

– nous sommes allés dans les ambassades principales, monsieur l'Assesseur, il manque encore les consulats et les autres représentations diplomatiques

– tâchez de conclure tout ça, le ConseilDesMinistres se réunit la semaine prochaine

– oui, monsieur l'Assesseur

– de quelle mission s'agit-il ? – demanda, curieux, DomCristalino

– des données pragmatiques pour une nouvelle proposition au ConseilDesMinistres, j'ai conseillé personnellement monsieur le Ministre

– à propos de quoi ?

– l'adoption nationale de "jours fériés par solidarité". l'Angola doit être plus solidaire aussi bien avec les pays développés qu'avec ceux qu'on appelle les pays émergents

– et pourquoi les fériés ?

– j'ai demandé aux camarades contrôleurs qu'ils fassent un listage des jours fériés les plus importants des autres pays, et nous allons tenter de persuader le ConseilDesMinistres qu'il approuve un plan d'adoption des dates en question

– pour que cela devienne des fériés ici aussi ?

– absolument, monsieur Cristalino, absolument ! nous travaillons beaucoup trop ici en Angola

– je comprends – dit DomCristalino en essayant d'échapper à la conversation

– nous aurons donc à tenir compte de nouveaux jours fériés, ou tout au moins à introduire de nouvelles dates autorisant des horaires de présence plus souples, en gardant toujours la perspective de fin de semaine

– la perspective de fin de semaine ?!

– oui, en maintenant la position officielle consistant à repousser au lundi les fériés qui tomberaient un dimanche, et toujours dans le cadre de la reconstruction nationale du pays, une nouvelle philosophie des ponts

– des ponts ? – le Ministre ne connaissait pas lui non plus la rigueur de la pensée de l'Assesseur

– des ponts obligatoires, à savoir si un jour férié tombe un jeudi, on fait le pont !, le pont jusqu'au lundi, s'il s'agit d'un jour férié très important, disons, par exemple le jour de l'indépendance d'un pays ami, le Mozambique, imaginons que celui-ci tombe un mercredi, nous faisons un pont augmenté, on annule immédiatement, par décision automatique, les jours ouvrés de jeudi et vendredi, et le retour au travail ne se fera que le lundi, voire même, avec une tolérance respectueuse, le lundi en fin d'après-midi, c'est-à-dire pratiquement le mardi matin ! – l'Assesseur reprit un whisky – mais quinze jours fériés me paraissent insuffisants, parce que, après tout, l'année compte trois cent soixante-cinq jours, sans parler des années bissextiles

– je peux goûter ce whisky, monsieur l'Assesseur ? – demanda DestaVez

– t'es pas fou, non ? – l'Assesseur prit l'air indigné, fronçant ses sourcils dans une manœuvre presque impossible – tu crois que tu as l'âge pour boire un whisky qui arrive avec un dictionnaire ? est-ce que tu as le statut ? vous, les jeunes, vous voulez tout

– excusez-moi, monsieur l'Assesseur

– et encore si tu avais trouvé plus de jours fériés… vous devez être plus sérieux, il ne suffit pas de penser aux grands pays genre les ÉtatsUnis, il faut aller voir les autres, par exemple la Birmanie, le Cambodge, le Kosovo, la Tchétchénie, ces pays qui ont beaucoup de massacres et des dates compliquées, ceux-là peuvent générer de bons jours fériés, vous comprenez ?

– oui, monsieur l'Assesseur

– il faut tenir compte des fêtes religieuses, des dates historiques, des morts des leaders historiques, les ghandi, les leaders africains même des siècles passés, vous comprenez bien ?

– oui, monsieur l'Assesseur

– il faut lire, chercher, ne serait-ce que sur internet… quand est mort le grand ShakaZulu ? On n'a pas de dates ? mais on a un mois ? si on n'a pas de date, l'Angola peut quand même contribuer en étant le premier pays à célébrer, bien sûr avec un jour férié, ces éphémérides de l'Humanité, vous avez compris jeunes gens ?

– oui, monsieur l'Assesseur

– soyez plus malins… nous avons l'Irlande avec ses problèmes de bombes, l'Espagne et ses problèmes de séparatistes, la Palestine, rien que la Palestine est une mine d'or pour notre carte de jours fériés… les indiens massacrés par les espagnols… les indiens des américains, et les autres… ah c'est comment déjà ?… les mayas, tous ces gens doivent être sollicités, la première guerre mondiale, la seconde guerre mondiale, la guerre froide, les voyages sur la lune et les essais ratés… pourquoi personne n'en parle ? la question n'est pas seulement de savoir qui y est arrivé… mais aussi qui n'y est pas arrivé, qui est mort ? c'est toutes ces dates que nous voulons

– oui, monsieur l'Assesseur, nous allons nous en occuper

– alors, allez-y ! vous devriez déjà être partis… servez-vous de votre cerveau, jeunes gens, le cerveau, et n'oubliez pas non plus le moyen et le petit orient, et même des époques plus reculées, rome, la grèce… l'europe est remplie de massacres, il faut se souvenir que ces mecs étaient des barbares ! allez, faites votre travail… sans oublier les questions papales…

– vous allez assister au discours, en fin d'après-midi ? – interrompit DomCristalino, contenant son envie de rire

– aujourd'hui ? – l'Assesseur se resservit un whisky, très énervé parce qu'il n'y avait plus de glaçons

– oui, le Président va parler, il va faire un discours

– à la radio ?

– en public

– ah, c'est pour ça qu'il y a tant de policiers dans la rue, aujourd'hui…

– c'est pour ça. je crois qu'il va parler des derniers événements, il doit également donner des explications à la communauté internationale, parce qu'il paraît que l'annulation de l'éclipse les a tous rendus furieux

– qu'est-ce qu'ils exagèrent ces gens de la communauté internationale – commenta le Ministre.

quand il ouvrit la boîte, les mains de l'homme dansaient dans la lumière des innombrables petites lampes à pétrole installées dans le salon, il commença par lire les instructions, minutieusement, bien qu'il les eût déjà consultées sur son ordinateur

c'étaient des mains délicates, tournant des pages, feuilletant des fascicules, vérifiant les petits sacs plastique qui se trouvaient dans les cartons ouverts, les doigts modulaient l'intensité de la lumière, puis ils saisissaient le verre

le verre au bord des lèvres, le souffle du whisky sec, le petit bruit du verre se posant

un silence intense régnait, quelque chose qui venait de loin, plus loin que les limites de la ville, un silence étrange – un manteau chaud, pour qu'à l'intérieur de chacun, à la poursuite d'une fréquence juste, les gens puissent chercher et trouver des secrets inscrits dans l'épicentre de ce silence épais

le silence

les mains qui ouvraient le carton

les doigts n'accusaient pas les jours d'attente, le dernier carton était arrivé pour compléter le puzzle

il avait décidé depuis longtemps de ne monter l'arme que lorsque arriverait la dernière partie de son secret, il avait fait toute la recherche, il avait attendu l'arrivée des pièces à des adresses improbables et des faux noms

l'odeur à nouveau, le faible éclat des lampes à huile, l'odeur de l'huile dans son appartement, les livres, les tapis, la poussière insidieuse, les doigts propres, fermes, ne trahissaient pas l'impatience du geste et l'anxiété de l'attente

douze cartons, douze mois, il ne pouvait plus échapper à son destin

chaque commande avait fait l'objet d'une lettre, écrite à son destin ou à lui-même, où il annonçait les étapes d'un délai et d'une mission à accomplir

les heures, la recherche, les rêves, les craintes, les certitudes : un homme est fait de ce qu'il planifie

"un homme est fait de vérité et d'urgence", pensa-t-il

– Paulo ! – cria Clara d'une voix plaintive de l'autre côté de la porte – ouvre-moi, Paulo, s'il te plaît, je sais que tu es là

mais le journaliste évoluait maintenant dans une autre dimension, il ne se laissait pas distraire par les bruits de la rue, il avait fermé les fenêtres au début de l'après-midi, allumé les petites lampes après les avoir remplies d'huile, et n'avait laissé à une fenêtre qu'une étroite fente calculée pour laisser passer le canon de son arme et sa ligne de mire, au cours de l'après-midi il avait suivi l'organisation des dispositifs de sécurité dans les rues, il avait observé toute l'opération de montage du podium d'où le Président s'adresserait au pays et avait pris soin de laisser à une autre fenêtre une ouverture identique à la première au cas où les voitures emprunteraient un autre trajet

– Paulo, ouvre la porte, je veux juste te parler… je veux juste te parler, Paulo… dis-moi quelque chose, pourquoi t'es-tu enfermé ?

il porta un morceau de tissu à la bouche, le toucha du bout de la langue et reconnut l'odeur du whisky, puis avec le même morceau de velours il nettoya encore et encore le canon de l'arme, l'odeur du whisky et de l'huile brûlant dans les petites lampes flottait dans l'air, avec la partie sèche du tissu il nettoya le verre de la mire télescopique et posa le tissu sur la table de la cuisine

près de la fenêtre, il essuya sa main droite transpirante sur son jean, regarda ses pieds nus, fit craquer les articulations de ses doigts et respira profondément, on entendait au loin les sirènes de l'escorte présidentielle, il respira profondément, prépara son arme, approcha son menton du métal froid et du bois, il se sentait calme mais il continua à respirer profondément, la voix plaintive de la femme de l'autre côté de la porte l'incommodait, des milliers de petits drapeaux étaient agités sur la place qui attendait l'arrivée du camarade Président, quelques ballons jaunes, noirs et rouges s'échappaient des mains de ceux qui les tenaient en direction du ciel

– la porte est fermée à clé ? – demanda Hoffman, essoufflé après avoir grimpé les cinq étages

– Arriscado, il est là-dedans, je sais qu'il est là-dedans – pleurait Clara

– je suis venu aussi vite que j'ai pu, qu'est-ce qui se passe ? tu lui as parlé ?

– il ne me répond pas, il n'ouvre pas la porte, il ne me parle pas… ce matin je l'ai trouvé si bizarre, avec un regard distant

– et cette odeur ?

– je ne sais pas, c'est peut-être les lampes à huile

– mais il y a de l'électricité dans l'immeuble – Hoffman écarta la jeune femme et frappa fort à la porte – Paulo, Paulo, tu es là ?

les sirènes devenaient de plus en plus fortes, des motos qui précédaient la voiture présidentielle arrivaient sur la place, la population était dans une excitation d'euphorie alcoolique, les policiers dégagèrent la foule pour laisser un passage sécurisé, les voitures aux vitres fumées s'approchaient, de l'une d'elles sortit son excellence l'ingénieur camarade Président, qui salua la foule, souriant, de la porte opposée sortit son épouse qui salua la foule, souriante

le Président fit les quelques pas qui le séparaient de la tribune ornée de rubans, de drapeaux et de fleurs, il se dirigea, après avoir salué quelques dignitaires, vers l'endroit où était posé, dans l'attente de son arrivée, un ensemble confus de micros

la foule criait, les cris arrivaient jusqu'à l'immeuble du journaliste dans un brouhaha de voix, de chants et de hurlements

– Paulo, putain, ouvre la porte – ManRiscas, furieux, donnait des coups de pied dans la porte

le journaliste se coucha sur l'arme et, le corps sur la table, il observa les dirigeants dans la mire du fusil, il allait de visage en visage s'amusant de la possibilité effective de les atteindre, son index effleurait la gâchette, la sueur coulait de son visage jusqu'à son bras, il ne bougeait pas, ne se troublait pas, n'était pas perturbé par les cris et les coups de pied derrière sa porte, le Président souriait en s'approchant des micros, des flashs crépitaient et la musique diminua quand le Président salua de la main la population dans un geste qui annonçait le début de son allocution

– écarte-toi, je vais défoncer la porte – cria Hoffman

de chaque côté du podium un groupe dense de ballons fut lâché que la foule ovationna, le Président sourit, les ministres sourirent, DomCristalino sourit en regardant les ballons multicolores qui montaient vers le ciel, le silence se fit naturellement porté par ceux qui étaient là pour écouter le chef de la nation

– mes chers concitoyens, comme vous avez pu l'apprendre par les organes de la communication nationale – commença le président – dans la nuit d'hier, enfin, Luanda a été témoin du premier jet de pétrole trouvé dans le sous-sol de notre ville

la foule hurla, applaudit

le bout du canon de l'arme trembla légèrement, heurta la fenêtre, le journaliste corrigea la position de ses mains, il posa le doigt sur la gâchette laissant à la merci de son geste la décision et le moment du tir

– tous les camarades de la commission du pétrole exploitable à Luanda, connus parmi vous comme les "cipelins", sont à l'honneur... comme est à l'honneur le gouvernement pour le travail accompli jusqu'à aujourd'hui, comme est à l'honneur notre ville... vive le pétrole déjà trouvé à Luan...

une obscurité soudaine, précédée d'un bruit sourd, intensément étouffé – c'était bien la sensation d'une balle en plein front

sous des cris incontrôlés et une chaotique débâcle humaine, les pieds piétinant d'autres pieds et des corps tombés, le coup de feu annonçait le début d'une confusion généralisée mais la troupe était bien entraînée et l'évacuation fut rapide, la première dame fut transportée vers une voiture garée derrière le podium, les gardes du corps protégèrent immédiatement de leurs mains et de leurs corps la tête du Président

et on l'emmena dans une voiture séparée

aucun autre coup de feu ne fut entendu.

Hoffman se fracassa l'épaule mais la porte céda à la troisième tentative

le colonel s'arrêta sur place, dans le salon, du bras il empêcha Clara de rentrer, prit la femme du journaliste contre lui, elle s'affaissa sur la poitrine de son ami, une traînée épaisse de sang arrivait de la cuisine s'écoulant lentement du front de Paulo sur son arme et le long de son bras pendant lentement, en direction du colonel qui n'eut pas le temps d'écarter son pied

– il faut sortir d'ici – dit Hoffman

– non ! – cria Clara – je veux voir Paulo

– il faut sortir d'ici, Clara !

ils descendirent en courant deux étages et furent interceptés par la sécurité du Président qui, évidemment armée, avait envahi l'immeuble et arrêté en chemin les locataires qui aimaient faire griller du poisson dans le couloir, plus un médecin qui disait avoir été appelé en urgence par une femme appelée Clara

– docteur… Paulo… Paulo est là-haut, dans la cuisine

– ferme-la – un des policiers la traînait avec brutalité dans l'escalier

– que s'est-il passé ? – cria le docteur

– on ne sait pas – répondit ManRiscas

on les emmena vers une unité spéciale, la RádioNacional lança immédiatement une émission musicale, la retransmission en direct du journal de dix-huit heures fut annulée

à Londres la BBC annonçait qu'un attentat avait été perpétré contre le Président de la RépubliqueDAngola, confirmant tout de suite après que le haut magistrat était vivant et que tout s'était soldé par une immense confusion, d'ailleurs, commentait la journaliste en direct du lieu de l'allocution interrompue, le seul coup de feu était passé très près d'elle et avait été sans doute tiré par un sniper de la garde présidentielle, mais on ne pouvait pas encore dire grand-chose sur ce qui s'était réellement passé

– Clara – murmura le médecin –, est-ce qu'il prenait ses comprimés ?

– je ne crois pas… – pleurait Clara, les poignets endoloris par les menottes et les yeux baignés de larmes –, je ne crois pas…

– quels comprimés ? – demanda Hoffman

Clara regardait les rues de la ville, les trous, les drapeaux, les ballons dans les mains des enfants qui fuyaient au passage rapide des voitures de la sécurité présidentielle, se disant peut-être que dans l'une d'elles se trouvait, bien assis et confortable, le camarade Président

– vous avez vu Paulo ? – chuchota le médecin

– oui, il était par terre dans la cuisine

– par terre ?! évanoui ?

– non… il était mort, il a été touché à la tête… il était dans la cuisine avec un fusil

– mon dieu, quelle horreur

– ça doit être une erreur – ManRiscas tourna la tête pour que le médecin ne voie pas ses larmes – c'était une Diana

– une quoi ?

– un fusil à plomb… pour tuer les petits oiseaux

le médecin à son tour détourna la tête, il essaya de bouger les menottes qui le blessaient, respira profondément

regardant, inavouablement ébloui, les ballons qui remplissaient le ciel de leurs couleurs vives, il murmura

– pourquoi est-ce qu'on invente des fusils pour tuer les petits oiseaux ?

"le nom", c'est ce qu'il pensa, le facteur, le nom

les noms qu'il avait eus et qu'il avait accumulés dans sa vie, le nom que donnent les parents et qu'ils choisissent pour les raisons les plus sérieuses ou les plus absurdes, le nom de famille, "celui qui nous est imposé par un oncle ou un cousin et puis le nom de la rue, qui parfois se rajoute au nom propre" que l'on va désigner comme nom-de-maison, et puis enfin les noms que la vie nous attribue

il arrêta son corps fatigué pour regarder avec étonnement l'énorme montagne d'ordures qui le séparait de sa maison, il faisait ce trajet depuis des années, ses pieds le conduisaient automatiquement chez lui, dans l'obscurité ou à la lueur des clairs de lune, le Facteur pénétrait dans son *musseque*, longeait plusieurs maisons, prenait des ruelles au sol irrégulier et détrempé par des eaux immondes, et avant d'arriver chez lui traversait l'énorme montagne d'ordures qui séparait deux *musseques*, un ruisseau aux eaux sombres dessinait sur la terre des courbes qui rappelaient, avec de la bonne volonté, une grande carte d'Angola, le Facteur suivait les méandres du ruisseau puis l'enjambait d'un large pas, découvrant sur les bords de la montagne d'ordures un passage qui le conduisait quelque cent mètres plus loin, à la porte de sa pauvre maison, mais

le Facteur arrêta son corps fatigué et constata que le passage avait disparu, tout était occupé par des détritus accumulés depuis des années, il fit le tour, il ne pouvait plus passer, il essaya de grimper, glissa sans se faire mal, il prit son sac de facteur et essaya par l'autre côté, mais l'impossibilité d'avoir accès à sa maison se confirmait, chaque fois plus péremptoire, il sourit, en se disant qu'il devait sûrement s'être trompé de chemin, il regarda les arbres qui servaient de repères et constata qu'il était bien à l'endroit du passage vers sa maison

il respira profondément, décryptant les odeurs diverses, il se laissa envahir par une étrange tristesse, une douleur qui était en même temps une profonde saudade de sa maison et la peur de ne plus jamais réussir à y arriver, il pourrait faire le tour de l'immense tas, mais ce serait un très grand tour, ce n'était pas tant l'impossibilité de retrouver son foyer qui le bouleversait, c'était plutôt l'offense que la ville et les ordures proféraient contre sa personne, l'empêchant d'emprunter le chemin habituel, la même voie terrestre, sale et bizarre, mais un sentier qui était un peu le sien, et alors triste, muet à l'intérieur, il s'assit sur un tronc *cambuta*, posa son sac à ses pieds et se mit à lire la seule lettre officielle, qui lui était adressée

"une lettre pour le facteur", pensa-t-il

il l'ouvrit soigneusement, il regarda à nouveau les pentes du tas d'ordures mais ne vit aucun passage, il demeura là, immobile, comme s'il attendait que le temps qui avait amoncelé les ordures vienne lui rouvrir le passage

la lettre était écrite en des termes officiels et emphatiques, avec une longue introduction à propos des lettres qu'il avait distribuées dans quelques-uns des principaux ministères du pays, quelqu'un s'était donné la peine de les regrouper, de considérer qu'elle venait toutes du même expéditeur, le Facteur, l'homme qui avait écrit à la main sur un papier de vingt-cinq lignes et dans un style sérieux et officiel des lettres où il demandait qu'on lui accorde une motocyclette afin de mieux accomplir sa fonction,

la lettre expliquait que les services compétents, après avoir analysé sa demande surprenante, avaient décidé de lui refuser l'octroi d'un véhicule, au nom de la réalité que vivaient d'autres facteurs du pays qui, ceux-là, même dans les provinces plus reculées, poursuivaient normalement l'exercice de leur fonction sans jamais, jusqu'à aujourd'hui, avoir perdu leur temps et dépensé du papier avec des demandes considérées comme absurdes, voire même, selon la personne qui les recevait et les interprétait, offensantes

incrédule, le Facteur continua la lecture des justifications et il pensa, lui aussi, au temps perdu par celui qui avait réuni toutes les lettres, les avaient glissées dans une grosse enveloppe, et qui s'était donné du mal pour formuler, avec empressement et méticuleusement, un refus rédigé dans un portugais exigeant et châtié, lettre de réponse qui avait été écrite sur ordinateur et tamponnée à chaque page par un crétin qui ne s'était même pas donné la peine de lui téléphoner pour une audience où il aurait pu s'expliquer,

il laissa tomber la lettre, dans la boue où trempaient ses pieds, et, le menton appuyé sur ses deux mains, se mit à observer le tas d'ordures comme il ne l'avait jamais regardé, lentement, promenant son regard sur l'entassement de déchets, ses contours incroyables et son expansion en hauteur et en largeur, la diversité de ses couleurs, l'équilibre dégoûtant de ses odeurs, qui évoquait un dinosaure endormi, ou un géant aux jambes croisées, ou une fleur tordue, ou un arbre tombé, des figures plus ou moins humaines, ou des êtres à peu près vivants, dans ce qui était une stupéfiante accumulation de ce que les gens jettent soit parce qu'ils n'en veulent plus, soit simplement parce que cela sent mauvais

cet amoncellement de choses inutiles et pourries empêchait le Facteur d'arriver chez lui

et bercé par les rythmes plus paisibles de sa respiration transpirante, l'homme décida de rester là, en somnolant, dans l'attente d'une intervention de ce qu'on nomme le temps.

– pour combien de temps ? – demanda JoãoDevagar

– n'ajoutez pas cette clause, on en reste là, la parole vaut mieux que l'écrit

– cela va augmenter le prix

– l'argent n'est pas un problème, dites-nous combien – répondit le contrôleur DestaVez

– vous pouvez sortir cet argent ?

– où ? – demanda le contrôleur DaOutra

– ça pourrait être au Portugal

– c'est possible, ça dépend de la quantité

– alors c'est bon, affaire conclue. vous gardez le nom de la société ?

– oui, c'est un bon nom, les résultats sont satisfaisants, les gens connaissent bien maintenant l'ÉgliseDeLaBrebisSacrée

– et le pasteur, je lui dis quoi ?

– ne dites rien, annoncez-lui seulement un nouveau fonctionnement, l'église va avoir de nouveaux propriétaires, mais pour le moment son statut ne change pas, à l'avenir nous devrons faire quelques réajustements dans les services proposés

– de nouveaux services ?

– oui, service funéraire, recommandation des âmes, annulation des péchés cinq minutes avant le décès, tout ça, ici à Luanda tout doit se payer, sinon les gens pensent que ce n'est pas sérieux

– c'est vrai

– nous allons également instaurer un système de forfaits, aujourd'hui les obsèques se déroulent trop rapidement, il faut revenir aux traditions, une cérémonie à l'ancienne, avec boissons, nourriture, et pleureuses professionnelles tout compris

– je vois que vous savez bien y faire

– merci, João, si nous avons besoin de quelques conseils vous serez disponible ?

– vous savez que tout a un prix

– bien sûr, bien sûr

ils conclurent l'affaire, une partie de l'argent avait été apportée par les frères, les dollars furent comptés et remballés dans le gros sac, et il fut décidé que dès le lendemain les contrôleurs pourraient procéder à l'installation du nouveau bureau dans la pièce contiguë à la sacristie

– bien, maintenant vous me laissez avec mes amies, je veux dire au revoir, cette église va me manquer

– vous avez besoin d'aide ? – demanda DestaVez en adressant un clin d'œil à JoãoDevagar, se passant la langue sur les lèvres et regardant les suédoises d'un air enthousiaste

– non, merci, je me débrouillerai seul

JoãoDevagar raccompagna les contrôleurs à la sortie, il retourna dans l'église et referma la porte

les suédoises marchaient lentement dans les allées latérales de l'église, changeaient la disposition des chaises dégageant au milieu un large espace, JoãoDevagar enleva des étagères les innombrables bougies que les suédoises allumaient et posaient à terre dans un cercle de feu qui inventait des ombres dansantes sur les murs

– j'ai toujours rêvé de faire l'amour dans une église

les suédoises commencèrent à se déshabiller

JoãoDevagar fit pareil, il imitait les gestes féminins et elles comprirent tout de suite le jeu, enlevèrent leur corsage, il déboutonna sa chemise mais la garda ouverte sur son torse, elles enlevèrent leurs chaussures à talons hauts, il enleva les siennes, dans un mouvement symétrique elles se rapprochèrent et dégrafèrent le soutien-gorge l'une de l'autre, puis enlevèrent leurs culottes et JoãoDevagar sourit, laissa tomber son pantalon et passa lentement sa main sur son sexe dur, les suédoises, presque à l'extérieur du cercle de feu, caressaient leurs seins puis les seins l'une de l'autre, ostensiblement, pinçant fort les mamelons sans cesser de le regarder, lui qui ne les rejoignait pas, les femmes s'embrassèrent lentement, lascivement, de façon à laisser voir à l'homme leurs langues et leurs doigts qui allaient de leurs bouches humides à leurs seins et à leurs sexes aux poils ras et blonds

– ave maria, tu as là une grâce… – murmura JoãoDevagar

il ferma les yeux et se laissa emporter dans le rythme énergique des suédoises, les bougies s'éteignaient peu à peu au rythme du temps, la cire laissait son parfum se mêler à celui de la sueur et du sexe

les contrôleurs regardaient par l'interstice d'une fenêtre

à l'autre porte, le pasteur brésilien tenait son sexe dans la main et donnait à son corps un rythme plus ou moins intense en accord avec l'action qui se poursuivait à l'intérieur de la maison du seigneur jésus

– vive la Suède et toute la Scandinavie !

dans son minuscule réduit, l'homme regardait sans cesse le morceau de bougie rouge qui était un tronc sculpté par lui-même

le Gauchiste ne s'en rendit pas compte, il n'imagina même pas quelque choses d'approchant, mais l'image de cette bougie existait en vrai : c'était exactement le corps d'un arbre très vieux, dans un jardin abandonné du Largo-DaMaianga, bientôt la bougie se désintègrerait mais l'arbre sans doute pas

l'homme ne pensait pas à ça, il alluma la bougie et caressa le seul stylo dont il disposait, les feuillets étaient jaunes sous la lumière balbutiante de la bougie qui ressemblait à un arbre, l'homme dévia sa pensée vers la poésie de l'image, mais retourna rapidement vers le but de sa réflexion, l'important manuscrit qu'il s'était proposé d'écrire

à côté de lui, le verre d'eau, un pauvre verre, contenant une eau douteuse, la chaleur de la nuit, le cri lointain des chauves-souris et après l'intensité du silence

il alluma la volumineuse radio du salon, mais la radio se refusa, la lumière de la bougie tremblotait et l'homme fixa la flamme "ne t'éteins pas maintenant, lumière de mes nuits… tu es la lumière dont je dispose pour créer, ne t'éteins pas maintenant"

et il s'assit

dans l'attente, comme toujours, que les paroles lui arrivent de l'intérieur de lui-même, envahissent ses veines et le fassent écrire

la bougie rouge projetait des ombres dansantes sur la main et sur le visage de l'homme penché sur ses papiers jaunis

tranquille, la tête oscillant doucement, l'homme arriva paisiblement à la fin de ce qu'il avait mis des années à rédiger

puis il se dirigea vers le BarcaDoNoé où

Noé avait tué une blatte et s'étonnait que ce fût la troisième trouvée ce soir-là

les animaux lui semblaient plus agités que la normale et il pensa que c'était peut-être dû à un produit utilisé par le pasteur pour l'entretien de son église

– enfants de putain, avec moi ça ne marche pas, vous voulez entrer dans mon frigo, mais je ne vous laisserai pas – grommelait le vieil homme

il accomplissait le rituel du balayage du bar tout entier trois fois de suite, puis celui de laver le sol avec de l'eau mélangée à du crésyl et seulement après il se tenait à la porte, son cigare court et fort à la main, dans l'attente de qui serait disposé à venir

– bonne nuit, monsieur le Gauchiste

– bonne nuit, Noé

– vous venez chargé de vos notes, comme d'habitude ?

– comme d'habitude… vous m'apportez un vin rouge, histoire de secouer un peu la nuit ?

– je vous l'apporte

Noé se dirigea vers son coffre, prit deux verres à pied, qu'il gardait pour des occasions spéciales, les remplit à ras bord, prit une gorgée du sien, claqua la langue, approuva d'un petit signe de tête

– nous buvons à quelque chose de spécial ? – demanda le Gauchiste

– nous allons boire à une désoccasion

– vous devenez poète, monsieur Noé !

– nous sommes tous des poètes, il suffit d'attendre que la chose arrive

– je ne peux être que d'accord… mais quelle est donc cette désoccasion à laquelle nous allons boire ?

– une qui nous arriverait… qui éloignerait la tristesse qui nous accable depuis des jours, qui les éloigne… parfois, vous savez, il m'arrive de ressentir des choses du genre de celles dont parle souvent monsieur Odonato

– quelles choses ?

– les choses de la ville… les sentiments et la tristesse dans nos cœurs quand il arrive un malheur à cette ville

– je comprends

– les mondes se confondent tous, excusez ce discours poétique, mais nous sommes tous l'eau du même fleuve

– sauf ceux de la troisième rive, comme dirait le *kota* Guimarães*

– sauf ceux qui ont leur propre rive – il leva son verre, et le vieux Noé proposa un toast, avant d'aller faire pipi en tenant sa vessie de la main gauche

– allez, mon ami, pisser est un droit fondamental

Noé alluma la lumière des toilettes, il se trouva nez à nez avec une autre blatte, ne réussit pas à l'atteindre dans sa course zigzagante et véloce

– je t'attraperai, fille de pute, je te donnerai un bain de crésyl et je mettrai le feu à ta cuirasse – il se mit à pisser –, vous vous croyez chez vous, saloperies ?

rapide, le Gauchiste tira de l'attaché-case ses notes en désordre, leur jeta un dernier coup d'œil d'adieu, les glissa dans un sac opaque et ouvrit le frigo, chercha un endroit sur les côtés et en profondeur où il puisse cacher ses papiers

---

* Allusion à Guimarães Rosa, très important écrivain brésilien (1908-1967).

"un des endroits les plus sûrs de Luanda", pensa-t-il

il posa sur ses papiers un sac contenant trois perches de mer plus quelques boîtes dont il savait qu'elles étaient de peu d'utilité

– le vin est sur le comptoir, mon ami

– ah, excusez-moi, je ne l'avais pas vu.

la jeune journaliste de la BBC trébucha sur une marche manquante, et elle aurait pu se cogner la tête en tombant sur un coin de mur si DavideAirosa ne l'avait pas soutenue

– ah, je ne vous avais pas vu – dit, rassurée, la jeune fille

– on ne voit pas toujours ce qu'on cherche – dit Davide

– je vois que l'interview va être sérieuse

– j'en ai profité pour faire une citation, mais c'est pour rire

– et ce sont des paroles de qui ?

– je ne me souviens pas

– ne seraient-elles pas de vous ?

– non, pas du tout. cela m'arrive parfois, je n'arrive pas à me rappeler de qui sont les phrases, pardon, j'aurais mieux fait de me taire

– vous dites toujours cela

– moi ?

– oui, chaque fois que nous nous voyons, vous finissez par dire cela ou quelque chose d'approchant

– nous ne nous sommes pas rencontrés si souvent – Davide s'assit et l'invita à en faire autant

– une raison supplémentaire pour être important – la jeune fille sortit un magnétophone de son sac

– vous enregistrez déjà ?

– j'enregistre sans cesse... dans ma mémoire, j'enregistre sans cesse, Davide

– quelle angoisse

– ou quelle chance. vous imaginez ? les choses importantes que j'ai vues et vécues dans cette ville, je pourrai un jour les raconter

– les luandais ne font rien d'autre, ne vous inquiétez pas
– ne font quoi ?
– chaque *caluanda* est l'inventeur de sa propre histoire, attention à ne pas prendre cette habitude vous-même
– je trouve ça joli, inventer, donner une autre version de sa propre vie
– le danger c'est d'oublier la version originale
– c'est vrai
– ou pire
– vous êtes triste, Davide ?
– un peu... j'ai eu une mauvaise nouvelle, la mort d'un journaliste, un grand ami à moi
– c'était votre ami ?
– vous savez qui c'était ? Paulo ?
– j'ai pratiquement tout vu
– qu'est-ce qui s'est passé ? comment ?
– je crois qu'il y a eu un reflet, un reflet dans la vitre de la fenêtre de ton ami
– il était à la fenêtre ?
– il était à la fenêtre avec un fusil, Davide...
– il n'allait pas bien – Davide se frotta le visage pour dissimuler ses larmes, il chercha dans sa respiration le calme absent dans sa poitrine
– ne sois pas triste

les eaux de l'immeuble paraissaient parler, elles jaillissaient avec de nouvelles intermittences rythmiques, elles bruissaient en s'écoulant à travers les couloirs de l'ascenseur ou des escaliers qui les conduisaient jusqu'à des zones cachées de l'immeuble ou jusqu'à la rue, le vent faisait naître dans ce lieu des volutes autorisées par l'eau elle-même et son étrange flux, les sifflements du vent se mêlaient ainsi à des voix très anciennes qui disaient des secrets à ceux qui savaient les écouter

la journaliste lui caressa le visage

d'une oreille elle écoutait l'orchestre de l'eau qui s'élevait un peu en imitant ou en provoquant le vent, et de l'autre elle sentait la respiration inquiète de Davide, la pulsation de sa souffrance dans son souffle, elle laissa sa main descendre un peu, près de son cou elle sentit le tremblement de sa veine, et elle aima, la journaliste aima sentir qu'elle pouvait faire loger dans cette proximité la douleur d'un homme, sa perte, ses pleurs à calmer, et elle aima, elle aima sentir qu'arrivait, montant de ses pieds en passant par ses genoux et par son sexe, une envie soudaine et brûlante d'embrasser ce scientifique maladroit

Davide n'ouvrit pas les yeux

il vit, les yeux fermés, dans cette obscurité forcée, des images isolées de rires et de boissons vécues avec PauloPausado, puis les voix de son enfance

la langue de la jeune fille touchait, doucement, légère et humide, son cou moite, passant autour de son oreille, dedans, revenant au lobe, puis soudain, passant sur sa paupière close, l'attaquant sur cet endroit sensible, qui plus que l'excitait le bouleversait

– j'ai toujours trouvé… – disait DavideAirosa à voix très basse – que faire l'amour commence avant que les corps se touchent

– hummm – elle, les yeux fermés, laissait sa langue progresser lentement

– faire l'amour c'est quand les corps savent qu'ils vont se toucher

la main de l'homme passa le long du dos de la jeune fille, remontant fermement à la rencontre de sa nuque, soulevant son chemisier, confirmant, pour le plaisir de l'homme, que la femme ne portait pas de soutien-gorge, l'autre main parcourut le devant de son corps, il sentit sur le bout de ses doigts le petit renflement du nombril, il frôla le bout de son sein gauche, caressa son cou

ils s'embrassèrent la bouche ouverte, gauches, expérimentant dans leur ventre un feu qui enfin s'autorisait à flamber.

le feu

cela commença par un court-circuit au cœur du Largo-DaMaianga, où l'on avait entreposé des kilos et des kilos d'explosifs, qui plus tard, programmés, feraient le spectacle promis de feux d'artifice que le Parti avait payé et promu

– tu as entendu ?

– je n'entends rien – répondit la femme

– on aurait dit une explosion

des étincelles mirent le feu aux poudres, les tunnels ouverts, les heures de travail, les tuyaux déjà installés, le dangereux mélange des gaz explosifs, tous ces matériaux formaient un labyrinthe parfait pour les chemins et la volonté du feu

en quelques minutes l'oxygène conduisit les flammes et la chaleur trouva les voies pour s'exprimer

les explosions se succédèrent, les bruits se mêlaient à la mémoire des gens de Luanda

– mon dieu, mon dieu, voilà que la guerre recommence – cria une vieille femme dont la vie avait croisé toutes les guerres du pays

– calmez-vous, mère… calmez-vous – cria une voix de femme apeurée –, parfois ce n'est pas ça !

sur le visage de l'enfant

brillaient des gouttes rêches que la chaleur du feu tout proche avait presque séchées, elles brillaient dans la bave qui coulait de sa bouche tremblante, et peut-être parce que tout sur son visage noir n'était que traînées jaunes, une morve suintait doucement de son nez

ses pleurs étaient calmes et doux parce que fatigués,

loin de sa maison dès les premiers instants du feu, il chercha d'abord des repères visuels mais la fumée l'en empêcha, il tâtonna et se brûla le bout des doigts, et il marcha, forçant son courage d'enfant géant qui refusait de s'abandonner à la mort, il marcha, à la recherche de ses frères ou d'une voix connue, à la recherche de la vie ou de quelque chose qui serait une issue, il marcha comme si les rues les moins dévastées étaient la sortie du labyrinthe,

il mouilla son corps et ses cheveux et sa bouche avec la première eau qu'il trouva et, au milieu des bruits étranges, l'enfant, par-dessus ses sanglots fatigués, commença à percevoir une sorte de silence, une couche de sons qui n'étaient pas de la musique et qui naissaient des bruits venus des arbres et des maisons qui s'écroulaient

tous les liquides sur son visage – ce qui était bave et morve, ce qui était larmes et peur, tout cela s'évanouit dans la sensation soudaine qui fit gémir et disparaître l'incroyable monstre de la solitude – l'enfant vit un poisson haletant, sautillant, reniflant, s'il s'agissait de cela, les minuscules gouttelettes d'eau où qu'elle soit, et il sut, lui aussi, qu'une salvation était possible,

de l'autre côté, comme deux créatures salvatrices, un oiseau blanc, brûlé et boiteux, composait le décor qui, soudainement comme un pouvoir de régénération du monde, fit que l'enfant au milieu de feu se mit à sourire, et

sans hésiter, transportant avec lui son sourire, ses doigts brûlés, ses ongles endoloris, transportant la faim dans son estomac en feu, portant d'un côté de sa poitrine, pour plus de sécurité, les restes d'une frayeur solide, de l'autre, à moitié éteinte, une intense saudade de sa mère,

l'enfant alors, investi d'une sagesse subite, attrapa le poisson tremblant et le donna à manger à l'oiseau – comme si ce geste pouvait résoudre le monde.

[extraits des notes de l'auteur]

la ville tremblait à chaque poussée du feu

les vapeurs du pétrole alimentaient les flammes et inventaient des volcans qui éructaient des langues de feu, la nuit d'abord voulut être noire par manque de lumière, après elle se réinventa dans des tonalités d'un jaune trop chaud pour être supporté par l'espèce humaine, les êtres qui savaient voler s'enfuirent

toutes les fondations de la ville tremblaient, les bâtiments les plus anciens s'effondraient peu à peu, d'autres s'inclinaient avant une explosion imminente, des bonbonnes de gaz et des pompes à essence allumèrent la nuit de Luanda empoisonnant la ville de fumées et de puanteur

– oh my god ! – s'écria l'américain Raago, enfermé dans sa chambre, encerclé par la fumée et par les températures extrêmes venues des couloirs de l'hôtel mais aussi par les arbres qui brûlaient tout autour de l'édifice

il se baissa, rampa jusqu'à la salle de bain, mouilla une serviette dans une cuvette qui était par terre, il chercha à retrouver un rythme dans sa respiration haletante et sur les carreaux de la baignoire il vit la blatte qui lui faisait signe de ses antennes mobiles, l'américain pensa que c'était peut-être sa dernière vision et il resta là, moitié dans les prières qu'il improvisait, moitié regardant l'insecte albinos à présent plus reluisant

la blatte avançait un peu puis s'arrêtait, elle regardait derrière elle, se retournait, Raago se dit qu'il était victime d'une hallucination mais, voyant le feu crachant à travers les fenêtres, il décida que, vision pour vision, il préférait suivre la blatte dans son trajet tortueux, il mit une autre serviette sur son dos et se traînant comme un gros insecte suivit la blatte

sur la véranda une porte communiquait avec une pièce plus grande, la blatte se dépêchait et lui la suivait de près, ils passèrent par une porte, tout était gris et suffocant, ils empruntèrent une autre porte donnant sur un petit couloir qui aboutissait à des escaliers étroits

la dernière chose qu'il put voir fut la blatte albinos se faufilant par la fente d'une porte fermée, il se redressa, força la serrure, une fumée épaisse arrivait de l'extérieur avec une forte odeur de caoutchouc brûlé, et au moment où il allait s'effondrer, renonçant sans doute à se sauver, il aperçut un réservoir d'eau. il réussit à écarter le couvercle en bois et plongea à l'intérieur, il se sentait mal, il but un peu d'eau et ne bougea plus, s'immergeant complètement de temps en temps quand une flamme plus explosive lui arrivait dessus, respirant comme il pouvait, et commençant à apprécier le silence qui régnait dans le réservoir chaque fois qu'il y plongeait la tête

et il pensa enfin à la blatte albinos, mais il ne la voyait plus.

au premier étage, tout le groupe se précipitait en une procession désordonnée

Edú portait son petit banc et il le posa dès son arrivée pour s'asseoir auprès de sa femme, NgaNelucha, qui pleurait convulsivement et se bouchait les oreilles de ses mains pour ne pas entendre les explosions qui se succédaient, le CamaradeMuet apportait un sac plein de disques, quelques-uns dans leur pochette d'autres non, et il se laissa tomber dans l'eau

Amarelinha arriva avec GrandMèreKunjikise qui, pieds nus, enveloppée de pagnes, pleurait sans pouvoir parler, même en umbundu

– que se passe-t-il ? – cria le CamaradeMuet

– ma mère est restée là-haut

entre les bouffées de fumée qui sortaient de l'ascenseur, DavideAirosa n'eut que le temps d'enfiler son pantalon et de monter pieds nus, luttant contre un début de crise d'asthme, se guidant plus à tâtons que par la vue

en arrivant au sixième étage, il se cogna contre Xilisbaba qui, perdue, essayait de trouver les escaliers qui donnaient sur la terrasse

– où sont les escaliers ? mais où sont les escaliers ? – criait-elle comme une folle

– venez avec moi, madame

– non… mon mari

elle voulut résister mais Davide la tenait fermement

– venez avec moi, madame

la fumée était vraiment si dense que la femme perdait les forces et faillit s'évanouir dans les bras du scientifique

– ne vous évanouissez pas maintenant, madame, sinon nous allons mourir tous les deux, s'il vous plaît, je ne veux pas encore mourir

– moi non plus – murmura Xilisbaba d'une voix déjà mourante

– alors réveillez-vous un peu

ils descendirent sans toucher à rien, ils entendaient les objets qui éclataient dans les appartements ou tombaient à terre, les vitres éclataient, les bouteilles de gaz explosaient, et lorsqu'ils arrivèrent au deuxième étage, ils pensèrent tous les deux se trouver devant l'image immobile d'un fantôme effrayant, un corps qui se tenait sans bouger, au milieu du couloir, comme s'il avait décidé de se livrer à la volonté du feu et qu'il cherchait à être emmené très loin par l'imminente désintégration

– vous voyez ce que je vois ? – demanda Davide

– c'est quelqu'un ?

des pleurs comme un appel à l'aide, Xilisbaba reconnut la voix de MariaComForça, les trois descendirent maintenant complètement à l'aveuglette, guidés par le bruit salvateur que les eaux à présent très violentes faisaient parvenir à ceux qui les cherchaient

ils s'assirent les uns près des autres, recroquevillés et muets dans ce qui leur sembla être le milieu du couloir, là où l'eau semblait couler plus vigoureusement et où des fenêtres d'oxygène paraissaient s'ouvrir

Xilisbaba, le corps ruisselant d'eau, respirait avec difficulté et toussait tout doucement comme si elle ne voulait pas faire de bruit

dans sa main elle serrait un petit bout de sisal, l'autre extrémité de celui que son mari avait attaché à sa cheville gauche, la sueur et le mouvement nerveux de ses doigts défaisaient la corde en lambeaux détrempés qui tombaient sur ses pieds, les autres regardaient dans sa direction et se guidaient par les bruits et par la vision de sa chevelure ondulée

on entendait des cris venant de dehors

les femmes se tenaient par les mains, geste délicat, presque secret, plus pour partager leur peur que l'excessive chaleur, MariaComForça sentit qu'elle devait invoquer d'autres forces pour arrêter les larmes de son amie, elle chercha du regard le visage de Xilisbaba, elle devinait ses traits, pressentit la tristesse dans le souffle exhalé par ses narines, elle voulut lui prendre le poignet mais le battement du cœur de Xilisbaba pensant à son mari isolé en haut de l'immeuble n'était rien d'autre qu'un silencieux murmure de veines

– Maria… je veux voir mon mari une dernière fois… pour lui dire les choses qu'on tait la vie entière

la main de MariaComForça exerça une pression de réconfort et Xilisbaba se laissa glisser le long du mur et finit presque couchée sur les genoux de son amie

ses vêtements, ses chaussures et son âme, tout était imprégné par l'eau qui les protégeait du feu

– calmez-vous, Xilisbaba… le feu c'est comme le vent, il crie beaucoup, mais sa voix est toute petite.

il n'y avait que le Facteur dont on pouvait entendre le rire tranquille

assis dans la même position depuis des heures, il était calme, certain que le feu n'arriverait pas jusqu'à lui, il était serein comme l'est le baobab incapable de fuite, il reconnut la progression du feu qui venait de tous les côtés, il vit des adultes et des enfants se perdre entre les gigantesques flammes, il entendit les explosions plus lointaines, il bougea un peu la tête pour voir au loin l'aéroport où se succédaient des éclairs alimentés par le combustible, il chercha à apercevoir dans le ciel quelque étoile et il retourna à son observation du feu qui s'approchait maintenant de l'énorme montagne d'ordures devant lui, il riait comme un fou qui attendrait le moment de sa vengeance et, sans se lever, il dansa

il inventa pour lui une danse assise, il frappait des pieds en cadence au son d'une musique imaginaire, il riait de ses chauds éclats de rire et faisait faire à ses mains des mouvements circulaires, raison de son agitation, mais qui étaient surtout des gestes d'appel en direction des flammes qui consumaient les ordures pour que

bien des heures plus tard, les cheveux et les vêtements roussis, toujours en riant

il réussisse à ouvrir la porte de sa maison, qui tomba dès qu'il l'effleura, et qu'il puisse regarder les cendres encore rougeoyantes de tout ce qui avait brûlé dans son foyer, respirant profondément l'odeur du malheur pour affirmer, les poumons bien dégagés

– enfin je peux dire que je suis arrivé à la maison.

d'abord inquiet, puis consciemment plus calme

Odonato remarqua l'agitation du coq, encerclé par les flammes qui avaient fini par envahir sa terrasse, il vit les pattes du coq et ses sautillements maladroits

même affolé et entouré par le feu, le GaloCamões ne se hasarda pas à sauter, il s'approcha plusieurs fois du bord moins brûlant et il regarda la ville depuis le haut de son ultime demeure, il courait éperdument et jetait des regards à Odonato, plus calme à présent, flottant au-dessus de son pied attaché à l'antenne la plus haute, qui détourna son regard du coq et regarda autour de lui

à perte de vue tout n'était qu'un océan de flammes jaunes et de fumées confondues, les bruits s'atténuaient puis reprenaient brusquement alimentés par des explosions, les flammes venues des ruelles défoncées semblaient s'éteindre pour renaître en langues de feu verticales et oblongues crachées par les vents qui les attisaient

de sa poche Odonato retira un petit bout de papier et, avec un regard sec d'adieu et de tendresse, il gribouilla quelques lignes rapides puis se pencha sur lui-même et rongea de ses canines le bout de ficelle qui le retenait à l'immeuble

le coq vit Odonato monter vers le ciel, détaché, libre, balançant au gré du vent, d'abord survolant l'immeuble du coq effrayé et muet, puis montant d'un coup, laissant derrière lui tomber comme une balle imparfaite le billet froissé que le coq, n'ayant rien d'autre à faire et un certain l'appétit, picora, ouvrit, et, voyant que la matière mouillée se révélait molle et mangeable, avala

lettre après lettre, mot à mot.

le MarchandDeCoquillages tenait l'Aveugle par le poignet, il courait en faisant attention à ne pas le lâcher et cria

– vous ne dites plus rien, l'ancien ?

mentant par crainte de dire la vérité, sentant sur sa peau la trop grande proximité de la chaleur du feu, le vieux préféra rester muet

pour ne pas avoir à dire sa peur

mais il céda à la demande de celui qui généreusement ne l'avait pas abandonné

– ce n'est pas mon tour de parler. de nous deux, qui est le plus vieux, ce n'est pas moi ?

– c'est vous

– alors j'ai qu'à supporter…

ils erraient faisant confiance à leur instinct, ils couraient, s'arrêtaient, attendaient des accalmies pour ouvrir des passages, ils se mouillaient dès qu'ils trouvaient une flaque d'eau, et lors d'une pause un peu plus longue, l'Aveugle entendit que le jeune homme respirait comme qui regarde attentivement quelque chose

– c'est quoi ? – demanda l'Aveugle – tu regardes le feu ?

– non, c'est le ciel…

– qu'est-ce qu'il a le ciel ?

– le ciel est plein de ballons, l'ancien

l'Aveugle remuait les mains et le MarchandDeCoquillages se refusait à comprendre ce geste comme s'il ne voyait pas l'objectif de cette agitation, il restait là, le cou tendu, les yeux levés, regardant le ciel à travers les rivières de fumée, les mains de l'Aveugle finirent par arriver à sa bouche, l'Aveugle voulait lire le sourire sur les lèvres du garçon

– des ballons jaunes, rouges, noirs…

le MarchandDeCoquillages regardait mais il ne vit pas, au milieu des milliers de ballons, un corps léger qui s'éloignait des piques meurtrières de l'incendie

des explosions se faisaient encore entendre et des ballons éclataient dans l'intensité de la chaleur, ils reprirent leur marche errante, la main du MarchandDeCoquillages ferme et mouillée de sueur autour du poignet de l'Aveugle

– il faut courir maintenant, il y a beaucoup de feu ici

– laisse-moi, les vieux, c'est normal qu'ils meurent – dit l'Aveugle d'une voix plaintive et il fit mine de s'arrêter

– les vieux !, mais est-ce que les aveugles aussi doivent mourir aujourd'hui ? – se moqua gentiment le Marchand-DeCoquillages – venez avec moi, l'ancien, nous sommes tout près du bar, vous savez ?

ils coururent, ils sentaient sur leur dos et leurs pieds les brûlures du feu, le sac de coquillages tomba et pendant un petit moment le jeune homme lâcha l'Aveugle pour aller récupérer le sac qui renfermait sa plus précieuse collection de coquillages, ils repartirent en courant et entrèrent dans le BarcaDoNoé

la nuit était une tresse noire et monacale, la peau d'un animal nocturne laissant goutter la boue de son corps, il y avait des étoiles brillant timidement dans le ciel, il y avait la torpeur de l'air marin et les coquillages sur le sable qui se fendaient sous la chaleur excessive, il y avait la crémation involontaire des corps et la ville, somnambule, pleurait dans l'indifférence de la lune

l'Aveugle, les lèvres tremblant dans un sourire triste, posa sa main sur la jambe du MarchandDeCoquillages

– dis-moi seulement…

la ville transpirait sous une lumière rouge, se préparant à vivre dans la peau et les corps titubants, une nuit profonde et noire, comme seul le feu peut nous l'enseigner

– l'ancien, quelle était déjà la question ?

– la couleur de ce feu – paraissait implorer l'Aveugle

le MarchandDeCoquillages sentit que ce serait un manque de respect que de ne pas répondre

– si je pouvais expliquer la couleur du feu, l'ancien, je serais poète

mais, d'une voix hypnotisée, le MarchandDeCoquillages accompagnait les évolutions de la température, les cercles incontrôlés de cette jungle de flammes que le vent fouettait dans une continuelle provocation

– ne me laisse pas mourir sans que je sache la couleur de cette lumière

dit l'Aveugle dans les mugissements des flammes

– l'ancien, j'attends la voix d'un enfant dans mon cœur

le MarchandDeCoquillages se leva, il ouvrit le frigo qui fonctionnait toujours, il y avait tant de choses à l'intérieur qu'il eut du mal à choisir quoi prendre, il attrapa dans un coin deux bouteilles d'eau, en donna une à l'Aveugle

– de l'eau ? – dit en crachant l'Aveugle – regarde bien si dans ce frigo y aurait pas par hasard une bière bien fraîche ou même du whisky

le MarchandDeCoquillages fouilla à nouveau dans le frigo sans perdre de vue les attaques du feu, la ville ensanglantée était forcée de s'incliner peu à peu vers sa mort

– dis-moi la couleur du feu

répétait-il tout bas

pour que le MarchandDeCoquillages, caressant la main de l'Aveugle, puisse alors dire

– c'est un rouge tout doucement, l'ancien… c'est ça : un rouge tout doucement…

le billet d'Odonato est extrait des vers suivants :

[…]
il ne reste rien de ce temps
tranquille des jours paisibles
et des nuits sans fin
des flèches de venin
habitent le cœur des vivants
le temps du souvenir est mort
je pleure le lendemain
les choses que je devrais pleurer aujourd'hui.

Paula Tavares,
in *comme des veines fines sur la terre*

merci à manuel rui qui un jour m'a raconté l'histoire vraie d'un enfant qui avait inventé cette couleur : "rouge tout doucement" ;

je remercie pour leur patience, leur relecture et leurs paroles : r. figueiredo, l. apa, z. coelho, i. garcez, a. muraro, e. coelho, j. campino ;

ces pages ont été écrites et vécues avec la musique de wim mertens, paulo flores, cat power, joaquín sabina, keith jarrett, ruy mingas, antony and the johnsons, thomas feiner & anywhen, lavoura arcaica soundtrack, sigur rós, lhasa, bon iver, beethoven, mozart, entre autres.

michel laban, diá kimuezo : depuis Luuanda, nous t'embrassons.

Luanda, Lubango, Lisbonne|2001|2009|2012|Laranjeiras (RJ), Luanda

Glossaire

Bassula : lutte traditionnelle.
Batucada : genre musical avec des percussions traditionnelles.

Cachupa : plat traditionnel capverdien, à base de maïs ou haricots cuits avec viande ou poisson, du manioc, bananes et légumes.
Cacusso : poisson d'eau douce, perche.
Calemas : mouvements marins provoquant de grosses vagues près de la côte.
Caluanda : nom que l'on donne aux habitants de Luanda.
Calulú do comba : plat à base de poisson séché et de légumes. (*Comba* : funérailles.)
Candonga : conducteur.
Candongueiro : taxi collectif typiquement angolais, généralement un minibus Toyota peint en bleu.
Capurroto : eau-de-vie très forte, de fabrication maison ou clandestine.
Carcamanos : Sud-Africains.
Caxinde : sorte de citronnelle. (Nom d'une ville angolaise d'où vient cette herbe.)
Cumbú/cumbuzito : argent, monnaie, pourboire.

Diamba/liamba : cannabis.
Dikota ou *Kota* : façon courante et respectueuse de parler des plus vieux ou de s'adresser à eux.

Faplas : Forças armadas para liberação de Angola, le bras armée du MPLA, le Mouvement populaire de libération

de l'Angola, parti fondé en 1956, actuellement au pouvoir.
Funji : pâte faite avec de la farine de manioc et un bouillon que l'on remue vigoureusement pendant la cuisson avec un grand bâton et qui sert de pain.

Gira-bairro : taxi de quartier.

Imbondeiro : baobab.

Jindungo : sorte de piment.

Liamba/diamba : cannabis.

Kilape : crédit.
Kimbanda : sorcier, guérisseur.
Kinguilos(as) : changeurs de devises du marché noir.
Kitaba : pâte de cacahuètes.
Kizomba : danse nationale angolaise, tout en pas très élaborés.
Kota ou *Dikota* : façon courante et respectueuse de parler des plus vieux ou de s'adresser à eux.
Kwanza : monnaie angolaise.

Machimbombo : autobus.
Maiuiado : transformé.
Maka : problème, dilemme.
Malanjinho : de Malanje, un quartier populaire de Luanda.
Matako : derrière, queue.
Mbumbi : gonflement, hernie.
Muatas : chefs.
Múcua : fruit de l'*imbondeiro*, le baobab.
Mufete : poisson grillé.
Mujimbo : potins, rumeur.
Musseques : quartiers pauvres.
Muzonguê : soupe de poisson à l'huile de palme.

Paracuca : petit gâteau sec fait à base de cacahuètes.

Quitetas : petits coquillages genre pétoncles.

Rabo : queue, cul.
Raias : lunettes noires.
Rebita : vieille danse angolaise qui se danse un peu comme un quadrille.

Tugas : de *portugas*, surnom donné aux Portugais vivant en Angola.

BIBLIOTHÈQUE PORTUGAISE
dirigée par Pierre Léglise-Costa

Ricardo ADOLFO
Tout ce qui m'est arrivé après ma mort

José Eduardo AGUALUSA
Le Marchand de passés
La Guerre des anges
Les Femmes de mon père
Barroco tropical
Théorie générale de l'oubli

João AGUIAR
Les Mangeurs de perles

Agustina BESSA-LUÍS
La Cour du Nord
Le Confortable Désespoir des femmes
Les Terres du risque
Party
Un chien qui rêve
Le Principe de l'incertitude
La Ronde de nuit

Luis CARDOSO
Une île au loin

Mário CLÁUDIO
La Grande Ourse

Mia COUTO
L'Accordeur de silences
Poisons de Dieu, remèdes du Diable
La Confession de la lionne

Jorge DE SENA
Le Physicien prodigieux
Les Grands Capitaines
Au nom du diable

Vergílio FERREIRA
Apparition

Lídia JORGE
Le Rivage des murmures
La Journée des prodiges
La Dernière Femme
Le Jardin sans limites
La Couverture du soldat
Le Vent qui siffle dans les grues
Nous combattrons l'ombre
La Nuit des femmes qui chantent
Les Mémorables

Nuno JÚDICE
Traces d'ombre

Maria Gabriela LLANSOL
Les Errances du mal

Rosa LOBATO DE FARIA
Le Village englouti

Antonio LOBO ANTUNES
Le Cul de Judas

Eduardo LOURENÇO
Pessoa l'étranger absolu
L'Europe introuvable

Valter Hugo MÃE
L'Apocalypse des travailleurs

ONDJAKI
Les Transparents

José RÉGIO
Colin-Maillard

Pedro ROSA-MENDES
Baie des tigres
Pension des mondes perdus

Rui ZINK
Le Destin du touriste

SUITES PORTUGAISES

Des nouvelles du Portugal (Nº 30)

José Eduardo AGUALUSA
Le Marchand de passés (Nº 157)

Agustina BESSA-LUÍS
La Sibylle (Nº 114)

Mia COUTO
L'Accordeur de silences (Nº 175)

Jorge DE SENA
Signe de feu (Nº 28)
Le Physicien prodigieux (Nº 145)
Les Grands Capitaines (Nº 146)

José Maria EÇA DE QUEIROS
La Tragédie de la rue des fleurs (Nº 32)

Lídia JORGE
Le Rivage des murmures (Nº 20)
La Forêt dans le fleuve (Nº 31)
La Couverture du soldat (Nº 85)
Le Vent qui siffle dans les grues (Nº 147)
La Nuit des femmes qui chantent (Nº 184)

Antonio LOBO ANTUNES
Le Cul de Judas (Nº 3)
Fado Alexandrino (Nº 17)

Pedro ROSA-MENDES
Baie des tigres (Nº 86)

Cet ouvrage a été composé par
FACOMPO
à Lisieux (Calvados)

Corlet Imprimeur
Condé-sur-Noireau (Calvados)

N° d'édition : 0844001 – N° d'impression : 172917
Dépôt légal : août 2015

Imprimé en France

I Still Said Yes

by

Julene Richards-Fearon

ISBN: 9782613943950

Published by:
New Horizon Publishing
West Palm Beach, Florida 33407
restorativeauthor@gmail.com
Tele: 203,808,0602

Contents

Dedication

This book is dedicated to my husband, Anthony Fearon, the co-author of our story. It serves as a testament to the love that grows stronger through every challenge we face together. Thank you for the lessons learned, the growth we've shared, and the beautiful love that continues to evolve between us. This book is for you.

Acknowledgments

Hither to hath the Lord helped us; hence it is quite fitting that I first give all the thanks and praise to the Almighty, Creator, and sustainer of the universe. The God who carved out this part of my journey and inspired me to document some of the events. Being omniscient, He foreknew that I would be collating them for such an occasion as this. I am thankful for His faithfulness and the assurance that He will hasten, or crawl, if He pleases, to deliver His promises.

I must also acknowledge my family: my husband, Anthony Fearon, and my gifts from God, Juland Grant and Bara, Adoni Grant. Thank you, Anthony, for your humility and your willingness to share our journey, as well as for your contribution to writing the Epilogue. Thank you, Juland, for allowing me to read my thoughts aloud to you in several chapters and for the feedback and guidance you provided. Thank you, Bara, Adoni, for checking in on me and offering to make refreshments while I was engaged

in writing. Thank you all for the time and space you allowed me to write in solitude.

Special thanks to Leostone Morrison, my batchmate, friend, and brother, for the work that you have done in editing the book to bring the content alive. I thank God for the gift and talent that He has given you to take something ordinary and make it into something extraordinary. Your contribution to the book is profound, and without your effort, dedication, and guidance, this book would not have been a tangible, inspirational substance in each reader's hand.

I am grateful to our Pastor, Bishop David Edwards, and his wife, Sis. Linda Edwards and our Church community for the love, support, and warm welcome we have received. Our bishop and his wife are truly servant leaders who seek opportunities to be God's hands and feet in the ministry. We have grown and developed spiritually under their leadership. The changes we are now enjoying as a family are not void of your physical help, prayers, and encouragement. We are especially thankful for the monthly corporate fasting and the biblical teaching from which we have tremendously profited.

Special thanks to my mother, Pastor Vivienne Richards; the seeds you have planted in me from a child have germinated and grown to produce the fruits I now bear. You and my friend, Sandra Smith, have both been a tower of strength to me on this five-year journey. Thank you for being a listening ear and for showing me unconditional positive regard. I was never subjected to judgment, just your prayer, love, and encouragement. I could confide all my weaknesses and failures in you and was never disgraced. Thank you!

I want to express my heartfelt gratitude to you, Tricia Kay Williams, for the beautiful foreword you wrote for this book. Your words were not only thoughtful and inspiring, but they also set the perfect tone for the message that follows. Your insight, encouragement, and support mean so much, and your contribution has added much depth and grace to this project. Thank you for being a part of this journey and for believing in the vision behind these pages. May your kindness and generosity continue to touch the lives of many, just as you have touched mine.

Foreword

With profound honor and gratitude, I write this foreword for my dear friend, whose courageous vulnerability in telling her story is timely and timeless. We met over twenty years ago, and even then, I recognized a strength in her that could only come from the hand of God. What she shares in these pages is not just a story of relational pain and healing, it is a testimony of spiritual transformation, emotional growth, and divine intervention.

As a registered clinical counsellor with a master's degree in counselling psychology, my academic and professional journey has focused on understanding how emotional disconnection can erode the foundation of any relationship. My thesis explored relational breakdowns among Black Canadians, and the themes echoed what leading relationship experts like Dr. Sue Johnson and Dr. John Gottman have long affirmed: when emotional safety, trust, and connection are lost, conflict becomes the norm, and intimacy slowly withers.

Clinically, what her story brings to light is also recognizable through a psychological lens. According to the Diagnostic and Statistical Manual of Mental Disorders, Fifth Edition (DSM,5), narcissistic personality disorder is characterized by a pervasive pattern of grandiosity, a constant need for admiration, and a lack of empathy, often rooted in early trauma and emotional wounding. While deeply challenging, these traits do not define a person's capacity for change, especially when God is invited into the healing process.

Spiritually, we know that relationships are sacred battlegrounds. Christians believe in the triune God, Father, Son, and Holy Spirit and that spiritual warfare is constantly at work beyond what our eyes can see (Ephesians 6:12). The enemy seeks to divide and destroy what God intends for unity and growth. And yet, we serve a God who redeems, restores, and resurrects even what seems lost.

My friend's journey with her husband, marked by mistrust, confusion, rejection, and emotional disconnection, could have ended in despair. But in a bold act of faith, she chose to engage in a 21-day fast, turning her focus away from conflict and

toward connection. She became a spiritual leader in her home and, in doing so, created space for God to move powerfully. Transformation followed—not just in their relationship, but in their spiritual lives. Today, their home is filled with worship, accountability, mentorship, and a renewed sense of purpose.

Romans 12:2 reminds us, "Do not be conformed to the pattern of this world but be transformed by the renewing of your mind." This story is a radiant example of that transformation. When couples invite God into their relationship's center and pursue emotional healing and spiritual growth, the results can be nothing short of miraculous.

To every reader who finds themselves in the throes of emotional chaos, relational confusion, or spiritual weariness, I urge you to seek help. Reach out to a licensed couple's therapist. Sit down with a pastoral counsellor. Invite God into the middle of your mess. Healing is possible. Freedom is available.

This book is not just a memoir. It's a roadmap to renewal. May it offer you insight, comfort, and, above all, hope.

In Christ,

Tricia Kay Williams, MA RCC,16666
Registered Clinical Counsellor, MA Counselling Psychology

PROLOQUE

We are living in a time plagued with hopelessness and despair. Many have lost hope and faith in God, and some are questioning. The epitome of Christianity is Faith, if there is no faith, there is no religion. The Bible defines faith as the substance of things hoped for and the evidence of things not seen. For example, we have not seen Jesus Christ, the Son of God, but it is through belief or faith in Him that we are saved. Everything concerning God and our journey to eternity rises and falls on faith.

It is faith that paved the way for this testimony that my husband and I have shared with you in this book. We embarked on a journey, like Abraham, with no compass or map to lead us to a destination. We are still on that journey, and our only source of guidance is the Holy Spirit, the very presence of God here now on this earth. We are not at our destination, but we believe that our journey thus far can be of significant help, especially for those who

navigate marital challenges. Our message is, there is hope!

Our testimony is one of a marriage plagued by narcissistic behaviours which sucked the life, love and joy out of our marriage. Haunted by years of defeat, we quivered under the heavy load of conflict, malice, abuse, deceit, and infidelity. Still, all hope was not lost. There is a famous saying in Jamaica, "weh no dead nuh dash weh". Once there is life, there is hope.

After we have suffered awhile, the God of all grace who has called us unto His eternal glory in Christ, is and continues to, by Himself, restore us, strengthen us, and cause us to be firm and steadfast. Thus, He has brought an end to what seemed like perpetual doom and has stayed faithful to His promise to deliver exactly what He said He would do.

I said yes and handed over my hand in marriage to a man, whom I know I am in love with, but from whom the love was not reciprocated. I vowed to love him unconditionally, thinking this was of my own volition. I soon came to learn that this was God's plan to kill my flesh, as I have often prayed, and

rescue a soul that is more precious to Him than it could ever be to me. God's sacrificial love is reckless, disposed to the undeserved, and can never be earned, but still, He lavishes it on humanity. My sacrifice is incomparable and unparalleled to that of God's, but through it, I came to appreciate Jesus' agony in the Garden of Gethsemane. Not my will, Lord, but thine be done.

Through dying to self and allowing God to be at the centre of our marriage, we have experienced significant changes for which we can take no credit. It is the Lord's doing, and it is marvelous! We hope that this book will land in the hands of a couple who will be inspired to prioritise God over their spouse and themself, then watch God work wonders in their marriage.

Introduction

"I Still Said Yes" is not a fairy tale. It is not the story of a perfect bride who married a perfect man and lived happily ever after. This is the story of a woman who stood at the altar with hope in her heart—but also with whispers in her spirit, warning signs all around her, and a God she loved who seemed, at first, painfully silent.

I said yes when logic said no. I said yes when the red flags waved like banners in the wind. I said yes, even though staying looked harder than leaving.

And still God said Stay. Not because He delights in suffering or expects women to be martyrs for love. No.

He said to stay because He had a plan. A plan I could not yet see. A promise hidden beneath the pain. A redemption story is still in motion.

This book is my heart on paper. It's raw. It's honest. It's layered with the complexity of love, disappointment, spiritual warfare, and the quiet

triumph of obedience. It's about the nights I cried, the questions I asked, and the way God slowly, lovingly, faithfully fixed it.

If you've ever questioned your yes... If you've ever struggled with obedience when everything in you wanted out... If you've ever felt alone in your decision to stay...

This book is for you.

Because sometimes God doesn't say go. Sometimes, He says, stay. And sometimes, when everything seems broken beyond repair... He still restores.

This is my story.

This is my surrender.

This is my victory.

And this

Is why I still said yes.

Chapter 1

In The Beginninglove

"And the God of all grace, who called you to his eternal glory in Christ, after you have suffered a little while, will himself restore you and make you strong, firm, and steadfast." 1 Peter 5:10 NIV

Then suddenly, without warning, I had an open vision. I was halfway through a training session I was delivering when it happened. It was lunchtime, and I was simply making my way back to the office. In that moment, I saw myself standing in a classroom in a foreign country, teaching students. It was vivid. It was real. And it made no sense.

There were no plans to leave Jamaica. None. I was settled, grounded in the familiar. I had a job I loved,

one that aligned perfectly with my passion and purpose. I was a homeowner, in the middle of renovations to make the space truly mine. Financially stable. Surrounded by family. But beneath the surface of this seemingly well-ordered life was a quiet unravelling: my marriage of 10 years had ended.

To keep my previous marriage alive, I constantly spoke to my ex-husband about his behaviours that were consistent with betrayal and deceit. I despise lies, and this habit was too hard to break. I fasted and prayed with the hope that things would change. I also spoke to him about making decisions independently that would ultimately affect the family, especially financial decisions. This, too, was continuously ignored. I reached out to his father and other members of his family to help him to understand how his behaviours were weighing on me, but to no avail. His disposition was 'take it or leave it, ' so I chose the latter.

It was on the premise that the marriage was not going to work that I began praying and asking God to allow me to love someone with my whole heart, mind, soul, and body and to have that love

reciprocated. We were pulling in separate directions. While I was building, he was tearing down—literally. I overextended myself in the previous marriage, unreservedly giving and giving, and so the taker took until nothing was left, or so I thought. However, even that experience did not seem to have served its purpose in preparing me for what was to come. Still, there is no confusion in my mind, and I believe with my whole heart that the Lord led me to my current husband.

He was very handsome, charming, caring, compassionate, attentive, entertaining, supportive, loving, warm, and friendly. We were constantly communicating and never got tired or bored with each other. As such, we developed a caring and supportive friendship that fostered a strong bond between us. This bond, placed on hold for over a decade, was revived in 2018.

By the time we reunited, I would have known him for about eighteen years. We met online via the Go Jamaica Chat Room in 2001. This was when I came to the UK for the first time, and we went on a few dates. I knew that he loved me and desired more than friendship; however, at that time, not only was

I not ready for the intimate relationship he desired, but I also believed we would not have had a relationship void of competition. I was not prepared, nor did I want to combat that challenge.

I initiated the reconnection and was love-bombed. Our conversations and laughter flowed like years had not gone by since we last spoke. As if we were picking up from where we left off, we spent hours on the phone reminiscing and sharing our growth and experiences that had escaped us over the years. His words were piercing, direct, and unapologetic. I had slipped away the first time, and he was not going to allow a second slip to occur. He unreservedly told me that he was not married because he was waiting for the right person. Having prayed about changing his life and finding a wife, like I was praying for a husband, he believes that God led me to him and was thankful. I, too, believe that God led me to him.

Although I was separated, I was not yet divorced. Yet, he was claiming me as his wife. He spoke boldly and confidently about changing my name. I entertained and enjoyed the attention he flooded me with, although it was a bit overwhelming at times. Our telephone interactions were not without

apprehension for me. He was transparent and accountable, providing details about every aspect of his daily life. He woke me up in the mornings with phone calls, checked on me throughout the day with text messages, and put me to bed at night with another phone call. He openly expressed his intense affection for me; he kept affirming his intention to marry me, even when I reminded him that I was not yet divorced. I would ask how he would be able to do that, and he would say that he is lord, and He can make it happen. We would often joke about this gesture.

Amid his declaration of intention, I began to feel quite uncomfortable. The reality of my current existence made his subtle demand somewhat agonizing. The best option I felt at the time was to end our conversation. It was becoming too intense, too real, too quickly. We both agreed to discontinue our communication, yet neither of us could endure the torment of not talking to each other. Thus, we broke the silence, leading to a mutual exchange of the anguish we experienced from our lack of communication. The absence revealed both our

vulnerabilities and an insatiable desire for one another.

Shortly after our frequent communication resumed, he extended an invitation to visit him in the UK. I politely declined the invitation. I had been to the UK before, and I did not like it there. I dreaded the distance to travel and the expense of getting there. However, he was persistent, and his determination did not let up! Creatively, it was repeatedly interjected into our conversations until the offer became tempting. Eventually, I gave in to the request to visit. So, I was back in the UK on vacation in December 2018.

I boarded the plane with mixed feelings. Whilst there certainly was excitement to be in the same geographical and physical space, there was no clear understanding of what we were, at that time, to each other. Were we still just friends, or had the relationship transcended friendship? Was it an experiment, or is it a commitment? Were we just looking to see where life would take us, or were we prepared to navigate how life would unfold for us? Notwithstanding, I was going on a long-overdue and

well-deserved vacation. At the least, I had some amount of peace and clarity in that fact.

I arrived at the airport, and the greeting I received was warm but not what was expected. Seeing each other for the first time in almost two decades felt surreal. We hugged each other briefly and then made our way to the car. The conversations in the car heading to my place of stay did not include me much, except when invited by the driver, who was his friend. This made the drive feel longer than it must have taken, coupled with the fact that I was made to ride alone in the backseat. It did not sit well with me, but I was still happy and excited to be there. This feeling of seclusion was soon eradicated by the romantic streak I was confronted with in the room I would be occupying. Everything was laid out for me to take a bath and go to sleep, which was exactly what I needed.

In the 21 days of my stay with my new romantic partner, the level of detail placed in the preparation for my arrival remains the hallmark of my trip. Nothing else seemed to have been planned or was intentional. This truth does not take away from nor is intended to downplay the fact that we shared

some very special moments and enjoyed each other's company. We had so much fun that it was hard to pack to leave on the final day. Again, it was a vacation and was enjoyed as such. Ultimately, the time together created an opportunity for us to learn about some of our strengths and weaknesses whilst trying to make sense of how we felt about each other, but also leaving things with even more anticipation and uncertainty.

On my way back to the airport, the driver, his friend, engaged me in a rather interrogative conversation. He wanted to know why I was going back home, when I was coming back, what kind of job I did, among many other questions. I considered it somewhat intrusive. But humility led me to answer his questions. Upon revealing that I was a learning and development officer, he asked for clarity as to whether that entails teaching. When I confirmed my job at the time was similar to teaching, he informed me that there is a shortage of teachers in the UK. He questioned which subject I would be able to teach. Based on my education and qualifications, I said Religious Education (RE) or Guidance and Counselling. To my surprise, unlike

Jamaica, RE was a subject that I could teach in the UK.

I returned to normalcy, and the chase continued. I felt the chase was now triggered by gratefulness, appreciation, and recognition for my independence; ability to nurture or show love and care; values, ambition, and aspiration; confidence in myself and my abilities; the strength I possess; and last but not least, that I was the answer to his prayer. Those are not qualities I feel inclined to wildly assign myself; rather, it was shared in a voice note I received upon returning home, to which, unfortunately, I no longer have access. It was a recording listened to over and over, feeling appeased in his expression of appreciation and gratefulness for me.

I experienced what is known as separation anxiety, as by now we had developed a strong emotional attachment. We were consumed in each other's time and longing to be in each other's company again, or so it felt. The conversation with the driver about teacher shortage and the opportunity to teach RE in the UK kept playing in my head, and the vision I had upon exiting the training room, months ago, flooded my mind. The driver's enlightenment became the

catalyst that fueled my drive to give birth to the vision. I began to research how I could get into teaching in the UK to teach Religious Education. The process was burdensome and frustrating as I lacked knowledge. I had no proper guidance, except the support I gleaned from a website I stumbled across, and I learnt that they support people with a desire like mine to get into teaching in the UK. I felt like the vision was becoming a reality.

After much research and resilience, I managed to secure two interviews at two schools in the area where he lived. The interviews were scheduled in April, since this is when schools recruit new teachers for the next academic year. His birthday is also at the end of April. This formed a large part of my motivation to travel again for the interviews, as well as to use the opportunity to surprise him for his birthday. This is where truth started to unravel itself, uncertainty became confusion, and something that felt rather pure, natural, and God ordained became toxic, abnormal, and demonic.

Chapter 2

Suddenly

"For I know the plans I have for you," declares the LORD, "plans to prosper you and not to harm you, plans to give you hope and a future." Jeremiah 29:11 (NIV)

Suddenly, for him, things were moving too fast, but there was no explanation of how this was concluded. Somehow, I had made him feel pressured to commit to me, and he was not sure that I was the right person for him anymore. He wanted to take things slow and see how it goes. He was not ready for a serious relationship and wanted us to be 'just friends.'

Before all of this, I boarded the plane with a heart full of excitement and anticipation. The evening before, after we said our goodbyes, I let him know I'd be off the grid for the weekend, explaining that my phone needed repairs and would be returned to the IT department.

My second trip to the UK in April 2019 was planned and organised without his knowledge or consent. I had the support of his aunt, with whom he resided, for almost two decades. We meticulously planned and organised my visit, ensuring it served the purpose for which it was intended, A surprise.

The flight felt like a blur. Hours melted into minutes, minutes into seconds. One moment I was watching the Kingston skyline fade beneath the clouds, and just four movies later, I was touching down in London on a beautiful, warm Saturday morning. I was delighted as everything unfolded seamlessly. Immigration was a breeze, and my driver, his friend, was waiting right on time. Everything was perfectly arranged by his aunt. It all felt like divine alignment.

It was such a delight to see his friend and convey how his intrusion played a critical role in this second

trip. Although I had arrived on his birthday as a surprise, I was also there for interviews for a job as a Religious Education teacher. He wished me well as we drove up to the house.

The look on his face when he saw me was priceless. Surprise! He was indeed. His aunt and I had managed to launch operation 'keep him out of the know'! I was overjoyed, and I felt accomplished up to that point. It was such a thrill to be with him on his birthday. I had many things planned for the day. As I was meeting his aunt for the first time, my first surprise was that after the greeting and mere formalities, I was left alone for hours in conversation with her while he cleaned the room I would occupy. I appreciated the opportunity to get to know her but was disappointed that I was left unengaged by him for hours when the whole point of the visit was to spend time together for his birthday. He did not check on me once whilst he was said to be cleaning the room.

I was further disappointed when, after the room was cleaned, I went to have a bath, which was followed by a deep sleep. This concluded with the end of his birthday. Much attempt was made by me

for us to go out and celebrate what was left of it, but this was repeatedly declined. A suggestion was made again the following day; however, this too was declined. This left me feeling like a part of my mission had failed. I could not appreciate why there was no desire to celebrate his birthday. It was downplayed as not being important; my being there was enough. This did not sit well with me.

The dejection from not being able to celebrate his birthday was only the beginning of many more disappointments, disagreements, and conflicts to come. Whilst it appears that he was happy I was there, I soon began to feel like I was a bother or hindrance to him rather than comfort and support: Like I was intruding or imposing rather than being welcomed and appreciated. I found the reaction quite questionable and began to ask for clarity. This only made the situation worse. The more I asked for help to understand what was happening, the more I was met with silence. It was like walking into a brick wall.

I felt crushed by the stone wall I was made to encounter. I desperately tried to make sense of it. The communication diminished, and I started to feel

anxious and uneasy. It was at this moment that I experienced his coldness for the very first time. As we sat together in the living room watching the television, I tried to make conversation, still probing to find out what was happening. I was completely blanked, treated as though I were nonexistent. I was not acknowledged, and there was no indication that I was heard. Rather, the behaviour demonstrated towards me communicated much louder that he wanted to be left alone. This was very confusing for me, as I could not think of anything I had done or said that warranted this reaction or 'no reaction' directed towards me.

Sitting there feeling lost, puzzled, and clueless, and finding the situation rather strange and overwhelming, anxiety took over, and I had a panic attack right there on the sofa beside him. I was crying, shaking, and trying hard to regulate my breathing. He sat next to me unbothered. Eyes glued to the television, he did not turn for a second to look at me or ask what was happening. It was as though I was not there. The moments passed, and the panic attack wore off. I fell asleep on the sofa, and he left me there and went to bed.

The feeling of rejection bombarded me. It hurt badly. What made it worse was that I could not place my finger on the cause of what was happening before my eyes. I was miles away from home and knew no one else but him. My well-being felt threatened. How could someone suddenly turn from loving, caring, charming, entertaining, friendly, and warm to ice, cold, distant, uncaring, merciless, angry, withdrawn, and silent? And for what? What was the cause of it? What did I say? What did I do? I was tormented over the unexplained, weird experience until he decided to break the silence.

One evening after he came home from work, he invited me to the park for a walk. I was not prepared for what was coming. I thought I would get some clarity about what was happening, and this was my sole motivation to follow him. Suffice it to say I did not get an explanation, but rather excuses. He wanted us to slow everything down, take a step back, and "see where things lead." In truth, he wasn't ready for anything serious. He just wanted us to be friends. Nothing more.

My heart was pounding out of control as I listened to his deliberation. I was in a state of bewilderment.

I could neither believe nor make sense of what I was hearing. I questioned whether I did or said something wrong, to which the response was that the decision had nothing to do with me; it was all based on him. What I wanted and how I felt were disregarded. I had no say in the matter. Rather, I was told to respect his decision. In other words, don't question it. I recall managing to get one sentence in, which was: 'It's all or nothing for me.' I refuse to be friend-zoned after all he had said to me over the last nine months. I stormed out of the park and ran away from him, crying.

The trust was broken. The very thing I had asked him not to do after our vulnerable exchange, when we both decided to stop communicating, happened, not many months later. I was heartbroken, already. All I wanted to do was move my travel date forward and leave immediately. I sat on the bed and tried to make sense of everything that had just transpired and all that was happening shortly after I arrived at the house. It did not make any sense, nothing made sense. How could he become so emotionally unavailable and detached? What made him have a sudden change of heart? How could he want the wife

he prayed for a few weeks ago, and today, he's saying he just wants friendship? The more I thought about it, the more it hurt, and the more it did not make any sense.

He didn't hesitate, I watched him walked straight into his aunt's room as soon as he returned from the park. She was waiting, eyes sharp with concern, demanding to know why both of us had come back in tears. As he recounted the conversation we had at the park, I lingered nearby, hearing bits and pieces through the cracked door.

Then came the questions.

"Do you love her?" she asked.

"Yes," he replied without pause.

"Then why did you tell her you should just be friends?"

"I... I don't know," he murmured.

"Is that what you want?"

"No."

"Then why are you crying to me about it?" she snapped, frustration and empathy tangled in her voice. "Go apologise. Tell her you didn't mean it."

Moments later, he came into the room—his face was wet, and his eyes were red. He knelt beside me and cupped my tear-streaked face in his hands, and through trembling lips, whispered, “I’m sorry.”

He told me that from the moment he first saw me, he *knew*. There was no explanation, just a deep, unshakable certainty. I was the one. He said he had prayed for someone to love, to build a life with, and when I showed up, he believed God had answered. He had been wrong to say we should just be friends. He said he got scared. That’s all. Just scared. Looking into my eyes, he told me I was different, pointing to the very principles I stood on, the same ones he admired from the start. And now, he was clinging to what he almost threw away.

But I didn’t speak. I couldn’t. I just stared, confused, silent, trying to make sense of it all. The past few months had been a whirlwind of intensity, love bombing followed by stone-cold distance, like an emotional pendulum I couldn't escape. The same behavior he had rationalised just hours earlier in the park was now being undone before my eyes.

Still, I forgave him. Not because of his apology or his tears, but because I knew what *I* wanted. I

wasn't interested in retreating into friendship. We had already crossed that line, and there was no going back. I had made my decision. And this time, I wasn't looking over my shoulder.

Week two hit like a tidal wave. Emotionally, I was unravelling. Caught between the turbulence of a relationship that felt more like a puzzle than a partnership, and the sting of yet another closed door. I had just received the disappointing news: I wasn't selected for the teaching role. Then came another blow, my second interview was abruptly cancelled. One final glimmer appeared, a new interview offer, but it came too late, scheduled for after I'd already be gone. I couldn't attend. Just like that, another opportunity slipped through my fingers.

It felt like everything was collapsing around me.

I was defeated. Nothing was going according to plan. Instead of progress, I felt like I was sinking. The trip, once filled with hope and possibility, began to feel like a mistake. I started to question everything: why I came, what I was chasing, and whether any of it had been real to begin with.

The jobs I had applied for were ideal: fully sponsored teaching roles that offered financial support and a smooth, independent pathway to relocate. It was the perfect setup, until it wasn't. With that option now gone, the question loomed heavy in my chest: *How do I make this work?*

My hope of returning in September to begin a new chapter was dissolving before my eyes. And without a way to transition independently, the only thing left was uncertainty. Long distance was never something I wanted, *not for us.* I had come with dreams in my suitcase, but now I wasn't sure where to go next. Everything I had envisioned was slowly slipping away, and I was left standing in the ruins of plans that once felt so sure.

The final week came quietly, almost coldly. There was no intentional effort to spend time with me, no urgency in his actions, no desire to make memories before my departure. He went to work each day as usual, and Saturdays, over the entire three-week period, were filled with vague busyness. We never carved out a moment for meaningful conversations. No heart, to hearts about our relationship. No talk of the future. It felt like intimacy was being

deliberately avoided, as if he was keeping things surface level on purpose.

Our communication grew thinner by the day, and what stung me the most was how unaffected he seemed by it. I began to feel judged—quietly, subtly, for not landing the job I had hoped for. It wasn't anything overt, but his questions hinted at disappointment, even superiority. As though he saw me not as someone who stumbled, but someone who had failed. Not once did he offer comfort or encouragement, just silence, and a strange sense that he was somehow indifferent to my setback. Maybe even pleased.

The only date we had, if it could be called that, was on the very last day. Then, just like that, he took me to the airport the next morning. No lingering words. No call to check if I made it home safely. When I did call, he rushed me off the phone with distracted disinterest.

And then, the shift became undeniable. Texts slowed. Calls dwindled. Each time I tried to reach him, he was either "sleeping" or "busy." My questions about the sudden change were met with thin excuses that never truly answered anything.

Still, I gave him the benefit of the doubt. I wanted to see the best in him. But deep down, something didn't feel right. I couldn't shake the gnawing sense that I was being emotionally discarded.

What followed was a spiral slow descent into a cycle of confusion and emotional instability. I found myself on a relentless rollercoaster: unpredictable moods, mixed signals, distant coldness masked by momentary warmth. I questioned everything—his actions, his words, even my judgment. Manipulation crept in quietly, like smoke under a door. Gaslighting blurred the lines of reality. I felt sidelined, diminished, and slowly drained of clarity.

And yet, I loved him. Not because of how he treated me, but despite it. My love was sincere, unconditional, and pure. So, I ignored the flashing red flags, convincing myself that love meant patience. Years later, I would come to recognise these patterns for what they truly were: narcissism.

Chapter 3

The In Between

"I urge you, brothers and sisters, to watch out for those who cause divisions and put obstacles in your way ... serving ...their own appetites. By smooth talk and flattery they deceive the minds of naive people." Romans 16:17,18 (NIV)

The control, manipulation, and gaslighting, which amounted to mostly mental and emotional abuse, manifested in varied ways. To my surprise, when I spoke about it, I was told I couldn't prove it because it is not physical, and I had no evidence. I saw this as both arrogance and ignorance. I endured it whilst I contemplated suicide, running away, and I even

engaged in reckless behaviours because there were days that I just wanted to die. The reality of migration.

When I returned to Jamaica in May 2019, I felt a strong pull deep within me, an unshakable stirring from the Holy Spirit, urging me to look beyond the closed doors and explore alternative paths to teaching in the UK. I had no idea where to begin. There was no roadmap, no mentor, no clear guide, only the quiet, persistent whisper of divine direction leading me forward.

What I eventually uncovered was far from the safety of sponsorship. This path demanded more than I thought I could ever give, financially, emotionally, and spiritually. The cost seemed impossible. And yet, something in me wouldn't let go. After months of delays, discouragements, and what felt like endless setbacks, the impossible became possible: I was granted a student visa and accepted into a university to begin training as a Religious Education teacher in September 2019.

It was a breakthrough that didn't come easily and we knew it. My fiancé and I celebrated that moment with deep gratitude, thanking God for what truly felt

like a miracle. It wasn't just a win; it was a divine confirmation that our future together was worth fighting for. But this time, the departure was different.

I wasn't just packing a suitcase; I was packing up my life. I was resigning from my job, preparing my children for my absence, and bracing myself to leave behind everything familiar. I was stepping into the unknown, not for a visit, but for a new beginning. I was moving to a foreign land, not as a tourist or a guest, but as a woman on a mission. A woman with a calling.

Though this move was born from love, it wasn't solely about the relationship. I knew, without a shadow of a doubt, that teaching RE wasn't just a job, it was my purpose. And sometimes, purpose requires a leap that makes no earthly sense... until God makes a way.

At age 21, through earnest prayer and fasting, I was led to 2 Timothy 2:1,11 when I sought the Lord regarding my calling.

"Whereunto I am appointed a preacher, and an apostle, and a teacher of the Gentiles."

I learned about purpose and calling from Rick Warren's Purpose-Driven Life, a book my mom gifted me for my 21st birthday. Since that divine revelation, I have followed the Lord's leading and inclination in my career path. My previous studies aligned me with this next phase of the journey, and I felt God was faithful to complete what He had started.

Moving to the UK remains one of the most profitable yet hardest decisions I have ever had to make. It was especially difficult because of the maltreatment I endured from living with two narcissists. Together, they served each other, enabling one another's destructive behavior. I was caught in the web of their schemes and deceits, made to feel like I was crazy and weak because I would sometimes cry. I was also told and made to feel that I was abnormal when, all along, the abnormality sprang from them.

This is where I spiralled downward into life-threatening behaviors. There were nights when I left the house after 9:00 PM, sometimes 10:00 PM, following an argument. He would involve his aunt, and they would both unite against me. She never

told him he was wrong and always justified his behavior. They would tell me that I was overreacting, that my hormones were unbalanced, or that confronting unacceptable behavior was unwarranted. As a result, I would walk on the road late at night and sit at random bus stops. As I walked aimlessly, I hoped for someone to attack me. I would sometimes get on the bus and ride for hours, bus, hopping, just travelling with no direction. I went into parks in the dark and at times lay on the benches and cried. I walked on the side of the motorway and thought about stepping out onto the road.

The first year and eight months were some of the loneliest and most harrowing months of my life. If I could liken my existence to anything, it would be the UK's weather—cold, unpredictable, and often grey with no promise of warmth. I used to joke that the weather had a split personality, but deep down, it mirrored my own emotional landscape: numb, stormy, and uncertain.

I clung to two lifelines: my ambition and my studies. They became my reason to wake up. Learning was my refuge. Even as the weight of emotional isolation collided with academic pressure,

at times threatening my mental stability, it was studying that kept me tethered to sanity. Church and spiritual practices also offered glimmers of light, anchoring me when everything else felt like it was unraveling.

The day my children joined me, after one year and eight long months, I finally began to feel alive again. That reunion breathed hope into hollow spaces. My second year of study came with an unexpected favor: it was sponsored. For that, I remain deeply grateful. I was also permitted to work part-time, and while every penny earned was stretched to its breaking point, I made it work, covering my needs, saving for my children's journey, and beginning the long-awaited process of divorce.

Yet, behind closed doors, the emotional climate grew colder. The indifference toward me became impossible to ignore. I was not just unsupported, I was invisible. No responsibility was claimed for my well-being. I was made to feel like a burden, not a partner. Like many who migrate, chasing greener pastures, I found myself drowning in the cost no one talks about.

Though I was housed and fed, nothing was truly free. Rent wasn't demanded in currency but was extracted through service. I wasn't a guest; I was "The Help." My contributions, though minimal in the beginning, were measured and repaid through domestic labor and silent compliance. I felt stripped of dignity, treated more like a child than an equal. Still, I endured.

I confided in a pastor once, pouring out my sorrow. His words still echo in my mind: *"Your hand is in the lion's mouth. Withdraw it slowly and carefully."* Wise advice. For in that house, survival depended not just on strength, but strategy.

Things took a darker turn, but I held on. After my second year of study, I finally secured full-time employment, a major milestone. It was around that same time that I brought my children to join me, and what should have been a season of joy and rebuilding was tainted almost instantly. Before I even received my first paycheck, a demand was made: one-third of my salary. It felt like a punch to the gut. Had the living arrangement been fair and supportive, I wouldn't have questioned it. But under

the circumstances, it felt less like a contribution and more like coercion.

I began to seriously consider finding a place of my own. At first, I was told I should go with my children. That suggestion hit me like cold water. I had given up a stable life in Jamaica; my job, my home, my safety net and all to build a life with someone who now seemed indifferent to the weight I was carrying. Naive? Perhaps, but also deeply human in my hope.

Eventually, even he couldn't ignore the toxicity anymore. The signs were too loud. The subtle sabotage of our relationship gave way to full-blown chaos. External forces, both invited and uninvited, began seeping into our lives, infecting everything. The old games returned, only now more sinister. The love bombing faded into gaslighting. Manipulation turned into control. And finally, triangulation was introduced—the final act of narcissistic warfare.

This tactic was unfamiliar at first, but it didn't take long to see the pattern. Sides were chosen. False narratives were spun. Secrets once carefully hidden began to leak through whispers and third-party conversations. And then, the ultimate irony: the

puppeteers turned on each other. The mastermind, once controlling the strings, now played the victim.

But in the mess of it all, came clarity. This collapse became our exit route—our one chance to break free from the chokehold of manipulation. And we took it.

Chapter 4

Sleeping with the enemy

"If an enemy were insulting me, I could endure it; if a foe were rising against me, I could hide. But it is you, a man like myself, my companion, my close friend, with whom I once enjoyed sweet fellowship at the house of God, as we walked about among the worshipers." Psalms 55:12,14

An empty flat, no furniture, no luxuries, just our clothes and a few cooking appliances, yet that day we moved felt like stepping into sunlight after years of being trapped in a storm. I had never felt so rich. It was the kind of joy one might imagine after winning the lottery. We slept on the bare floor, but to me, it felt like sleeping in heaven. Peace, sweet,

wonderful peace wrapped around me like a warm blanket.

What thrilled me most was the belief that the external meddling in our relationship had finally come to an end. No more whispers. No more shadow games. I thought we were free. But peace, as I would soon learn, can be deceptive. What I believed was the end of the storm was only a lull. The truth began to unravel slowly and chillingly. The real source of the chaos hadn't been left behind. It had moved in with me.

I wasn't just rebuilding my life. I was doing so while unknowingly sleeping with the enemy.

We got married in August 2022. Yes, I was well aware of every ounce of detail you have correctly read in the preceding chapters, and ***I STILL SAID YES!*** More obviously, I was well aware that even as we stood at the altar where I poured out my heart and soul into my personalised vow, the love I had for my husband was never reciprocated. With great appreciation and understanding for the covenant I was making, I was careful to pray that God would endow him with knowledge and wisdom so that submission as the Bible requires it would be easy. I

meant every word I consciously wrote and read to him that day.

My vow

"Anthony Arlando Fearon, today we stand before God and man to authenticate this covenant, marriage, that was instituted by God in Genesis. The congregation is our witness to the oath that we will take today.

I have loved you from the first time I laid my eyes on you, and I knew that you loved me too, even though you did not express it then. I am grateful to God for bringing us back together and for putting us into each other's lives for me to be an exceptional wife to you and you a superb husband to me.

I promise to love you with every fiber in my being every day for the rest of my life; to be of support to you in every way possible; to be your friend and companion, patient with you and be a listening ear when you need someone to talk with; to be a committed team player in this marriage supporting us to achieve our goals; to inspire you for the better and be your number one cheerleader who celebrate our successes.

I will respect you as my husband, father to our children, and the leader of our family. **I pray that God will endow you with knowledge and wisdom to assume these responsibilities and to execute them with tact and diligence, so that submission will be easy.**

I want you to know that my love for you is not conditional and without a motive. It's a choice, my choice. I choose you and I choose to love you irrespective of your weaknesses and your flaws because in God's eyes, you are perfect and that is how I see you. There is much to admire about you. You are loving and lovable, kind, caring, trustworthy, compassionate, romantic, ambitious, supportive, self-driven, and growing daily.

I want to grow with you, so I give you my hands in holy matrimony today, and as we receive God's blessing for this holy sacrament, may He cause us to love each other deeply, enjoy each other fully, and grow old together adventurously. I love you, Anthony Arlando Fearon."

Despite my commitment and best efforts to love my husband, I continued to be the victim of domestic abuse and other types of abuse driven by what I have now come to identify as a narcissistic spirit.

Time and paper would not allow me to tell it all. As I wrote, I pondered what would be the best way to give some insight into my reality, without exposing too much. I went through my journal as I usually write as a means of self-expression and therapy, and thought I would share one entry with you. This entry was written on 24th January 2024 and titled, I still said yes.

Journal entry

I still said yes.

I have been doing a lot of thinking. In the process, I have tried to reason, reflect, and assure myself that things will get better. Some days, it feels like they have, and other times, I feel like we have not made any progress.

Despite your best effort to articulate why you chose me, I still don't know or understand the reason for your choice. It's not clear to me. Despite your words, your actions constantly make me feel like I am not what you are looking for. I am not even sure you know what you are looking for or what to look for in a lifetime partner.

Your actions also, at times, make me feel like you do not want a lifetime partner. It seems you want someone to be around when you want companionship and intimacy, which is not often, and it doesn't matter to you when the other person needs it. It's not what you want, so you don't care. It seems like you are fixated, things have to be how you want them, when you want them, where you want them, and why you want them. If not, you do not oblige and there is no compromise.

I feel undervalued, unloved, unwanted, and like I am a burden, a bother, an annoyance to you. You do not treat me with love, care, and kindness. You are cold and behave like a heartless person at times. You seem to pride yourself in this behaviour as though it is a good trait, having no remorse in saying you are stubborn and hard. These are not good qualities to have. The fact that you take pride in expressing that you are hard without remorse is a part of the reason for your coldness.

You have been hurt. I do not know by who. But you must have told yourself that you will never love again because of the pain you felt. Now, you would rather let people who did not even have anything to

do with that experience feel the wrath of your pain than make yourself vulnerable again. I see you as incapable of loving and receiving love. Maybe you refuse to receive love because you are not prepared to give it back.

This issue with your son is not becoming a problem. It always existed. It has never been addressed. This is because, as the man in the relationship, you never dealt with it; you just left it to unfold wherever life led it, and this is where life has led it, unfortunately. I don't know how this is going to be fixed or solved, as I see it as a situation that you let get out of control because you didn't manage it properly in the first instance. You cannot do many things wrong in the initial stage and expect a good outcome in the end.

I am not happy, nor are you. This suffocating relationship is damaging me, myself image, self-esteem, confidence, sense of self, and my worth. On Sunday, I contemplated suicide. Several times since I came into the relationship with you, I have contemplated suicide, which is not healthy. This is because of how you treat me and the way you make me feel and feel about myself.

I think you need some time to work on yourself. You are not ready for a committed relationship, and if you are, then I am not the person for you. You have been conflicted from day 1, and you remain conflicted. It is as though you do not know what you want. This is not the kind of life or marriage that I want, and I cannot accept this. It is going to ruin me if I continue like this. I love you, but I have 2 children whom I have to stay strong for too.

I don't even know where I fall in your life. Everything and everyone else is more important than I am. In front of people, you pretend to give me the respect and recognition I deserve, but outside of their presence, you disrespect me and treat me as though I have no worth. I am constantly speaking to my mind and affirming myself that I have worth. I am your wife when it suits you. It's like you have a remote control that you use to turn the relationship on and off as you please.

I gave up a lot to give this relationship a chance. I can't fight alone, and I am tired of fighting because I don't even know what I am fighting for or if it is worth it. I am disappointed in many ways, it's like I got a rude awakening from day one, yet still I stayed.

I am stressed out every single day. This cannot be good for my health. I have a stressful job, so I can't have a stressful marriage, too.

Love is a choice. I can't make you love me if you don't, and that is what is frustrating for me and is frustrating me. I feel like I'm in love with someone who cannot love me back. That hurts like hell, and it is destroying me. I do not want to get to a point where love turns into hate because I'm constantly getting hurt. This is why I think you should do some work on yourself and decide what you truly want. If you want out, I'm ok.

I'd rather know the truth than live a lie...maybe it's not a lie because you always tell me to go and leave you. I feel like you are speaking from your heart, but because you say it in anger, I don't know if I should take it as the truth. I want you to be honest with me when you are calm and collected. If that is what you truly want, let me know. If things continue the same way, eventually, I am going to have to walk away for my sanity, peace of mind, and for my life's sake.

END.

What began as a choice—to love my husband—slowly transformed into something far deeper. It became a divine assignment. That revelation didn't come all at once, but on Sunday, April 13, 2025, it struck with undeniable clarity. That morning, I was awakened at 5 a.m., nudged by what I can only describe as the Holy Spirit. Drawn to a video by a well known author and televangelist, I watched as they exposed the spirit behind narcissism. With every word, my heartbeat faster. This wasn't just information; it was confirmation. My lived experience, my pain, my calling—all laid bare in that single divine encounter. That morning, for the second time, I was instructed to write this book. And once again, I said yes.

For years, I had sensed that something spiritual—something oppressive was influencing my husband's behavior. I told him as much, time and time again. It wasn't just mood swings or personality quirks. It was a pattern. Every two to three months, like clockwork, we would spiral into a soul wounding argument. The trigger? His coldness. A sudden shift into a loveless, dismissive mode of being. What followed was even worse: silence. Stonewalling.

Emotional exile. He would shut down, retreat into himself, and treat me like a ghost in our own home, all without a word of apology or explanation.

I've always been someone who speaks up, especially in the face of injustice. But when you're locked in a marriage where the silence becomes a weapon, even the strongest voice can begin to falter. Over time, it wasn't even the cruel behavior that hurt the most. That became expected, almost routine. What cut deepest was the pride, the utter lack of remorse. The way he'd act as though nothing happened, while pulling away further, hiding behind a wall of ego and emotional withdrawal.

I loathed it. I loathed the stonewalling. The quiet, calculated punishment when I had done nothing wrong. It was in those moments, those suffocating silences, that bearing became unbearable. And so, I'd confront it. Not because I wanted to fight, but because silence in the face of emotional abandonment felt like surrendering my soul.

At one point, I thought he was possessed. This is because in one of our most heated arguments, in his rage, I looked at him and saw the hollow in his eyes. Cold and cruel, he was engulfed in bitterness, hate

and rage like a blazing fire that burned out of control. The spirit emanating from him was not him, for soon after, he was in tears, crying uncontrollably, as usual, asking me to help him whilst expressing that his behaviour had no justification but that he could not control himself. The remorse I felt for him in the initial stages slowly wore away. This hardening of the heart helped me not to facilitate the demonic episodes. Instead, I saw it for what it was.

In my plea for God to help me understand why He allowed me to suffer in this way, I was reminded of many biblical characters like Job and Joseph, and even Jesus. What is true is that their suffering served a greater purpose, and they kept their eyes on the bigger picture, the outcome of their suffering. I was reminded that God is sovereign and all-wise. He does what He pleases and operates in wisdom.

I came to realise that it was not solely my choice to love my husband as I said in my vows; rather, it was God's choice. The reality became plain before my eyes when, in my feeling of justification to withhold my love from him and walk away, I heard God say, 'Love him, stay.' I was tasked with a responsibility

that I initially believed I helped on myself: to love him unconditionally, as if I were God.

I truly had and still have no motive for loving him. I just know that I do. However, self and flesh tempted me to withdraw my love from him, and justified why he did not deserve it. I murmured instead about what I deserved. I saw him as evil and wicked. This is when the Holy Spirit reminded me that God requires us to love the unlovable. I reflected on whether I deserve the love that Jesus gave me, unconditional and reckless love. The answer is no, but He gave me His love anyway, considering that I have not always been a saint.

The acceptance of the love of Jesus demands an active response. The epitome of the Christian life is love in action. We are required to love the unlovable because if we meet hate with hate, we cannot win souls, and we do not truly love God.

Chapter 5

Dreams and Revelations

"In a dream, in a vision of the night, when deep sleep falls on people as they slumber in their beds, he may speak in their ears and terrify them with warnings." Job 33:15,16

There were entire worlds within my husband that I was never allowed to explore. His childhood, his upbringing, his past, it was all a tightly sealed vault. He never offered information, rarely initiated conversation, and when I dared to ask even the simplest questions, "What's your father's name?" or "Where does your family live?" I was met with suspicion, then silence. "Why do you want to know?"

he'd ask, his tone laced with accusation. Any attempt to connect was labelled as being nosy. Eventually, I stopped asking, not out of disinterest, but to protect myself from the cold, unyielding wall that would rise between us—the stonewalling, the withdrawal, the unspoken punishment for seeking closeness.

What I couldn't learn from him, heaven began to reveal. In vivid and piercing dreams, I saw truths I couldn't unearth in waking life. These dreams weren't just fleeting thoughts of a restless mind; they were divine warnings, stark revelations of a marriage void of love, haunted by betrayal. I came to realise I was lying beside a stranger, a man emotionally estranged and spiritually distant. A man cloaked in secrecy, who moved silently in the shadows of our life together.

I had several dreams that both revealed and warned me that I was in a loveless marriage marked by a constant violation of the marital covenant, which bred infidelity and extramarital affairs. I was going to bed with a man who was estranged from me. As I said, he is a 'very private' person who almost never reveals anything about himself. He operates

largely in this way as well, always doing things behind my back. Everything I know about him is what I either dreamt or what was revealed to me whilst in dialogue with the Lord.

One night, I had a dream that shook me to my core. In the dream, my husband took me out to dinner. We entered the restaurant together, but to my surprise, he walked past our table and sat down with another woman. I stood there frozen for a moment, then quietly took my seat alone, watching them from a short distance. The two of them were completely engrossed in each other, sharing deep, meaningful conversation with an effortless rhythm. It was as though I was witnessing soulmates reconnecting.

As I observed, the scene unfolded further, revealing a window into their past. Their relationship had been one of peace, ease, and mutual understanding. No tension, no friction, only admiration, affection, and mutual respect. I watched as he looked at her the way I had longed for him to look at me with reverence, value, and tenderness. It was as if everything I desired in our marriage, he had already given away to someone else.

They ended their conversation with smiles. Then, as if nothing had happened, he returned to me. I stood and we began to walk out together. I clung to his arm, but I could feel it; his heart wasn't with me. So, I asked, "Who was she?" He answered casually, "Just a girl I used to date. Haven't seen her in years." But the way he said it, and the way his spirit lingered in her presence, made me feel otherwise. I sensed the tug, he was still tethered to her in some unseen way.

At dawn, I woke him up and shared the dream. Without hesitation, I asked him who she was. What followed was not at all what I expected.

Instead of brushing it off, he paused... then began to weep. Not softly, but uncontrollably. Through the tears, he confessed that she was someone he had once considered for marriage. The vision I saw in my dream mirrored exactly what he described. Their peace, their connection, the love that once was. He missed her greatly and the future he envisioned with her. He mourned her deeply, lamenting the mistakes that caused their separation. He sobbed in my arms, not over me, but over her.

I believe the Lord numbed me in that moment. I didn't feel anger. I didn't even feel jealous. I felt sorrow for him. I held my husband close as he cried into my chest for another woman. And in that moment, I realised just how much of him I had never truly been given.

That dream offered the clarity I had been searching for. It explained the persistent emptiness I felt and the reason I could never truly feel his heart in our marriage. Either he had already given it away to someone else... or he was guarding it tightly, haunted by the pain of having done so before. Perhaps he was incapable of love, as I once wrote in my journal. Or perhaps he simply chose not to love *me*. Either way, I wasn't the recipient of his affection. Not fully. Not freely.

Instead, I was met time and again with aggression, sharp words, and a cold indifference that seemed reserved just for me. What confused me most was how tender and pleasant he could be with others, yet when I asked why I was the only one receiving his wrath, I was dismissed and accused of "comparing too much."

Then came another dream.

In it, he stood at the center of a silent contest, choosing between three women. Each of us held a sheet of paper and walked through a crowd, seeking their votes. The public would decide who would be the one he kept—who, in their eyes, was the most deserving.

The first woman, desperate to win, campaigned fiercely. But despite her efforts, she came second. The people saw through the façade; she lacked the substance to support or elevate his life.

The second woman walked quietly behind me. We gathered votes side by side. When it was clear she wouldn't win, she turned to me, handing me her remaining slips. "You should win," she said gently. "Your love is pure. It's not transactional. And he needs that, he needs *you* to become the man he was meant to be."

In that moment, even in the dream, I felt the weight of truth.

It wasn't about being chosen. It was about being *recognised.* And though I had poured out a love that could heal, uplift, and transform, I remained unseen by the very person I gave it to most freely.

I've come to understand that marriage comes with sacred assignments. Ones that extend beyond romance and companionship. At its core, a marital relationship is a mutual commitment to personal and spiritual growth. Spouses are entrusted with the task of helping one another become the best versions of themselves. We're not called to fix or force change upon each other, but rather to support and nurture. We are to be a safe space, covering each other's weaknesses, not exposing them. We offer perspective where blind spots exist, and give feedback not to wound, but to awaken deeper self-awareness. Growth in marriage should never feel like shame; rather, it should feel like love stretching you toward your higher self.

But loving my husband has often felt like carrying an invisible weight.

I don't enjoy dreaming about him. Those dreams rarely bring peace. Instead, they deliver messages wrapped in sorrow. In one dream, he stood in front of me and declared plainly, "You can't trust me. I'm a fox." Then, without hesitation, he turned and walked away toward another woman. I woke up with a heavy heart, shaken by the rawness of it. It wasn't

just a dream; it was a revelation. It spoke of betrayal, cunning, and emotional abandonment.

Infidelity, I've learned, isn't only physical. Adultery isn't confined to bedrooms. It lives in emotional connections that should belong exclusively to the marriage. And I have had to watch my husband share deep, meaningful pieces of himself with other women. Pieces I longed for.

He denied me conversation, affection, and attention, yet I witnessed him give those very things to others freely. Right in front of me, he would chat for hours with other women, his voice filled with warmth and laughter. Meanwhile, I was met with cold detachment. If I called during work hours, I was brushed off, told he was too busy—yet he made time for others, scheduling calls that fit their availability and chatting with a kind of joy and presence I could only dream of experiencing with him.

At home, I would wait for his return like a woman yearning to be seen. He'd walk in, still mid-conversation with one of his "friends," without so much as a glance in my direction. I'd stand in the doorway, hoping to be met with tenderness, but all I got was a dry "Good evening" before he continued

his call, laughing, sharing, connecting, while I faded into the background.

And once the call ended, so did the version of him that felt alive. His tone shifted, his body language changed, and his presence disappeared. Suddenly, there was always a reason to be in another room, any room that didn't have *me* in it.

The rejection wasn't always loud, but it was constant. And it broke my heart in a thousand silent ways.

In the early hours of May 25th, 2024, just before dawn broke, I heard a single word in my sleep: *Covenant.* I woke up with a start, my spirit stirred and was soon led to an article by C.S. Lewis. In it, he declared something striking that the gravest sin in marital infidelity is not lust, as many assume, but *perjury.* Perjury is the act of lying under oath. When viewed through the lens of marriage, this takes on a powerful meaning: to break the sacred vow to forsake all others and cling to your covenant partner is to lie in the very presence of God. That word *covenant* was no coincidence. It was divine confirmation, echoing what I had long felt in my soul about the way I was being treated.

I have always believed that in marriage, your spouse is your first human priority. But that has never been true in my experience. There is always a line, a long one of others whose needs, desires, and expectations are placed ahead of mine. I don't say this to dramatise, but to tell the truth plainly: I am never prioritised. My compassion, patience, and willingness to understand are routinely taken for granted. Disappointing me carries no weight, because it is assumed that I will bounce back, that I will understand, that I can endure. And while sacrifices are made time and time again for those in the front of the line, I have learned that by the time it's my turn, the resources, emotional, physical, or financial is no longer available.

Alone with my thoughts in the kitchen over the stove on 24th July 2024, as I reflected on my marriage, which bore fruit counter to what I strongly believe the Bible intends, I was tempted to ask God why He yoked me up with this man. I heard the devil yokes us up with people who he intends to use to destroy us. God allows it because He has placed something greater inside us to transform the person

and override the enemy's schemes. The devil intends it for evil, but God will use it for our good.

I am prepared to be judged and criticized by many who will read this book, who will have their own perspective of what I should, could, and did not do. They might not even believe that my life is perfectly aligned with God's will and purpose for me, and this is ok. I myself did not believe I was aligned until I remembered a story told to me about a medical doctor who went on a missionary journey to support the less fortunate with improving their health. That was her intention, but it was never realised.

God allowed her to be violated by tribesmen who took turns to appease their selfish lust. She did not administer any medical care, but her experience brought healing to a young girl, in her home country, who listened to her testimony. This little girl was also violated in a similar way and had become selective mute. The doctor's testimony broke her silence. My reflection on this story is that one little girl's soul was so precious to God that he allowed this doctor to suffer in the way she did so that through her testimony, a precious soul would be set free.

On Tuesday, the 24th of September 2024, at about 2 am, the Holy Spirit woke me up to pray. As I was asking what I should be praying about, I then remembered I had several dreams about different types of animals attacking me, snakes, snails, lizards and frogs. I started to Google the meaning of these animals in dreams, but it felt purposeless. I put down the phone and lay back down.

Again, the Holy Spirit said pray. I said, but I do not know what to pray for. What am I going to say? I could not sleep anyway, so I got up. I felt led to play a shofar instrumental in the background and I started walking up and down with the phone, just saying the blood of Jesus in all the rooms.

As I continued, the Holy Spirit brought several things to my mind which I prayed. I heard soul ties need to be broken and traumatic experiences in childhood. I prayed as the Spirit led me. Suddenly, I saw that his soul was snatched by a demon that was running away with it. I then saw him as an empty person with a huge void. By some means, unknown to me, he cooperated when his soul was taken. I was ordering the demons of darkness to bring back his soul.

I saw glimpses of his life which were not pleasant. I prayed to God to consecrate my entire body. I was repenting on his behalf, begging God for mercy. I asked God why He did not show him the things he revealed to me. It appears the connection between heaven and earth is the spirit. The connection is broken, so he can't see and he can't hear the things of the spirit. This gave me some clarity on previous warfare. I asked God to make him an intercessor and stir up the warrior in him so that he can fight his own battles.

On Thursday, 27th March 2025, I dreamt that I told my husband that I was ready to go to bed. He pretended like he did not hear me. My daughter, realising that he was not coming, came with me instead. I went to bed, and I began to see different sets of couples in their homes cooking together, preparing for bed together, and many varied things. I saw one couple preparing to call another couple for a weekly couples' prayer meeting. I needed to deliver a message to one of the couples, which I went and did, and when I came back, I wanted to tell my husband that I went. I went to tell him and noticed

that he was in the same room with me, but in a different bed.

I tried to wake him up, but he wouldn't budge. I hit him, I slapped him, I poked him, I even placed my hand over his nose to wake him. He was unresponsive. I knew he wasn't dead but was in deep sleep, too deep to wake up. I became frantic as I needed to tell him where I went, but he wouldn't wake up. Suddenly, the individual I went to speak to appeared in my bed and tried to prevent me from waking him. I flashed them away and became even more desperate for my husband to wake up.

I lifted him up off the bed and dropped him on the floor. He fell on the floor like a big teddy bear, lifeless. I could not believe it. This was the ultimate thing I could think of to wake him up and he was still sleeping. I started crying and slapping him frantically as I needed him to wake up. I woke up out of my sleep crying, slapping him and calling out his name.

He woke up as I was hitting him for real and asked me what was happening. It took me a while to compose myself as the dream felt so real. I eventually told him and felt we needed to pray. He

asked to be excused and went to the bathroom. I waited and upon his return I thought we were going to pray. Instead, he excused himself and went into a separate room. Feeling the need for us to pray together, I went to find him, and he was praying in the dark by himself. I told him I think we needed to pray together and after some time he rejoined me to pray.

As we prayed, I saw a woman in the spiritual realm. She had some bottles in front of her. Inside the bottles were fragments of his soul. The bottles represented traumatic experiences in different stages of his life. He had made himself vulnerable, disclosing some very personal information and she sealed them in several different bottles. This was a means of trapping his soul, keeping him under her control, and keeping him stuck in the stages of the traumatic encounters.

I prayed as led by the Holy Spirit but in the morning, I could not believe what I had seen. I began to Google to see if there were any resources on soul trapping. Soul trapping is where parts of an individual's soul are fragmented and held captive by the enemy. The main cause of a fragmented soul is

sin and trauma. Right through the day, it rested heavily on me, so when I came home, I began researching again. I found an article that was written by someone who had a similar experience to what I had. They were also in disbelief and could not easily accept that what they saw could be true.

Thankfully, attached to the article was a self-help outline to guide anyone who might be a victim of soul trapping into personal deliverance. Some of the very causes that make someone susceptible to this demonic entrapment are soul ties, being rebellious and disobedient, bitterness and unforgiveness. Suddenly, I remembered the experience on 24th September 2024, as there was a direct link between the two, soul ties and trauma.

I encouraged my husband to be watchful, sober-minded, vigilant, and to stay awake. The devil, we are warned, goes about as a roaring lion seeking whom he may devour. I would often say to him that he easily falls into the traps of the enemy because he is not spiritually alert. Herein lies a part of the reason for the cyclic conflict that happens every two to three months. He is tempted to sin and does not resist the temptation. He complicates the situation

further because he's not apologetic and shows no remorse. Instead, he sins some more by allowing pride to fill his heart, by not recognizing that he has done wrong.

I found it strange that he constantly had to be told when he had done something wrong. The wrong is obvious, but he does not see it as wrong until he is told it is wrong. He would then say that he did not think it was wrong and had to be told that it is wrong and why it is wrong. This often leads me to question his moral compass. Further, if he did not think that what he did was wrong, why become avoidant?

When confronted, he becomes defensive, takes no responsibility for his actions, and shifts the blame to someone else or something else, he never seems to acknowledge or accept that what he did or said was wrong. If and when he cannot escape admitting he was wrong, then the wrong is justified; he had an occasion to sin. Someone or something made him do it. There is no proactiveness to demonstrate self-control. Adam blamed Eve, and Eve blamed the serpent.

The Bible tells us that when Jesus died, He led captivity captive. It seems paradoxical, but it is

pretty straightforward. He freed us from the power of sin and made us slaves unto righteousness. Anyone caught in the cycle of sin, the same sin at that, has not repented and needs deliverance. Asking for forgiveness for our sins is not repentance. When we repent, our stomach becomes so sick with the sin that we have no option but to turn away from it. Revisiting the sin is like eating one's vomit.

Chapter 6

Confrontations

"A gentle answer turns away wrath, but a harsh word stirs up anger. The tongue of the wise adorns knowledge, but the mouth of the fool gushes folly."
Proverbs 15:1,2

Of all the preprogrammed games available on Windows, *Minesweeper* was the one I avoided the most. The game always left me on edge, like walking on eggshells. Every move was a gamble, full of tension and anxiety. Clicking a tile felt like holding my breath, hoping it wasn't a mine that would end

the game in a single, silent explosion. That's exactly how it feels when I need to bring up something that bothers me in my marriage. The fear of triggering conflict has often silenced me. But sometimes, the weight of what I'm carrying becomes too heavy, and I have no choice but to speak.

Trying to have a difficult conversation with my husband feels like stepping into a war zone. It doesn't matter how carefully I choose my words, whether I speak softly or calmly, whether it's the right time, place, or intention, it's almost always received as an attack. He becomes immediately defensive, as though a switch flips, and he's gearing up for battle. Emotionally, the gun is loaded, the trigger is pulled, and what follows feels like emotional bullets, sharp words, harsh tones, or complete shutdown.

I've come to recognise our drastically different conflict styles. He is avoidant; I am direct. I confront, not to incite conflict, but to resolve it, to stop it from festering or escalating. Avoidance feels like silence stretched thin until it breaks. Confrontation, on the other hand, is my attempt to bring light into the dark corners of tension. Neither style is inherently better,

they both come with strengths and shortcomings, but the mismatch creates a cycle of unmet needs and unspoken truths.

If I let him know I'd like to talk when he gets home, he comes in later than usual. Then, he retreats into the bathroom and stays there until I'm asleep. If I wait to tell him when he arrives, he'll say I caught him off guard and that I should've warned him in advance. If I ask him to choose a time that works, he'll say he's overwhelmed with other tasks or tell me he'll get back to me—but he never does. That is, in essence, the beginning and end of the conversation.

When I do manage to speak, even in a calm and gentle tone, the focus often shifts. Suddenly, it's not about what I said, but *how* I said it. If not my tone, then it's a single word that becomes the issue. If it's not the word, it's an interruption—he speaks over me, says his piece, and then walks away. Sometimes, he doesn't even wait; he simply says, *"I'm not having this conversation now,"* citing exhaustion, and walks out, leaving me with unspoken words echoing in the room.

When he facilitated the conversation, there was no resolution. If he is asked a question, his response would be that he has nothing to say. Whatever I say is twisted. In fact, what is said is not heard, and what is heard is not what is said. There was no opportunity to communicate what I wanted to say. My thoughts and words were preempted, and as such, the communication was hijacked. If the communication is not hijacked, then it is derailed; taken on a trajectory that is unrelated to what the conversation is about and down a path that would cause more upset.

This manhandling of the communication process was done for the sole purpose of avoiding confrontation. He did not want to hear that he had done something wrong. He did not want his weakness, failure, shortcoming or error to be spoken about, as that would mean he is less than a lord. This he deemed a direct attack on his false sense of self, portrayed with its element of grandiose personality. He is perfect. How could he acknowledge or admit that he is acting beneath his perception of himself?

One of the aims of confrontation is the anticipation that one's emotional feelings would be acknowledged or even considered. This is an anticipation that was never appeased. The gross deficiency in the lack of empathy meant that my feelings were neither valid nor valued. He did not care how I felt. As far as he is concerned, even though I am being sticked with a pin, I have absolutely no reason to say ouch.

Telling him I am hurt was my fault because I wanted to feel that way. It was not because he did or said something to evoke the emotion I was experiencing. I had a choice to decide whether or not I wanted to feel hurt, and I chose to feel hurt, so it had nothing to do with him. These conversations would leave me feeling more hurt than I was before I tried to have the conversation. It felt like a deliberate, debilitating mind game.

At times, I would hold my head and remind myself that I am not crazy. He would laugh as though he was pleased by my pain. I was left discombobulated, frustrated and confused whilst he walked away empowered and the winner. He built himself up by breaking me down. He was wiser because he made me look like a fool. He was strong because my

weakness was exposed. He had to make nothing of me to make something of himself.

Apologising was beneath him. He did not do or say anything wrong anyway, so what would he need to take responsibility for and be accountable for? If and when he apologised, it would be that he is sorry for 'everything' he had done and said, with no clarity as to what was said or done. This would be followed by a loud outburst that he is the worst person in the world, whilst I was accused of being perfect. The outburst continued with derogatory names or adjectives used to describe himself, in a way that made it seem like that is what I was saying to him.

A soft answer turneth away wrath, but grievous words stir up anger. This is a golden nugget that can be applied in conversations intended to diffuse conflicts. The exchange of a feisty response and grievous words is like adding fuel to a fire. But after a storm, there is always a calm. A calm is what would ensue after I had to endure being maliced for days, following a conflict. It is in this period that he would cry and admit that the behaviour displayed is unacceptable. He'd admit to being stubborn and hard and stated that he wanted to change his ways.

The confrontations revealed a personality that was totally opposed to how I saw my husband. It was as though he had split personalities. The one manifested when all is well between us is totally opposed to the one that manifests when there is a conflict. It was as though he had dissociative identity disorder, where different triggers brought out a different personality, day and night, black and white. The staunch differences observed in the two supported the discovery over time that I was wrestling with something that is diabolic.

I do not intend to present myself as a saint. My reaction in these times of confrontation was not always Christlike. I would come away from these encounters feeling very ashamed and disappointed in myself for my behaviour. I did not always turn the other cheek, and the conflicts brought out the worst in me. There was a constant voice in my head reminding me that to whom much is given, much is required. I took this to mean that I knew better than to respond the way I did, but I did it anyway.

My stomach would churn at my clamouring and how enraged I had gotten in these degrading and loud verbal exchanges. It was shameful, not

profitable and profited nothing but shame. I felt disgust with myself because I knew I had not practiced self-control: the work of the flesh is sin. Sin does not bring glory to God, it threatens a lifestyle led by true worship. It is as Paul wrote in Romans 7:23, “but I see another law at work in me, waging war against the law of my mind and making me a prisoner of the law of sin at work within me.” Oh, wretched man that I am, who will rescue me from myself?

Chapter 7

The Real Battle

"...we do not wrestle against flesh and blood, but against principalities, against powers, against the rulers of the darkness of this age, against spiritual hosts of wickedness in the heavenly places."
Ephesians 6:12

To do the same thing over and over and expect to see a change is insanity. I am not sure whose words of wisdom it is, but I borrowed it for the opening of this chapter because it is profound. If we want to see change, then we have to change something. What changed for me is the recognition that I was not in combat with my husband, but rather a spirit that seemed to have controlled him. I refused to engage

in arguments with him, and it was not benefiting me anything at all but only shame. Sin, when it is finished, brings shame and destruction.

Desperate means calls for desperate measures, and the desperate measure taken in this matter was a 21-day fast that we embarked on corporately with our church. It was a time of self-searching, reflection and denial. We have always joined in with corporate fasting as a Church, every month for over one year now. This is usually for the first seven days of the month. However, on this occasion, we approached this fasting with intentionality. We were not fasting to get something from God, we were fasting to die to self. Every day, our prayer included, "kill our flesh, Lord, and let your Holy Spirit take precedence in our lives."

Even though we were not fasting to be profited, one of the benefits we gained from spending time in God's presence is a renewed life. No one can spend time with or have a divine encounter with Jesus and remain the same. We encountered Jesus in different ways but largely through the Word, His Word. Jesus is the Logos, the Written Word of God that spoke to our heart as we read them and by the power of the

Holy Spirit, we understood the Word. As such, we could now start to apply it to our lives. The Holy Spirit is our teacher and guide.

The Word acted and continues to act as a mirror. It caused us to see our frailties, our shortcomings, and our weaknesses. We were provoked by the Holy Spirit who pricked our conscience and convicted our hearts to be more like Christ. In other words, we needed to be transformed by renewing our mind and not conform to the things of the world but conform to the Word of God.

This conformation is revealed by godly changes in our actions. As a man thinketh, so is he. We are rational beings who can be irrational at times. However, thoughts and emotions usually precede action. Thoughts are developed in the mind. What is conceived or perceived in the mind is what influences our actions; therefore, we need the mind of Christ to be like Christ. To have the mind of Christ and be like Christ, we read His Words and apply them to our lives.

It's easy to get caught up in what's seen. The raised voice. The dismissive tone. The distant silence. The harsh criticism. The betrayal. The rejection. These

moments, especially when repeated, often lead us to believe that the person before us—our spouse, our parent, our sibling, our friend—is our enemy. But God, in His divine wisdom, pulls back the veil through the Apostle Paul's words in Ephesians: *"We wrestle not against flesh and blood..."*

The truth is, flesh and blood—people, are not our real adversaries. They may be the ones acting out the pain, projecting the anger, or speaking the hurtful words, but behind many of those actions are spiritual influences pulling strings, sowing seeds of confusion, division, and destruction. There is a spiritual realm that seeks to remain hidden, and its greatest deception is convincing us that our fight is with each other.

The Invisible War

Spiritual warfare is real. It is not always loud or dramatic. Sometimes it is subtle, disguised in a bitter tone, a sudden misunderstanding, or an overwhelming sense of hopelessness. It is often manipulative, seeking to distort truth, twist perception, and trigger emotional reactions. It

thrives in division, fuels unforgiveness, and whispers lies that put hearts against each other.

When the Apostle Paul spoke about principalities and powers, he was talking about spiritual hierarchies, demonic forces organise with the intent to influence, oppress, and control. Their goal is to dismantle unity, especially in relationships designed by God to reflect His glory, like marriage.

Recognizing the Spirit Behind the Person

When we begin to discern the spiritual dynamics at play, we no longer attack the person but rather begin to address the force behind the person in prayer. You may be dealing with someone who seems hardened, angry, cold, unloving, or manipulative; as such, it's tempting to label them, to retaliate, or withdraw. But ask the Holy Spirit to give you eyes to see beneath the surface; spiritual eyes to discern spiritual things.

Is it a spirit of rejection that drives their behaviour?

Is it a spirit of fear keeping them emotionally unavailable?

Is it a spirit of pride blocking reconciliation?

Is it a spirit of control fueling manipulation?

What if instead of retaliating, we resisted the urge to fight flesh and took the battle to the spirit in prayer?

Weapons of Our Warfare

"For the weapons of our warfare are not carnal, but mighty through God to the pulling down of strongholds." 2 Corinthians 10:4 (KJV)

God has not left us defenseless in this spiritual war. He has given us weapons—prayer, fasting, worship, the Word, and above all, truth. These are not passive disciplines; they are offensive weapons that tear down the lies of the enemy and release the power of God into our situation.

- Prayer invites heaven into earth's conflict.
- Fasting weakens the flesh and strengthens spiritual authority.
- Worship confuses the enemy and shifts our focus to God.
- The Word reveals truth and builds faith.
- Love disarms hate and dismantles darkness.

When we resist reacting in the flesh and instead respond by engaging the spirit realm, we walk in victory even when the circumstances remain unchanged, for now.

A Call to Discernment

Discernment is key in spiritual warfare. Not every conflict is spiritual, but many have spiritual roots. We need the Holy Spirit to help us discern what's natural and what's supernatural.

Ask yourself:

- Is this reaction out of character?
- Why did this conflict escalate so quickly?
- What lie is the enemy trying to make me believe right now?
- How can I pray strategically over this situation?

Let God show you the spirit behind the face. Let Him remind you that the person is not your enemy. They may be bound. They may be influenced. But they are not the opposition—the enemy is.

Intercede, do not Oppose

Although I failed this assignment many times, I soon came to realise that I was not called to curse my spouse. I was called to intercede for him; to go before God and fight for his soul, for his healing and complete freedom. Spiritual warfare is not about

fighting *him*—it's about fighting *for* him. Let your posture be that of a warrior in the Spirit and a peacemaker in the flesh.

Failure to shift from the flesh realm to the spirit is the rubric for perpetual defeat. I realise that from the conception of our relationship, I surrendered my victory by seeing my husband and not the spirit operating behind the scenes. I thank God for revealing the spirit that was at work behind some of his actions. What you name, you can take authority over.

Chapter 8

A Spiritual Perspective

What is Narcissism? A Spiritual and Scriptural Lens

At its core, narcissism is more than just arrogance or vanity. Psychologically, it's recognised as a personality disorder that is classified as *Narcissistic Personality Disorder (NPD)* and is typically characterised by a deep lack of empathy, an inflated sense of self-importance, and an insatiable hunger for attention, admiration, recognition, and praise.

But narcissism isn't just loud. It can also be quiet. It can wear the mask of charm, sophistication, or even spirituality. It thrives on self, manipulation, self-centeredness, and deceit. It frequently utilizes emotional tactics to control others. At times, narcissists may appear confident, even superior, but

beneath the surface often lies a deep sense of inferiority and insecurity that fuels their behavior. This is the great paradox: what looks like arrogance is often fear, shame, and brokenness wearing a mask.

This description is by no means exhaustive. Narcissism is layered, deceptive, and complex. Its manifestations are numerous and often subtle. However, for the purpose of this chapter and within the context of this book, the traits highlighted here are sufficient to shine a light on the heart of the matter.

What Is the Hidden Spirit Behind Narcissism?

I did not come to my conclusions through clinical research or academic study. I came to them through experience and through the painful, confusing, and spiritually eye-opening journey of being in a relationship with a man who consistently displayed narcissistic traits. Over the span of four to five years, I began to notice patterns, cycles of conflict that repeated themselves with eerie precision: same behavior, same triggers, same outcomes.

That's when I began to discern that something deeper was happening. Spiritual oppression often reveals itself through cycles. When arguments follow a predictable rhythm... when manipulation becomes second nature... when peace seems permanently out of reach... something spiritual is at work.

And I believe with conviction that narcissism is more than a disorder. It is the manifestation of a spiritual influence, a dark, deceptive spirit that manipulates, blinds, and oppresses.

The Turning Point

During one of our most intense conflicts, one that mirrored so many before it, I found myself exhausted, not just emotionally, but spiritually. Something shifted in me. I looked my husband in the eye and said, calmly but firmly: "This is the last time I will argue like this. I refuse to keep dancing in this destructive cycle. I believe you are under spiritual oppression. Not possessed, because I understand a believer cannot be possessed by a demonic spirit, but certainly oppressed."

I urged him to seek God. I told him to ask the Lord to reveal what was happening in the spirit realm. I reminded him that what we can name, we can confront. The truth is, when it comes to demonic forces, exposure accounts for only half of the battle. Philippians 2:9-10 reminds us that God exalted Jesus and gave Him "the name that is above every name, that at the name of Jesus every knee should bow, in heaven and on earth and under the earth." Once that spirit is named, it must bow.

The Spirit of Narcissism: Jezebel and Lucifer

I believe the spirit operating behind narcissism is the Jezebel spirit, which, at its root, is the spirit of Lucifer himself.

Lucifer, once a high-ranking angel, was corrupted by pride. He was not content with his divine role. He desired God's throne, God's glory, and God's worship. His rebellion and desire to control led to his fall. Isaiah 14:13-14 captures his heart:

"I will ascend to the heavens... I will raise my throne above the stars of God... I will make myself like the Most High."

Lucifer is cunning, proud, manipulative, and utterly self-centered. He rebels against authority, resents order, and thrives in confusion. He has no love for God and no respect for human beings. It is this very spirit that operates through narcissism.

Jezebel, the infamous wife of King Ahab in the Old Testament, operated with the same spirit. Though her husband was king in title, she ruled the throne. She usurped authority, silenced God's prophets, and violently opposed anyone who stood for righteousness. She was controlling, manipulative, seductive, and emotionally cold. She destroyed through subtlety and manipulation, and her goal was always the same: to dominate, to destroy, and to silence. (See 1 Kings 18–21 for her story.)

Though Jezebel was a woman, the spirit she carried has no gender. Men and women alike can come under its influence.

Narcissism Through the Lens of Jezebel and Lucifer

Here are the behaviors that I believe align narcissism with these spiritual forces:

- Pride and Superiority – A deep belief that they are always right, always better, always deserving.
- Control and Manipulation – They must dominate the narrative, the household, and the relationships around them.
- Lack of Empathy – There is little to no concern for how others feel unless it benefits their image or agenda.
- Love of Praise and Recognition – They crave validation and thrive on admiration.
- Deceit and Craftiness – They twist facts, play the victim, and gaslight those who confront them.
- Disregard for Boundaries or Authority – Whether God-given or human, they reject accountability and order.
- Emotional Coldness – They struggle to genuinely connect or care unless there's a personal payoff.

These are not just traits of a disorder. These are spiritual markers. When left unchecked, this spirit destroys marriages, families, and even ministries.

Calling It What It Is

We must stop calling spiritual battles psychological quirks. While mental health is real and should be treated with wisdom and compassion, we must not forget the reality of the unseen war. Ephesians 6:12 reminds us:

"For we wrestle not against flesh and blood, but against principalities, against powers, against the rulers of the darkness of this world, against spiritual wickedness in high places."

You are not just fighting a person, you are resisting a principality. The only way to win is through truth, exposure, prayer, and the authority of Jesus Christ.

What Is the Cycle?

The conflict always came in cycles—predictable, timed, and unnervingly consistent. Roughly every two to three months, like clockwork, some form of emotional upheaval would erupt. I also noticed something even more specific: these conflicts often aligned with my monthly period. That detail may seem irrelevant to some, but in the realm of spiritual discernment, patterns are significant. Demonic

activity often disguises itself within patterns, attempting to remain hidden and undetected, especially when it can be excused as "normal," "hormonal," or "just life."

Each cycle began with a trigger. Which might be something said or done that would pierce deeply, causing emotional pain. It was rarely a direct blow. Often, it was subtle: a passive, aggressive remark, an insensitive comment, or an action that felt cold, dismissive, or deliberately unkind. And then, as if nothing had happened, he would continue, unbothered and emotionally unavailable, while I was left wounded, confused, and emotionally destabilized.

His withdrawal created a tense, suffocating atmosphere in the home. Communication would break down. The emotional connection would go silent. There was no clarity, no peace—just a thick fog of avoidance and passive hostility. I could not function in that environment. I felt off balance, disoriented, unable to think clearly or carry on with my day. And so, like clockwork, I would confront him.

The Confrontation That Fuels the Fire

But confrontation never brought resolution. He would immediately go into defensive mode, often twisting my words or acting as if I had blindsided him. Instead of acknowledging the pain his words or actions caused, he would insist he had done nothing wrong—or worse, accuse me of being overly sensitive, dramatic, or emotional.

To him, being corrected felt like being attacked. So, he would fight—not with fists, but with denial, deflection, and verbal warfare. He entered fight mode.

And naturally, so did I.

Because it takes two to fight, we both ended up in that space. But here's what tore at my soul: I couldn't understand why a grown man had to be told that something he said or did was wrong. I couldn't grasp why acknowledging hurt and apologizing was such a mountain to climb. And I especially could not accept the way he consistently justified or denied the obvious, rather than showing humility and empathy.

What began as a simple issue snowballed into a full-blown war, fueled by manipulation, gaslighting,

and control tactics. He would often hijack the conversation, diverting it from the original concern and transforming it into a distorted, chaotic dialogue designed to frustrate and confuse. His aim? To exhaust me emotionally, and in most instances, it worked.

Eventually, in my frustration, I would raise my voice or say something I later regretted and he would point the finger and say, "This is who you are."

But that wasn't who I was. Not the real me. I was being provoked, coerced, and baited into behavior I didn't even recognise in myself.

Each time, I was left feeling ashamed, angry, and broken, especially when his words, *"This is who you are,"* echoed in my mind long after the argument ended. I had yielded to the temptation to sin in my anger, and in doing so, gave him justification to shift the spotlight off the initial offense and place it squarely on my reaction.

The Aftermath and False Resolution

Eventually, after the dust settled, one of us—usually me—would initiate a calmer conversation. We would sit and talk through the conflict more

rationally, and apologies would be exchanged. Acknowledgment would be made that feelings were hurt on both sides. In those moments, when the root of the issue was finally traced back to something *he* had said or done, he would often break down in tears.

He would admit that he was stubborn, that he knew something was wrong with how he handled things, but didn't know why he kept doing it. He would say things like: "I know I'm hard to deal with. I want to change. Please help me."

And so, the cycle would reset—until the next time.

Recognizing the Trap and Reclaiming My Power

It took me a long time to see the bigger picture. I was giving away my power. Each time I reacted the way he expected me to, whether in frustration, anger, or desperation, I was playing into the enemy's hands. I had forfeited my authority by responding in the flesh, and in doing so, I lost my footing to hold him accountable. I had started mirroring the very behaviour I was confronting.

It reminded me of Jesus' words in Matthew 7:5:

"First, take the plank out of your own eye, and then you will see clearly to remove the speck from your brother's eye."

The enemy loves to shift the focus. If he can get us so caught up in the *reaction* that we forget the *initial action*, he wins. It became clear that this was more than emotional dysfunction, but was spiritual warfare. The enemy had baited me into sin under the guise of righteous anger. But sin is sin, no matter how justified it feels.

Breaking the Cycle: A New Way Forward

I came to a sobering realization: I could not fix the cause. I had tried. I pleaded. I explained. I prayed. I confronted. But none of it changed the cycle. So, I changed the only thing I had the power to change: my response.

I stopped confronting him immediately after a trigger. I stopped trying to force clarity in the middle of chaos. Instead, I waited, however long it took, for him to come to me. And when he did, if I sensed that the conversation was veering toward conflict, I shut it down. Not out of fear, but out of wisdom.

I calmly reminded him,

"I'm not having another argument that turns into a disgraceful conflict. I know how I'll feel afterwards, and I'm choosing peace."

This wasn't about walking on eggshells or avoiding the truth. It was about refusing to be pulled into emotional traps that led to shame and sin. This was me choosing maturity over reaction. Choosing peace over power struggles. Choosing the Spirit over the flesh.

Chapter 9

Marriage

"Let nothing be done through strife or vainglory; but in lowliness of mind let each esteem other better than themselves." Philippians 2:3 KJV

His Vow

"I, Anthony Fearon, stand here before you, Julene Richards, today, I see all the things that I am looking for in a wife: loving, caring, honesty, intelligence, trustworthiness, motivation, and your love for God and the scripture. The love that united us will help us to grow together. Your heart is pure and genuine. This is what I believe with all my heart. So, in the presence of God, our family, and the church, I offer you my solemn vows to be your faithful

husband. In sickness and in health, in good and bad times, in happiness as well as in sorrows.

I, Anthony Fearon, promise to love you unconditionally. To honour you and respect you. To support you in reaching your goals. To laugh with you and cry with you. To never take one step without you and to cherish you until I die."

Is it truly until death do us part? Or is it until I no longer tolerate the lies, abuse, and manipulations? My husband's wedding vows died many moons ago. Did I give him the respect the Bible commanded? How do I measure against Abraham's wife Sarah, who called him lord?

Marriage Is a Covenant

Marriage is not just a legal agreement or a romantic arrangement. It is a holy covenant, a divine contract authored by the Creator of the universe. God, in His very nature, is a covenantal being. He does not form relationships lightly, but by solemn agreement, sealed with purpose and sustained by love. Every covenant God made with man from Noah to

Abraham, from Moses to David was marked by sacred intent, divine order, and heavenly alignment.

It is not a contract between two, but a covenant among three—God, the husband, and the wife. Without the third strand, the bond is vulnerable to fraying. Ecclesiastes 4:12 reminds us that "a cord of three strands is not easily broken." God is not a spectator in the marriage; He is an active, invested participant. When two people stand before God to become one, heaven witnesses it; angels record it; and hell trembles at the union formed. This is because marriage, at its core, is a reflection of heaven on earth.

The Mirror of Christ and the Church

Ephesians 5:25,33 reveals the divine blueprint: the husband is called to love his wife as Christ loves the Church—sacrificially, unconditionally, and wholly. And the wife is called to honor and respect her husband, reflecting the reverence the Church holds for Christ. This is no small comparison. It elevates marriage to a spiritual institution designed to echo the eternal relationship between Christ and His Bride.

Why would God compare a man and woman's union to something so sacred? Because marriage is meant to mirror the oneness of the Trinity—a harmony that exists between the Father, Son, and Holy Spirit. Jesus Himself said, "I and my Father are one." In marriage, the call is the same: to walk in unity, not just physical or emotional, but spiritual.

But unity always attracts attack. And Satan is the master of division.

The Garden: Where Disunity First Entered

The enemy's first recorded move against humanity was not through physical violence or visible destruction—it was through disunity. In Eden, he targeted Eve not just to get her to eat the fruit but to get her to disagree with God. Disunity was the soil that gave rise to sin.

When Eve entertained the serpent's whisper—"You shall not surely die"—she was pulled away from unity with God's Word and aligned with a lie. That one act of disobedience introduced disunity into human's DNA, and the ripple effect was catastrophic. Not only were Adam and Eve thrust from the garden, but the very unity between them

was fractured. Blame followed. Shame followed. Silence followed.

The same pattern repeats today in countless marriages. The enemy's tactic has not changed. He seeks to divide where God intends to unite.

The Spiritual Battlefield Called Marriage

Disunity began with Satan's rebellion in heaven. He was once a high-ranking angel full of light, beauty, and wisdom but pride distorted his vision. He sought to rise above God, to overthrow divine order. That rebellion cost him everything. And in his bitterness, he now seeks to infect every earthly representation of unity, and marriage is the prime target.

Satan doesn't want marriage to succeed because successful marriages are dangerous. They are testimonies of God's love, platforms for purpose, and breeding grounds for generational blessing. So, he plants seeds of strife, misunderstanding, emotional manipulation, and pride to derail God's plan for marriages.

And sadly, many couples fight each other, rather than fighting the real enemy.

But Scripture makes it clear:

"We wrestle not against flesh and blood, but against principalities, against powers, against the rulers of the darkness of this world..." (Ephesians 6:12).

Your spouse is not your enemy. The enemy is the enemy.

Seeing Through Spiritual Eyes

If couples could pause in the heat of conflict and see with spiritual eyes, they would recognise the enemy's fingerprints on the situation. That hurtful word, the silent treatment, that misinterpreted action may come through your partner, but they are whispers from the enemy, bait to provoke, offend, and create division.

What would happen if, in the moment of offense, we remembered Christ's command to love, not based on merit, but based on covenant? What if we responded with prayer instead of retaliation, humility instead of pride, and silence instead of screaming?

The Ultimate Weapon,Love

When Jesus gave His life, He didn't do it because we deserved it. He did it because He loved us in our unworthiness. He saw our brokenness, our rebellion, our inconsistency and yet, He chose us. That's the example we're called to emulate in marriage.

"Greater love hath no man than this, that a man lay down his life for his friends." (John 15:13)

Love in marriage is not merely a feeling; it is a choice and a weapon. It serves as a declaration of war against the enemy. Each time you choose to forgive, serve, respect, or listen, you deliver a blow to the devil's plans. Whenever you resist the urge to "be right" and choose instead to "be righteous," you close a door he desperately wants open.

Marriage is hard work. It is holy work. It is war. But it is also glory, intimacy, and grace. When both partners commit to fighting with each other, not against each other, the kingdom of darkness trembles, and the kingdom of God is revealed.

Chapter 10

Changes

"Being confident of this very thing, that he which hath begun a good work in you will perform it until the day of Jesus Christ." Philippians 1:6

Can a leopard change its stripes? Can a man who is grown change his stripes?

The Possibility of Change

No matter how broken a marriage may seem, no matter how far the disconnection, how sharp the words, how cold the silence, never forget change is possible. That is the power of the God we serve. He is a God of *resurrection.* If He can raise the dead, He can certainly raisc a dying marriage.

It does not matter if years have passed, filled with bitterness. It doesn't matter how deep the wounds are. What matters is whether both hearts are willing to turn, not just toward each other, but first towards God.

Change begins when we invite the presence of the Holy Spirit into the relationship. The same Spirit who hovered over the chaotic waters in Genesis and brought forth order can hover over your chaos and bring clarity, healing, and direction. But for change to take root, there must be surrender, not to each other, but to God first.

Sometimes, we wait for our partner to change before we change. But what if God is calling *you* to start the transformation? What if your humility becomes the spark that sets the atmosphere for God to move? What if your obedience is the doorway for heaven's intervention?

When One Changes, Everything Shifts

There is spiritual authority in one willing heart. One spouse can shift the atmosphere of the entire home by choosing to walk in love, to extend forgiveness, and to seek God diligently. The Bible

says in 1 Peter 3:1 that a believing spouse can win over the unbelieving spouse not by preaching, but by the purity and reverence of their life.

Change doesn't always start big. It might begin with a whispered prayer through tears. A quiet act of kindness. An apology. A decision to fast. A refusal to speak when anger tries to rise. These small acts, when done consistently, break spiritual strongholds and change generational patterns.

It's not easy. But it's possible. With God, nothing is impossible. And that includes the healing of your marriage.

When I told myself that he was never going to change, God said, "Be patient!" He was doing work on the inside of him, and upon completion, I would marvel at the transformation, what he had become. I never shared this with anyone. However, on one occasion, after a huge conflict between us, I asked for prayer support, and the same was confirmed. The lady whom I asked to pray for us shared a story of a woman whose husband was horrible to her and how God changed him. She said, like this woman, I will not be able to recognise my husband when God

is through with him. I would ask myself, “Who is this man? Where is the man I married?”

I am already asking myself the question, although I know God is not through with either of us yet. It is hard to believe that people can change, especially when there are a lot of inconsistencies. He is advanced in age and has practiced certain behaviours that made teamwork in marriage difficult. We want change to be immediate and smooth; however, change takes time. One thing is for certain is change is inevitable. Whether or not the change is in our favour is the big question, but one way or another, change is happening.

After more than four years, for the first time on this day, 17th April, we were able to take our first family vacation together. This was not for lack of finances or availability. It was hindered and delayed by continuous grievous conflict that left both of us not wanting to be in each other’s company. Through prayer, fasting, and studying the Word, we have seen the hand of God at work in our marriage and, by extension, our lives, individually and collectively as a family. This has reinforced for us that spiritual disciplines support spiritual formation, and

Spiritual formation results in spiritual breakthroughs.

What Does Change Look Like?

- It looks like compassion replacing criticism.
- It looks like patience where there was once impatience.
- It looks like late-night prayers, early, early-morning forgiveness, and midday grace.
- It looks like two people learning to love again—this time, God's way.

Real change requires inner work. It asks us to confront our own pride, trauma, and assumptions. It invites us to ask, *"What is it like to be married to me?"* And then to take that answer before the Lord and say, *"Create in me a clean heart, O God."*

When I just reunited with my husband, praying out loud was not an option. I would ask him how I would be able to say amen when I did not hear the prayer. This does not negate praying in secret: There is a time and place for everything. Notwithstanding, I would say amen in faith and believe his prayer was sincere. There was a long and slow move from praying in his heart to praying out loud. Still, the

prayers were short and mundane. Thanks be to God, he now prays with authority, understanding, and uses the Word of God to substantiate his prayer. He prays the effective, fervent prayer that yields results.

Calling worship as a family and taking the lead was a task reserved for me. I dreaded it because I strongly believe that the man is the head of the house, and it is his responsibility to lead his family in worship. This does not mean that he is the only one who leads worship at home. It means that he administers and delegates worship. He calls worship and sees to it that worship is structured. He tells us when to lead.

There is something about order and observing protocols that is important for a successful marriage in the same way that unity, being one, is essential for its success. There is order and unity in heaven between the Trinity, as well as there are different levels or ranks of angels in heaven. Likewise, there is order and unity in the kingdom of darkness, as there are different ranks of demons. The one place where there is a struggle for unity and order is right here on Earth.

I believe this disorder and disunity among humans is the manifestation of manipulative activities that happen in the second heavens between angels and demons, there is a war going on for the human soul. If the children of God remain in alignment with the plans of God, His Words, His teachings, and His precepts, then conflict and strife resulting from the disorder and disunity on earth will decrease and I dare say become even non, existent. If it is possible, the Bible says, live peaceably with all men. We may not always be at peace with non-believers, but at least within the body of Christ, we should have peace.

One of the most irritating behaviours that I found most rude, disrespectful, and showing deep disregard and contempt is when I am speaking to my husband, and he walks away. I detested it. It made me so angry that I would lose control and behave unseemingly. There were no acts of righteousness following this on my part, no fruit of the Spirit born.

Now, I marvel at the fact that my husband is the one to say we need to talk. He listens attentively, and I am not interrupted. The communication is no longer hijacked and derailed. We both express

ourselves and try to come to an amicable resolve. That is all I needed all along. Not that I needed to win or get my own way and vice versa, but that we came to a compromise or a solution that appeased the issue.

He takes responsibility for his actions and is more careful with his words. Life and death are in the power of the tongue, and as a man thinketh, so he is. Where emotion would hijack rationale and he would say whatever comes to his mind with no regard for how it will be received or the impact it would have on me, he is more considerate. I think he now realises that we are one. If he hurts me, he hurts himself. He acknowledges when he is wrong and apologises without being told.

He instituted a 50/50 rule in the relationship which was never 50/50 anyway. I saw it more as an opportunity to not take full responsibility, especially regarding financial obligations, as a man. The house chores were not 50/50, though he helped, but he was adamant that our financial obligations should be, even though he earned much more than I do. I found this most unreasonable, and I don't believe

this is how finances should be managed in a marriage.

One day, I saw him looking rather pensive, and he was writing information down on paper. After some time, he called me and said he was doing something he should have done a long time ago. He mentioned listening to a sermon that inspired him to take this bold move. To my surprise, the sheet of paper contained passwords and passcodes for all his accounts: phone, bank, email, etc. I asked him why he felt he needed to do that. He responded that we are responsible for each other, we are one. I took the paper, folded it, stapled it, and put it away safely. I didn't need to share mine as they were never hidden. The way we manage our finances has also changed. The 50/50 rule is out the door, he is no longer keeping financial scores.

I no longer feel like I am walking on eggshells around him. He is tempering himself and learning self-control. He is much calmer and approachable. He is more expressive and communicates in a much healthier and effective way. As such, there is no more malice. Malice used to range from three to seven days or more. The recurring conflict between

us has significantly reduced. In essence, my husband is not as egocentric and selfish. The grandiose demeanor is fading away; he is humbler. He has recognised the damaging effects of his narcissistic behaviours and is making a deliberate effort to change.

As a family, we have developed a greater bond. Before, it felt like we were all placed in the same dwelling with no sense of purpose or obligation. This was overbearing and tiresome, as I often felt the need to bring everyone together and struggled to do it. It was so bad that I wouldn't say I am going home, as it never felt like a home. With the help of our family worship, which we have several times a week, we have formed and strengthened the bond between us. We cohesively coexist in a warm and caring space that we each take responsibility to facilitate, so now it feels like home.

The solitary heaven, a park close by, where grief once held its sway, my personal sanctuary for whispered prayer on weary days, now echoes not with sorrow's sigh, rather laughter and joy. I no longer retreat there in deep grief. It is now a stage blessed with joyous family scenes.

Words cannot express the joy I feel when I reflect on our journey and see how far God has brought us from. I know He is not through with us yet. I delayed writing this book because I was waiting for a success story to share, whatever the outcome. This is not the end, and I am not certain what the end will look like. But I am convinced that our journey can help others who are experiencing the same or similar challenges that we have overcome. We are careful to state that, inherently, it is not our doing. Change cannot be had without the recognition of the need for it and the commitment to take personal responsibility to be the change that we want to see.

We give thanks to God the Father, the Son, Jesus Christ, and the Holy Spirit, who has led us on this journey and who is faithful to complete what was started. We will continue to observe the spiritual disciplines: fasting, prayer, and reading and applying the Word, which have been the tools used to reshape our lives and marriage. We will continue to trust God, as He is the source from which all our help and strength come.

You Are Not Alone

Thousands of couples have walked through the valley of despair and come out on the other side with joy, laughter, and stronger love. If you are in a difficult season, know this: you are not alone, and your story isn't over.

God specializes in restoration. He can rewrite the chapters you thought were ruined. He can build something new on the ashes of disappointment. You must be willing. You must be willing to work, willing to forgive, and willing to believe.

But most of all, by faith, be willing to let God be the center again.

Epilogue: His Reflection

Childhood and upbringing

For the first six years of my life, I grew up in a single-parent matriarchal home with three other siblings. I had an older brother who was living with his father's side of the family. I was conceived as a result of an extramarital affair, and my mother had sole responsibility for me. We were not well off; however, my mother ensured we had the basic necessities for survival, a home, food, clothing, and she also ensured that we attended school.

When I was six years old, one day I was walking on the road when a car slowly stopped by my feet. The lady in the car pulled down the window and introduced herself as my sister. That same year in the summer, my mom told me that my sister was taking me to live with my dad. I remorsed about not being able to see my friends in primary school again, as I would be going to a different school. I can also remember how the separation from my younger brother was sad and painful.

I got into the car and was very excited that my older sister had come to get me, and I would now be living with my father, my stepmom, and my older brother. I was fascinated by the lights as we drove to my father's house. As we approached the city, the landscape of the large, beautiful buildings replaced the trees and greenery I was accustomed to in the country. It felt like I was going overseas.

For the first three years, between the ages of 6 to 9, I had a frequent exchange of homes between my father's family and my sister's family. But by age 10, I was living with my sister's family. At age 12, I went back to my father's house. I liked living at my sister's house more because the space was larger; I had the opportunity for more adventures; and there were more luxurious amenities, but I had no friends there. At my father's house, I was closer to my friends, and my stepmother looked after me well.

My father was harsh, and I had no relationship with him or my older brother. He did not want me in his house, and he made it clear. He told me from a very young age that I needed to leave when I was 18. Having my father treat me in this way made me feel unwelcome and like I was an outcast. I felt rejected

and like I did not belong. It hurt me then, and it still hurts me now. In my opinion, maybe he did not want me there as he did not want to answer questions about my relationship with him. He did not own or took responsibility for me as his son and still hasn't. He was physically present in the home, but he was otherwise absent.

Despite the back and forth between homes, I had a good childhood. My stepmother looked after me as though I were her child. She catered to all of my needs as a child. She made sure I had all I needed for school. She looked after me at the home. When she travelled, she would take back gifts for me. She always encouraged me to be and do my best. On some first Sunday of the month, she would take me to church with her, which is the church my mother also attended, so I would see my mother on these occasions.

At a very young age, I can remember my dad and I having a huge disagreement. He was threatening to send me back to the country to live with my mother. He told me to leave his house. I cannot remember what caused this disagreement; therefore, I do not know if it was warranted. What I can remember is

that my sister intervened, and things calmed down. I decided in my heart from that day that I was going to leave his house. At age 21, an opportunity was presented for me to emigrate to the UK, and I took it without hesitation.

The impact of my upbringing

Having reflected on my childhood and upbringing, I have come to realise that I have experienced both rejection and neglect, which are highly traumatic, especially because I was the direct recipient of this treatment from my primary caregivers. I do not blame my mother for letting me go with my sister. I want to believe that she thought it was in my best interest. However, although my stepmother did her best to ensure I received some amount of care, I was rejected and neglected by my father, which resulted in a father wound.

I probably would have formed a secure attachment with my mother before I left her; therefore, I would have developed an emotional bond with her. I am certain this affected my academic performance as I was not performing the same in school academically after I went to live with my father. I cannot

remember how I felt about being sent away or whilst I was away.

Overall, this has impacted me in both positive and negative ways as an adult. On the positive side, I am very determined and strong willed, which supports me in seeing through to a task; I am very independent and self-reliant, which allows me to get things done by myself – I prefer working by myself than as a team, especially if I know what I am doing. I am resilient, having the ability to recover quickly from difficult situations. On the other hand, being committed to a romantic relationship posed a challenge; therefore, I was promiscuous. I do not emotionally connect deeply with anyone for fear of being heartbroken, and I enjoy being alone more than I enjoy companionship, as I have spent most of my life feeling and being left alone.

As a result of the negative impacts, I have been in multiple relationships and have never fully committed to anyone. Whenever the relationship looked like it was moving in the direction of a long-term commitment, I would end the relationship or force the other partner to end the relationship by my constant practice of infidelity. As such, having been

provoked by the Holy Spirit, I am now reaching out to several women who I have treated unfairly to express my remorse and ask their forgiveness.

Furthermore, I have perpetuated the generational curse of the father wound in my boys' lives. I have two boys by two separate women, and neither of them lives with me. As such, I cannot be as fully responsible for them as I would like to be. Having realised these truths about myself, with the help of the Holy Spirit, I am committed to change for the better.

You have read our story, which I have given my wife consent to write. I have treated my wife unkindly, and I am truly sorry for the things I have said and done. I have come to understand that my approach to marriage and the way I have treated her was ungodly. I am acknowledging the emotional and physical pain I have caused, the mistrust and ill treatment she had to endure, and the unnecessary conflict which has had a detrimental impact on our marriage.

Hosea 4:6, 'My people perish for lack of knowledge.' I am grateful for the enlightenment of the Holy Spirit and to God for giving me an opportunity to turn my

life around. I am grateful to my wife for being in my life, for her spiritual insight, and for encouraging and supporting me on my journey to becoming a better person.

I cannot change the past, but I can manage what happens in the present with hopes for a better future. With the Holy Spirit's help, I will continue to engage in the spiritual disciplines – reading the Word and applying it, praying and fasting, which have helped me to become more self-aware. My goal is to be the man of God that God has created me to be in this life.

What I have done and am still doing to improve

I am intentional about changing to become a better husband to my wife, a better father to our children, a better employer/employee, a better servant in the house of God, a better role model to the young men with whom I engage, and a better person for myself. This requires me to die daily to self and, in turn, be filled with the Spirit. I achieve this through practicing spiritual disciplines (reading and applying the Word, praying, fasting) to support spiritual formation.

I have come to appreciate and will continue to appreciate the advantage of a mentor, a man of God, who facilitates me, holds my hand, and supports me in being the best version of myself.

I will remain in the House of God, not because this is where God's presence lies, He is omnipresent. I will remain there because I am surrounded by a community of believers to whom I am accountable.

I Still Said Yes

After all the tears,
After the silence and shouting,
After the confusion, the compromise, the moments
of almost giving up—
I still said yes.
Not because I was blind,
Not because I lacked strength,
Not because I didn't see the flaws or feel the weight
of the pain.
But somewhere in the midst of it all, I saw a
glimpse of purpose.
Because God didn't release me,
Because love—real, relentless, God-authorised
love—whispered louder than fear.
This "yes" wasn't too painful,
It was to the process.

It was to heal, to grow, to transform.

It was to choose faith over feelings, and purpose over pride.

I said yes, not to who we were, but to who we could become.

I said yes, not to a perfect love, but to a love willing to be perfected.

And maybe, as you close this book, your "yes" will sound different.

Maybe it's a "yes" to forgiveness.

A "yes" to healing.

A "yes" to boundaries.

A "yes" to yourself.

A "yes" to God's will—even when it looks nothing like your plan.

Whatever your "yes" is, say it with your whole heart.

Say it with your head lifted and your spirit anchored in truth.

Say it knowing that even when it doesn't all make sense—

God sees. God knows. God rewards.

This is not the end of your story.

This is the moment you turn the page.

And still... *You said yes.*

That is strength. That is faith. That is victory.

About the Author

A sinner saved by grace, Julene Richards Fearon is an educator, learning and development officer, and facilitator. Passionate about teaching, learning, and worship, she is on a mission to fulfil her purpose in life to preach, teach and counsel. Her calling is largely influenced by her ecological systems and faith.

A past student of the Jamaica Theological Seminary, she holds a degree in Theology with an emphasis in Guidance and Counselling. Other professional qualifications acquired include a PGDE in Education and Training from The Vocational Training and Development Institute in Jamaica, and a PGCE in Religious Education and a master's in education from the University of East London, UK.

She has served in the church in many capacities but is fervent in the prayer ministry; hence, known for sporadically initiating worship at home. Her favourite book is the Bible which she enjoys reading and studying to gain deep insight of the text and its application in modern context.

Julene's WHY is to make a positive lasting impact on the lives she encounters and sets out to do this through her vocation, guided by the mindset that ministry is not confined to the four walls of the church. She values education, worship, and family and is married with two children.

Printed in Great Britain
by Amazon

62360271R00080